キリスト教と近代の迷宮

Ohsawa Masachi
大澤真幸

Inagaki Hisakazu
稲垣久和

春秋社

まえがき

大澤真幸

本書は、キリスト教哲学を専門とする稲垣久和氏と社会学を専門とする大澤真幸との対談である。二人を結びつけているのはキリスト教である。対談は、キリスト教に、その内部から関わってきた者と、外部にあって強い関心をもってきた者との出会いということになる。対談のテーマは、しかし、キリスト教には限定されない。キリスト教は通奏低音のようなものになってはいるが、ここで私たちが議論していることは、近現代の社会と思想の一般に及んでいる。

本書は三つの対談より成る。それぞれの対談で何が話題になっているかを、かんたんに説明しておこう。

キリスト教のことが最もはっきりと論じられているのは、第1章である。この章の中心的なテーマは、宗教改革だ。昨年は、ヴィッテンベルクにいたルターが、カトリックの贖宥状を批判する九五箇条の論題を提起し、宗教改革の火蓋が切られてからちょうど五〇〇年にあたっていた。多くの宗教の中にあって、キリスト教がとりわけ、近代という段階の形成に圧倒的に深く与ることになったのは、宗教改革を通じてカトリックを批判するプロテスタントたちが出てきたからである。それ以前には、キリスト教は、他の世界宗教とは異なる特段のポテンシャルをもっているようには見えなかった。

稲垣氏と私は、プロテスタンティズムが近代の誕生にどのように関わったのか、あるいは関わったことになるのか、意見を戦わせている。この中で、社会学者マックス・ウェーバーの有名なテーゼ、プロテスタンティズムのエートスと資本主義の精神との関連についてのあの有名なテーゼが、批判的に検討されている。

第2章のテーマは、近代科学のパラダイムの乗り越えはいかにして可能か、である。宗教改革の時代と科学革命の時代は半ば重なり、そして隣接している。科学革命を経て生まれた近代科学の世界観は、今日承認されているほとんど唯一の真理のシステムとなっている。近代科学の物の見方のどこに限界や問題があるのか。それをどのような方針で超克すればよいのか。

実は、この章の対談では、私と稲垣氏の見解がかなり異なっていることが示される。というか、本書は全体として、文字通り対談、対論であって、二人の意見の一致よりも、両者の間の差異や対立の方を多く提示している。私たちは、差異や対立を大いに楽しんだ。読者も、私たちの間の隔たりにおもしろさを感じる違いない。そして、稲垣氏と私の対立がもっとも顕著なのが、この第2章である。複雑系やカオスの理論をどう評価し、それが科学のパラダイムに対してどのようなインパクトをもちうるのか。脳のような物質と心や社会との間の関係をどのような構図の中で理解すべきなのか。科学の中では排除されている「目的」という現象をどのように位置づけるべきか。こうした論点のすべてにおいて、稲垣氏と私は鋭く対立している。

第3章は、一転して、現代日本の具体的な政治状況に関係したアクチュアルな問題が次々と論じられている。主な話題を列挙してみよう。靖国問題と現代日本のナショナリズム（戦争の死者にどう対すべきか）。天皇とは何か。日本文化を背景にもつ者が世界の舞台でどう活動すべきか（イチローを事例に）。沖縄問題はどうしたら解決するのか。日韓の関係を真に友好的なものにするにはどうしたらよいのか。日本は対米従属からどうしたら抜け出すことができるのか。若者への差別。日本の「軍隊」と徴兵制について。軍隊なしの平和は可能か。「われわれ」の手で北朝鮮問題は最終的に解決することが可能だ。いわゆる「セカイ系」の「政治学」。……と、このように第3章は、実に多様な話題の中をわたり歩いていく。私は、読者に約束してもよい。ここでは通り一遍のことは論じられていない。読者は、いくつかの論点について、きっと驚くだろう。「そんな解決法、そんなやり方があったとは！」と。

政治の最も重要な役割は、可能性と不可能性の間の境界線を引き直すことである。不可能だと思われていることがいかなる意味で可能なのかを示すことが、政治の使命である。第3章で、いくつもの具体的課題をとりあげながら、私たちが為そうとしていることも、まさにこれ、「可能性／不可能性」の境界の再定義だ。そして、この章の対談は、多くの話題を通過するが、それらを通じて目指していることがある。普遍的な公共性はいかにして可能か。これである。

以上、本書の内容をかんたんに紹介しておいた。これからもわかるように、三つの章は、それぞれ独立に読むこともできる。その興味に応じて、どの章から読み始めていただいてもかまわない。

＊

ここで、対談者の二人を結びつけている主題、キリスト教について、少しだけ留意すべきことを述べておきたい。本書は、キリスト教をその内側から思考してきた者と、キリスト教に対して外から――いわば無神論者の立場から――関心をもってきた者との間の対談だ、と先に述べた。そのキリスト教には、他の宗教にはない、きわめて特殊な性質がある。キリスト教はしばしば、人が主観的な意識のレベルにおいてそこから解放されていると思っているまさにそのとき、客観的な行動のレベルでは最も強い影響力を発揮するのだ。こういうことは他の宗教では生じない。

宗教は、とりわけ世界宗教は、今日でも、それぞれの文明の行動様式や思想にはっきりとした刻印を残している。この点では、キリスト教も他の宗教も特段に変わらない。しかし、一般には、信仰の自覚、神への帰依の意識、神から与えられた法を遵守しようとする決意等が、その宗教の影響力を直接に規定している。世俗化は、宗教の支配力の低下と直接に相関している。

そんなことは当たり前だと思うだろうが、キリスト教は、この点で例外である。人々が、信仰への自覚を失い、世俗化していると思っているまさにそのときに――少なくともそのようなときでも――、キリスト教は、人々の行動を規定する力を失わない。そのため、極端な場合には、自分はもはや神を信じていないと思っているその人が、行動様式においては、キリスト教的である、ということさえあるのだ。キリスト教のこうした逆説的な性質が最もわかりやすく現れている歴史的な局面が、宗教改革と科学革命がほぼ同時に――厳密には部分的に重なりつつ連続するようなかたちで――進捗したときである。他の宗教が支配的な文明圏では、近代科学の普及は、宗教の影響力の相対的な低下を伴う。しかし、西洋では、キリスト教のポテンシャルが最も強まっているコンテクストで、科学革命が進捗したのだ。

どうして、キリスト教に（だけ）こうした逆説的な性質が宿っているのか。これは、宗教哲学的にも、社会学的にもきわめて興味深い問いだが、ここでは、この奇妙な事実だけ銘記しておこう。なぜ、こんなことを今論じているのかというと、こうしたことが、キリスト教を通奏低音としているこの対談が、先に紹介したような広範な話題までをも包摂することになる理由を説明してくれるからである。キリスト教を端緒においている対談が、どうして、たとえば、科学的世界観の限界の問題とか、日本における民主主義の可能性の問題とか、そんなことにまで拡がっていくのか。それは、今見たようなキリスト教の例外的で逆説的な性質のことを考えると、必然だったのである。

このように考えると、キリスト教哲学の専門家の中で、稲垣久和氏ほどこの対談の趣旨にふさわしい人はいなかったことがわかる。ほんとうは、稲垣氏は、「キリスト教哲学の研究者」という枠では捉えきれない。まず、氏は、もともと、第一線で活躍していた理論物理学者である。また、宗教哲学の専門家としても、神学の研究の中に閉じこもるタイプではなく、現実の社会問題を視野に入れた公共哲学の提唱者でもある。

その稲垣氏と私を同じ舞台の上に載せ、対談を演出したのは、春秋社の小林公二氏だ。小林氏の炯眼はたいしたものだ。

キリスト教と近代の迷宮

目次

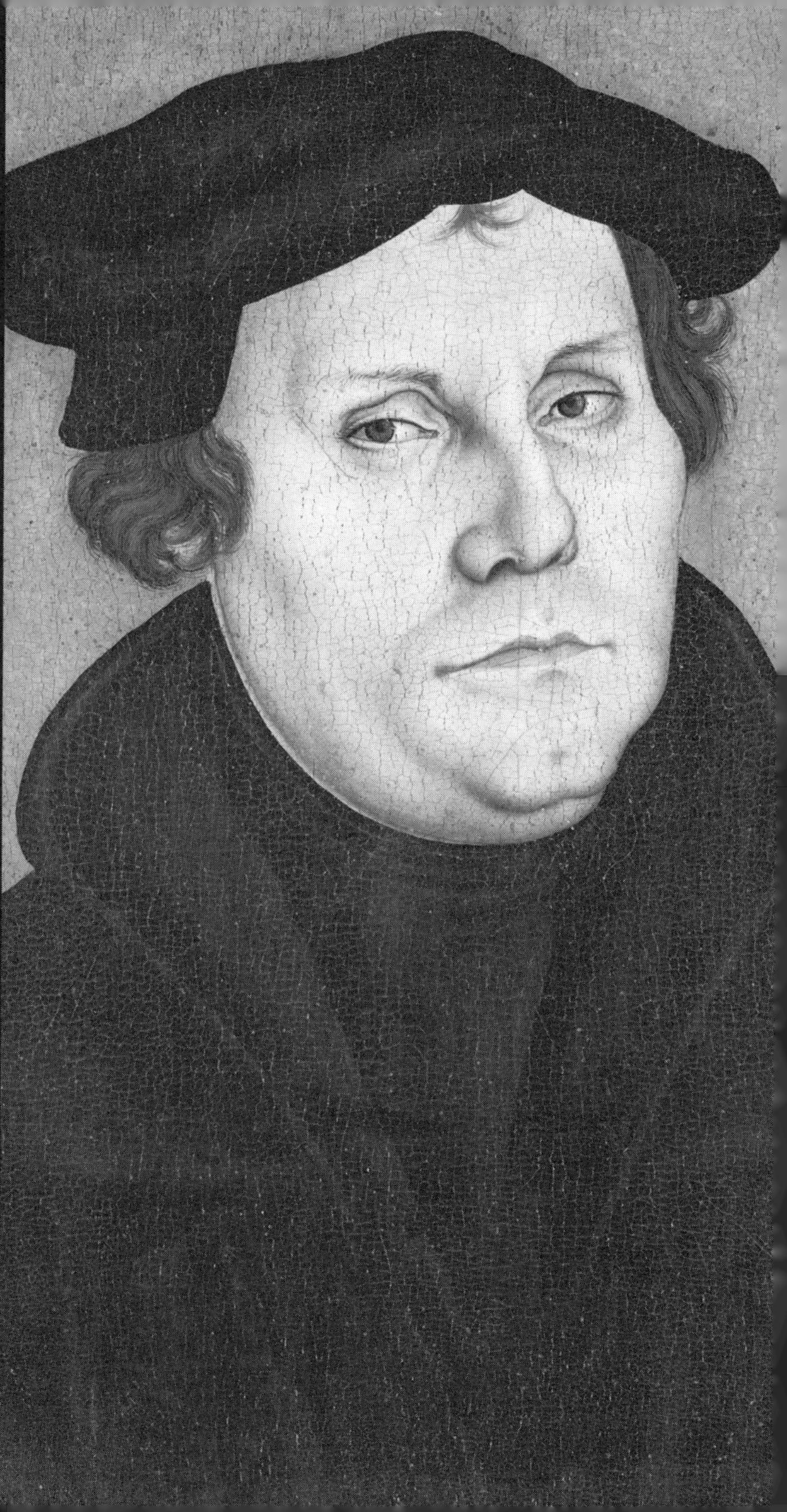

キリスト教と近代の迷宮

第1章

キリスト教と近代の迷宮

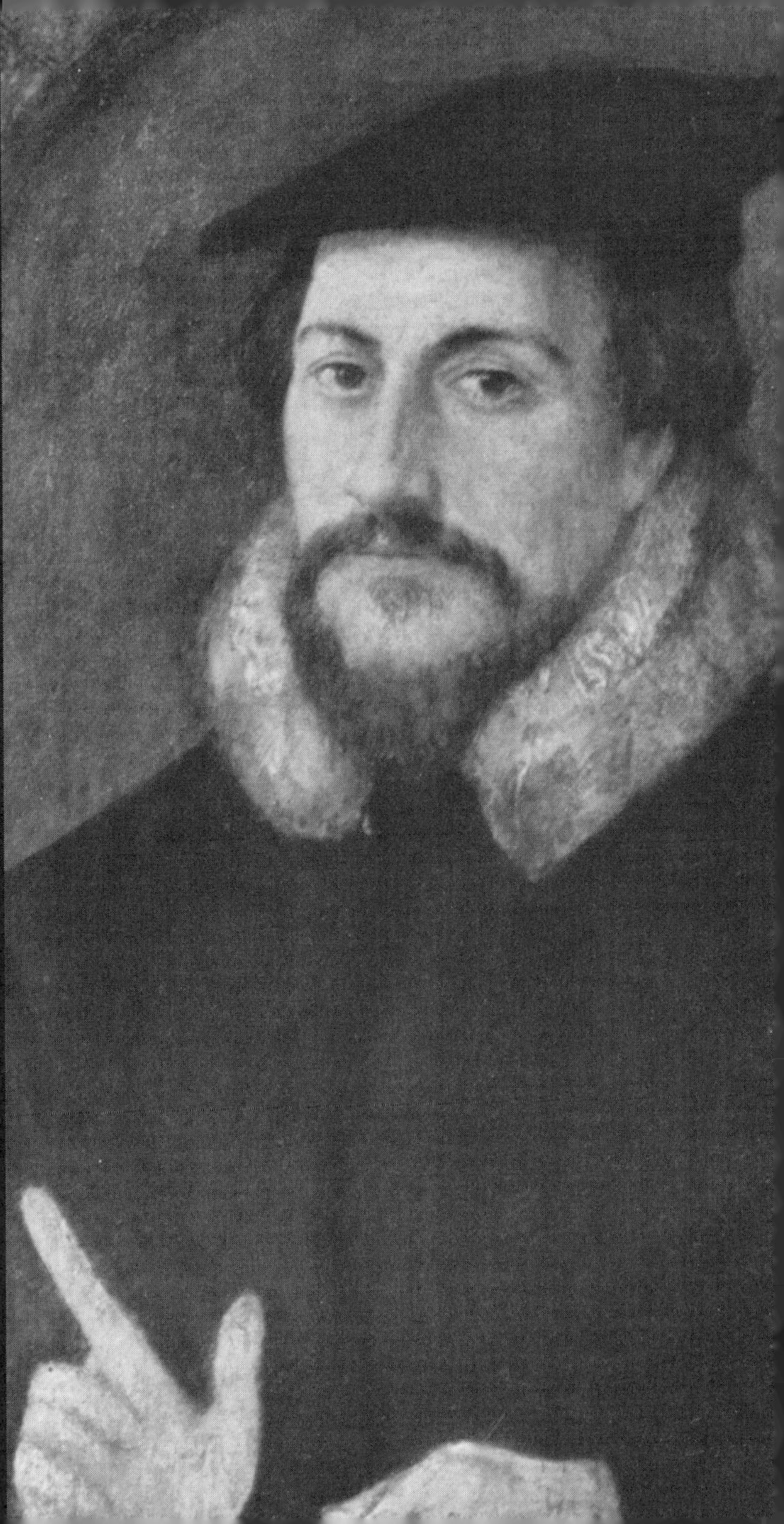

アメリカ大統領選から見えてくるもの

大澤――二〇一六年のアメリカの大統領選でドナルド・トランプ【1】が勝ちました。

稲垣――私はたいへん意外でした。

大澤――ええ。報道を見るかぎり、みんなヒラリー【2】が勝つと言っていましたし、選挙当日でさえ、トランプのほうがリードしていても、いずれヒラリーが逆転するとアメリカのメディアも言いつづけていました。

もちろん得票数そのものからいえば、ヒラリーが多かった。しかし大統領選のしくみはむかしからおなじだから文句をいえる筋合いではない。トランプが勝ったのです。

それで稲垣さんにうかがいたいと思ったことがあります。

ヒラリー陣営の人々――アメリカ流に言えばリベラルの人々――の主張はもっともだと思います。社会の「多様性」がひとつのスローガンですが、それ自体はどう考えても正しい。しかし僕には、どこかポイントを外している気がして仕方がなかった。

アメリカ合衆国は、ヨーロッパのプロテスタントの伝統の上澄みだけをとって

【1】**ドナルド・トランプ**　一九四六年生まれ。アメリカ合衆国第四五代大統領。ニューヨークの不動産王として知られるが、数度の破産も経験している。NBCテレビのリアリティショー「アプレンティス」の司会も務め、大人気を博した。二〇一六年の大統領選の共和党予備選に出馬し、当初は泡沫候補と思われていたが、下馬評をくつがえして共和党の大統領候補になり、さらに本選挙においても、当選が絶対確実視されていた民主党のヒラリー・クリントン候補を破って大統領選に勝利した。キャッチフレーズは「アメリカ・ファースト」。メキシコとの国境に壁をつくる、不法移民は追い返す、ムスリムは入国させない、中国や日本はアメリカの富を奪っている、などのほか、さまざまな過激な発言をふりまき、激しい批判を受けている。

【2】**ヒラリー**　ヒラリー・ロダム・クリントン。一九四七年生ま

きて、伝統的なカトリックの束縛をミニマイズしてつくられたようなところがある。移民だけでつくる国であり、ネイティヴ・アメリカンが無視されているという問題などはありますが、ほかの国よりはだいぶ多様性があると思われていた。ところがここへ来て、僕たちが信じていたアメリカ的なスローガンがまったく役に立たず、トランプが勝ってしまった。

ひょっとして、これはひとりアメリカだけの問題ではなく、先生のご専門であるキリスト教、特にプロテスタントをベースにしながらつくっていく公共性にとっての大きな課題ではないかと思うのです。プロテスタント・ベースの公共性を、今後どのようにヴァージョンアップしていかなくてはいけないか、という問題につながってくるように感じたのです。

稲垣――よくわかります。

大澤――もうひとつ選挙関係で僕が社会学的におもしろいと思ったエピソードがあります。いま申しあげたように、今回の大統領選では、メディアや専門家の予想はことごとく大はずれでしたが、そんな選挙予想のひとつに、子どもたちの模擬選挙というのがある。この子どもの模擬選挙のことは、憲法学の木村草太さん[3]から教えていただきました。大統領選挙は一一月に行われますが、その二週間か三週間くらい前に、選挙権がまだない少年少女たちが大統領候補に投票するので

れ。アメリカの政治家・弁護士。民主党のなかでもリベラルで知られる。一九九三年から八年間、第四二代大統領ビル・クリントンの妻（ファーストレディ）として医療保険改革などに携わる。二〇〇〇年にはニューヨーク州の上院議員になり、二〇〇八年には民主党の大統領選予備選に出馬してバラク・オバマと争うが敗退した。第一次オバマ政権では国務長官として活躍。二〇一六年にふたたび大統領選に出馬、ドナルド・トランプと争うが、一般投票数ではトランプを約三〇〇万票上まわったものの、選挙人の数で大きく引き離され（三〇六対二三二）敗北した。（一般投票数・選挙人数はCNNのサイトを参照）

【3】**木村草太**　一九八〇年生まれ。法学者、特に憲法論・公法論。現在、首都大学東京法学系教授。「立憲デモクラシーの会」の呼びかけ人のひとり。

す。

この模擬選挙には一九四〇年代からの長い伝統があるのですが、非常に高い確率で、実際の結果と一致してきた。過去に一回くらいはずれたことはあったけれども、たいていは予想どおりになる。

では、なぜ子どもたちの予想があたるのかといえば、子どもたちも政治についてよく考えているから、ではたぶんない。どこの家庭でも親が大統領選の話をしているわけです。「トランプはダメだ」とか「ヒラリーはけしからん」と親が言っているのを子どもが聞く。子どもも感化される。いわば親が巨人ファンだと子どもも巨人ファンになるのとおなじで、親がオバマ[4]を推していると、子どももオバマを応援するようになる。

つまり子どもの投票は、親の家庭内の発言を映しているだけなのです。ただし外にいるのと違って家庭のなかでは親も本音を言っているので、子どもの投票は親の本音を反映し、その結果、実際の選挙結果と一致してきた。

そして今回も一〇月に行われた模擬選挙の結果は圧倒的にヒラリー有利で、ダブルスコアとまではいかなかったかもしれませんが、とにかくトランプの得票数の五〇%増しくらいヒラリーの得票が多かったので、圧勝ムードでした。だから結局のところみんなヒラリーが勝つと思っていた。

【4】**オバマ**　バラク・オバマ。一九六一年生まれ。アメリカ民主党の政治家で、イリノイ州上院議員を経て、第四四代合衆国大統領に就任。史上初のアフリカ系大統領。核兵器廃絶を訴え、二〇〇九年にはノーベル平和賞を受賞。またオバマケアと呼ばれる国民に医療保険加入を義務づける制度を導入した。一方で、アフガニスタンからの撤兵はできず、オバマケアも中間所得層の負担の大きさや保険会社の支払いの急増などから評判が悪いなど、政策への評価はわかれる。

しかし今回は予測を外したのです。

これが何を意味しているかというと、親が子どもの前でも本音を隠して、民主党支持者であるかのようにふるまっていたということです。少なくとも子どもの前では積極的にトランプを応援しているそぶりを見せなかったということです。子どもにトランプ的価値観が伝達しないようにしているくせに、実際にはトランプに投票したということになる。

もちろんいろんな世論調査もはずれましたが、それ以上に、子どもを前にした家庭内の私的会話でさえも、表面では嘘を言って、かげではトランプを応援するというふしぎな現象が起きていたらしいということが、僕にはたいへん興味深い。いままでの通念では通じないような何かが起きている。

これは長い歴史に関わる問題であって、簡単に答えが出せることではないかもしれないけれども、このあたりについておうかがいしたいのです。

アメリカのプロテスタンティズムの根源

稲垣――大澤さんの社会学者としての鋭い観察眼や着眼点に驚いていますが、まずアメリカのプロテスタンティズムの性格をどうとらえるかという問題があると思います。大澤さんは最初に「ヨーロッパのプロテスタントの伝統の上澄みだけを切りとった」という、たいへんおもしろい言いかたをされた。私は、はっとさせられた。たしかにそのとおりなのです。

一七世紀、オランダのライデンから出航したピルグリム・ファーザーズが、一六二〇年一一月に新大陸に到着した。この人たちは、イギリス本国での迫害を逃れてオランダに亡命していた人たち三五人が中心で、イギリスのサウサンプトンに寄港して残りの人たちが加わって、合計一〇二人。到着した最初の冬に半数は死亡したようですが、それでも新天地に来て、まっさらのところから自分たちが思いえがく国づくりをしようとした。

この人たちはピューリタン【5】と呼ばれていて、広い意味でのカルヴィニズム（カルヴァン派【6】）であることはまちがいないのだけれども、あくまでもイギリスのピューリタンという特定のグループが移住したのであって、カルヴィニズム全体が移行したわけでも何でもない。

世界史の復習のようになりますが、カルヴィニズムというのはカルヴァンの本拠地であったジュネーヴの宗教改革から発して、フランスにおいてはユグノーと呼ばれました。ナントの勅令【7】によって一応権利が認められていたけれども、ルイ一四世【8】によってナントの勅令が破棄され（一六八五年）、拷問にかけられたり、強

【5】**ピューリタン**　清教徒。本来は、エリザベス一世（一五五三―一六〇三）の改革にはいまだカトリック的な要素が残っており不十分だとして、ジュネーヴやチューリヒの教会改革（カルヴァン派）を手本にイギリス国教会を純化しようとした一六―一七世紀の運動家たち。エリザベスの定めた聖職服を拒否、主教制を否定。もともとは教会内部からの改革をめざしたが、ロバート・ブラウンは国教会から離脱して会衆派教会を樹立、彼の教会はオランダに追放されたが、分離派という流れが生まれ、そこからバプテストなどへの流れも生まれた。多様なエリザベス改革批判者のどこまでをピューリタンに含めるかは意見がわかれる。（藤本満『わたしたちの宗教改革 第一巻 歴史』日本キリスト教団出版局、『宗教改革著作集12 イングランド宗教改革II』教文館などを参照）

【6】**カルヴァン派**　宗教改革の指導者のひとりジャン・カルヴァン（一五〇九―一五六四）の流れを汲むプロテスタントの諸派。教派でいうと改革派や長老派などだが、バプテストなども教理においてはカルヴァン派の影響が濃い。

制改宗を迫られるようになって多数が亡命した。その逃げた先のひとつがネーデルランド【9】なのです。この地は一六世紀半ば当時はスペインのハプスブルク家の支配下にあったのですが、カルヴァン派を中心に独立運動を起こし、北部七州がすでに独立していました（一五八一年）。それが現在のオランダになっていく。

スイスはジュネーヴでの改革以前にチューリヒのツヴィングリ【10】の改革などがありましたからプロテスタントが主流ですが、スコットランドもジュネーヴで学んだジョン・ノックス【11】によってカルヴァン派がひろがります（いわゆるスコットランド宗教改革）。

だから、カルヴィニズムはヨーロッパ中にひろがるのだけれども、それだけに結構多様なんですね。イギリスのピューリタンはカルヴィニズムではありますが、そのなかでも国教会からの分離を主張して分離派といわれたグループ、のちの独立派・会衆派に近い人々です。その一方には、カルヴィニズムではあっても、国教会に残って改革をしようとしたグループもあった。

だからピューリタンをもってカルヴィニズムを理解すると、私の理解するカルヴィニズムの全体像に比べて、非常に狭いものになる。

また、ピューリタンは非常にラディカルです。一六世紀半ばから終わりにかけて、カルヴァンのある特徴をとらえて、国教会の礼拝のやりかたも改革しなけれ

同時に、この派はひとりカルヴァンだけでなく、ブツァーやツヴィングリといった神学者の流れも汲んでいる。

【7】**ナントの勅令**　一五九八年にフランス国王アンリ四世が発布。プロテスタントにカトリックとほぼ同じ権利を認めるもの。

【8】**ルイ一四世**　一六三八－一七一五。ブルボン朝第三代フランス国王。中央集権・重商主義で絶対王制を確立し、戦争により領土を拡張、ヴェルサイユ宮殿を建設するなど、ブルボン朝の全盛期を築いたが、放漫財政により後世の危機の種も撒いた。

【9】**ネーデルランド**　現在のオランダ、ベルギー、ルクセンブルク（ベネルクス三国）にあたる地域。

【10】**ツヴィングリ**　フルドリッヒ・ツヴィングリ。一四八四－一五三一。スイスの宗教改革者。チューリヒを中心に活躍。恩寵や聖餐についての意見の違いからルターと決裂。カトリック勢力との戦いで戦死した。

ばならないと主張し、一七世紀になると政治的な力も蓄えて、清教徒革命を起こし、国王を処刑する。

そのあとすぐに反動が来て、王政復古になるわけですが、そういうラディカルなグループがイギリスで弾圧されてアメリカに移住した。そのラディカルさが、彼らが入植したアメリカのニューイングランドでも発揮されて、セイラム魔女裁判[12]なんていう事件も起こしますし、ネイティヴ・アメリカンも征服していきます。アメリカ史はそういうところからスタートする。だから植民地時代のはじめというのは、あんまり寛容と多様性なんて感じではないんですね。

そのあとはラテン系の人も含め、多くの国からの移民も増え、プロテスタントの信仰心も薄らいできたかに思われたところ、一八世紀に「大覚醒[13]」とも呼ばれるリバイバル運動が起きて、信仰への情熱や悔い改めが強調された。こういうリバイバル運動はその後も何度も起きて、そのなかでアメリカがプロテスタントの国というイメージが固まっていった。

ロバート・ベラー[14]に『破られた契約』(邦訳、未来社)という有名な本がありますが、たしかに一九世紀末くらいまでは、アメリカはプロテスタントの国であって、アメリカの人々の気持ちとしては、キリスト教的な神さまとの契約関係のなかで、「われわれはこの土地をもらったんだ」という意識が強かったと思います。

【11】**ジョン・ノックス**　一五一〇—一五七二。スコットランドの牧師・宗教改革者。一時大陸に亡命し、ジュネーヴでカルヴァンに師事。スコットランドに帰還するとスコットランド宗教改革を指導した。スコットランド信条の作成者。長老派の祖。

【12】**セイラム魔女裁判**　一六九二年、植民地時代のマサチューセッツ州セイラム村で起きた事件。降霊会に参加した女性たちが暴れたり体がねじれたり奇怪な発言をするなど異常な行動をとりはじめたため悪魔のしわざと疑われ、二〇〇人ほどの村人が次々と魔女として告発され、一九人が処刑され、ひとりが拷問で死亡、五人が獄死した。

【13】**大覚醒**　第一次大覚醒。一七三〇～四〇年代にアメリカ北部一三植民地で起きた信仰復興運動。会衆派の神学者ジョナサン・エドワーズ(一七〇三—一七五八)の、罪を突きつけ悔悟を求める激しい説教とともにはじまったといわれる。人々は感情を揺さぶられ、ときには失神するほど高揚し、情熱的な回心の体験を得た。

よく引きあいに出されるアレクシ・ド・トクヴィル【15】の『アメリカの民主政治』には、中間集団、自発的結社《ボランタリー・アソシエーション》礼賛みたいなところがあります。トクヴィルはフランス人で、フランスは革命によって中間集団をぶっ壊して中央集権的な国をつくったという事情がありますから、よけい感激したのかもしれませんが、当時のアメリカには中間集団がかなりあった。つまりそのころはまだ古きよきアメリカであって、穏健な形で州（states）とキリスト教が結びついていたのだと思います。

アメリカ型の政教分離がはっきり出てくるのは二〇世紀です。かなりドラスティックな転換がアメリカ社会にあった。リベラリズムが、いかにもアメリカ的なプラズマティズムとか、アメリカ的な啓蒙主義とか、自由主義とか、そういうものの価値観にとってかわった。キリスト教的・聖書的な価値がどんどん失われ、とりわけ二〇世紀後半になると、日本にも流入してきた物質主義、世俗主義、大量生産・大量消費主義に社会がおおわれていく。

その一方で、バイブルベルトという言葉もありますが、アメリカ中西部から南部にかけては、いまでも地域によっては日曜日には九〇%などかなりの高率で教会に行くし、進化論裁判が典型のように聖書の言葉を文字どおりに受けとる人々もいて、保守派が勢力をずっと維持している。彼らはジョージ・W・ブッシュ【16】の

【14】**ロバート・ベラー**　一九二七―二〇一三。アメリカの宗教社会学者。著書に『心の習慣――アメリカの個人主義のゆくえ』（共著、邦訳、みすず書房）、『徳川時代の宗教』（邦訳、岩波文庫）などがある。

【15】**アレクシ・ド・トクヴィル**　一八〇五―一八五九。フランスの政治家・政治思想家・法律家。一八三一年五月から翌年はじめまでアメリカに滞在し、そのときの観察をもとに『アメリカの民主政治』（邦訳、講談社学術文庫）を書いた。

【16】**ジョージ・W・ブッシュ**　一九四六年生まれ。第四三代アメリカ大統領（共和党）。第四一代大統領ジョージ・H・W・ブッシュの長男。二〇〇〇年の大統領選挙で民主党候補のアル・ゴアに一般投票では及ばないながら選挙人の数で辛勝。二〇〇一年には、アルカイダによる同時多発テロを受けて「テロとの戦い」を宣言し、アフガンへ派兵、タリバン政権を崩壊させ、二〇〇三年にはイラク戦争によってフセイン政権を崩壊させた。二〇〇四年の大統領選では民主党のケリー候補に勝利し、

大統領選でも今度のトランプ旋風でもわかるように、相当な集票能力を残しています。独自に解釈した聖書的な価値観を全面に出して対抗しつつ、格差社会のなかであえぐ一般庶民の不満とドッキングしながら、リベラル・エリートの政治支配への対抗勢力になっている。

実際、大統領選挙でも、妊娠中絶や同性愛の問題が重要な争点として出てきます。日本だけでなくヨーロッパでも考えられないことで、いかにもアメリカ的です。

ヨーロッパではイエス・キリストの教えが私事化されるといいますか、個人の心の領域に押しこめられて、これはこれで問題ではあるのですが、アメリカの場合は、いきなり公的なものにジャンプさせる傾向がある。

しかしこれは、一九世紀のアメリカが持っていた、中間集団を通して主張を押しだしていくという方法——それは市民的公共性のよい例であったのですが——ではすでになくなっているということです。

リベラリズムが浸透し、社会が個人主義になってきたとき、それに対抗する保守的なグループも、私的なモラルを大統領という公的な存在に直接託すようになったのです。もちろん大統領令にサインして何かすれば中絶が少なくなるかどうかはわかりませんが、公と私の区別があいまいに接近しているのはまちがいない。

公と私のあいだに、かつてあったはずの中間がない。そういう一足飛びの関係を、アメリカのキリスト教徒を見て感じます。キリスト教というよりも、アメリカ型市民宗教ということでしょうが。

大澤――なるほどね。

稲垣――もちろん一九世紀的な古きよきアメリカを現代によみがえらせようと考えている人は現代にもいて、コミュタリアンと呼ばれる人々、たとえばマイケル・サンデル【17】なんかもそのひとりですが、それはなかなか民衆的なものになっていかない。

今回のトランプ大統領誕生についていえば、「アメリカの国内産業が衰退して、白人の労働者層が失業し、街も寂れてしまった、だからもう一度国内に職をつくってくれ」という人々が相当いるのはまちがいない。それが移民のせいなのかどうかはよくわからないけれど、移民に焦点があたって、移民を締めだすという動きとも結びついたし、中国や日本がアメリカ人の職を奪っているとか、トランプのやや極端な主張に共感する「隠れトランプ支持者」も、かなりいたということになるのでしょう。

また、トランプ大統領は就任演説で「ワシントンDCのエリートから国民に政治をとり戻す」と言った。それはよくわかる。私はアメリカ政治は素人ですけれ

【17】**マイケル・サンデル** 一九五三年生まれ。アメリカの哲学者。コミュニタリアニズム（共同体主義）の代表的論客。リベラリズムの哲学者ロールズの想定する人間を「負荷なき人格」と批判し、人は属する共同体の歴史・価値観そのほかによって必ず負荷を受けているのであり、むしろ共同体の持つ価値観こそ、人が寄って立つべき善につながると強調する。日本ではNHK教育テレビの番組「ハーバード白熱教室」で正義について講義し、学生を積極的に討議に参加させるスタイルで人気を博した。

ど、ワシントンDCというのはアメリカの連邦政府。日本もそうですが、中央の権力はやっぱり強くて、一九世紀までの州や地方の権限が強かったアメリカではもはやない。その反動は、共和党支持の知識層のなかにもあるし、労働者層のなかにも根強くある。

だからトランプ現象やアメリカ政治をキリスト教という視点でとらえるのはたしかにひとつの見方ではありますが、それ以外の要素も大きいので、キリスト教とその他の要素のバランスをどう考えるかがむずかしい。

キリスト教については、民衆はたしかに熱心です。ボランティア活動がさかんで、教会もホームレス支援などを本当に一生懸命やっています。それはすばらしいのですが、政治的な面での私と公の混同はいただけない。本来、市民社会では中間集団がもっと力を持って、妊娠中絶がいけないと思うならば、民間にそういうグループをつくり、モラルとして訴えていくのが正しいありかたです。いきなり国とか大統領などの公的機関にそれを期待するという発想はわからない。

私はオランダで勉強しましたが、オランダでは中央政府に訴えるのではなく、モラルグループがたくさんあって、ボトムアップで意志形成をしていくイメージが強いので、アメリカの民主主義とキリスト教の関係はわかりにくい。

日本のジャーナリズムは、トランプ現象に絡めて、福音派[18]とか反知性主義[19]とか

【18】福音派　さまざまな意味で

そういうものを持ちだしてくるのですが、いま起きているのはそういうレベルの問題ではなく、むしろアメリカ史において二〇世紀の終わりくらいから顕在化してきた構造的な問題が現れているというべきではないかと思っています。

アメリカ社会は底が抜けている

大澤――ぼくはトランプ現象そのものより、その本質というか、その前提になるような、一〇〇年単位くらいで動く問題を考えてみたいのです。

これは雑談のようなものだから冗談半分で聞いてほしいのですが、アメリカとヨーロッパのあいだにある違いのなかで、凄くトリビアル（些末）なこととして、アメリカのホテルは日本と同じで、地面と同じ高さの階が一階で、それから上に向かって二階、三階となりますが、ヨーロッパでは地面と同じ高さの階は地上階《グラウンドフロア》、第ゼロ階ですね。日本的で二階にあたる階が一階になる。

だから「あなたの部屋は三階です」と言われたとき、ヨーロッパのホテルなのかアメリカのホテルなのかで、わけて考えなければならない。実際、僕が一月にパリに行ったとき、ホテルで「あなたの部屋は一階です」と言われて、「え、一階に部屋なんかあるの？」と一瞬思ってしまいました。もちろん日本でいう二階

使われ、実際に多様だが、アメリカ政治の文脈では、聖書の記述をほぼ文字どおりに信じる原理主義者を中心とし、伝統的なキリスト教的価値観を社会に反映しようとする保守的な教派や人々を指すことが多い。進化論を否定し、妊娠中絶や避妊、同性婚に強硬に反対するなど。

【19】**反知性主義**　高度な学問や知識、あるいは専門的手法による分析よりも、かえって一般人の素朴な感覚や直観、社会経験に基づく判断に真実があると考え、知識人や知的エリートを攻撃する立場。ただし単にばかげた言説や知的根拠のない主張に対する罵倒語として使われることもある。

のことです。

余談ではありますが、この話は象徴的なんですね。無理やりな解釈ではありますけれど、ヨーロッパにはゼロ階があって、その基礎の上に一階、二階が建つ。アメリカにはその基礎がない。だから一階からのスタートになるのです。

では、ヨーロッパの基礎とは具体的に何だろうか、ゼロ階にあたるものは何かと考えれば、ざっくりいえば、それはカトリック的なものだと思うんです。プロテスタントとカトリックの違いなどという以前の問題として、ヨーロッパにおいては、カトリックの長い歴史と伝統に対する挑戦としてプロテスタントがある。プロテスタントはつねにカトリックへのアンチテーゼとしてある、という大前提を踏まえておかなくてはならない。

ところが、アメリカははじめから基礎がない。根なしなんですよ。

考えてみれば、日本も一階からでゼロ階はない。日本人が一階、二階なんてことを考えるようになったのは明治以降です。そして明治維新は開国・文明開化であって、日本的伝統の上に成立したわけではない。大あわてで輸入した西洋文化の上に国づくりをしたのですから、日本の社会もそれまでの伝統を抜きにしてはじまっている。

つまり伝統のないところにはゼロ階がない！（笑）　ヨーロッパはゼロ階があ

る。そうすると、同じプロテスタントを考えるにしても、ヨーロッパ的なコンテキストで考える場合と、アメリカ的コンテキストでは違ってくる。その最終生産物に近いものを、トランプ現象として、われわれはいま見ているのではないかと思うんですね。

カルヴィニズムの貢献

大澤――そこで、プロテスタンティズムについてもっと掘りさげていきたいのですが、稲垣さんの専門であられる「公共性」とか「自治」という問題に対して、プロテスタンティズム、特にカルヴァン派が重要な役割をはたしてきたという点を、稲垣さんから説明していただきたいと思います。

稲垣――二〇一七年が宗教改革五〇〇年というのは、マルティン・ルター[20]が九五箇条の論題を発表した一五一七年から五〇〇年目というわけですけれど、一世代遅れて、ジュネーヴにおけるカルヴァンの改革があった。
　カルヴァンという人について少し述べておくと、実は彼が宗教改革をはじめたというよりも、すでにスイスのいくつかの都市で起こっていた改革を引き継いだのです。本人はもともとフランス人で、法律や人文主義を勉強していたのですが、

【20】**マルティン・ルター**　一四八三－一五四六。アウグスチノ会の修道士だった一五一七年に、贖宥状（いわゆる免罪符）の販売に疑問を持ち、現在「九五箇条の論題」と呼ばれている質問状を送ったことから宗教改革の引き金を引いた。カトリック教会からは破門されたが、ドイツ諸侯の庇護を受け、信仰義認、聖書のみ、万人祭司といったプロテスタント信仰の基本理念を打ち立てた。聖書のドイツ語への翻訳や、多くの賛美歌（コラール）を作詞作曲したことでも知られる。

突然の回心を経験し、フランスでプロテスタントへの弾圧がひどくなった一五三四年に、スイスのバーゼルに亡命しました。そのあとたまたま旅行しているときにジュネーヴに立ち寄った。そこでギョーム・ファレル[21]という情熱の塊のような牧師につかまって、ジュネーヴに居着くことになりました。

その彼が起点となって生まれたカルヴィニズムが、宗教改革で、あるいは世界史においてどんな役割を果たしたのか。これを考えるとき、ヨーロッパ近代が生み出したものに、たとえば自然科学と民主主義と資本主義という三つの大きなコアがあるとすれば、私は民主主義と自然科学だと思うんです。一般に考えられているのと違って、資本主義については私は疑問です。

これに対して、民主主義の誕生という点では、世界史におけるヨーロッパ近代を考えるとき、カルヴィニズムが大きな影響を及ぼしたと思う。

そのひとつはやはり良心の自由だと思うんです。

神さまを信じるといえば、何か絶対的なもののように思いますが、むしろ神を信じることによって、神以外のあらゆるものは相対化されるのです。有名な創世記の一章二七節に、

神は御自分にかたどって人を創造された。神にかたどって創造された。男と

【21】**ギョーム・ファレル** 一四八九―一五六五。フランス生まれのスイスの宗教改革者。情熱的な説教で有名。パリ大学で学び、ルモワール学寮の教授に就任。師にしたがってモーに赴き、モーの改革に失敗したのちも、バーゼル、ベルンと伝道・改革活動をつづけ、ジュネーヴで活動中、カルヴァンを猛烈に口説き落として、教会の指導の任につかせる。ジュネーヴを追放されるとヌーシャテルに赴き、その地で逝去。

女に創造された。

とありますが、ひとりひとりが神さまによってつくられ、それぞれの個性を与えられている。私は私、あなたはあなた。そしてどちらも神の被造物である。だから私は自由だし、あなたも自由。ただし両方自由だと自由と自由がバッティングすることもあるので、みんなが自由と喜びを持って生きていこうとするならば、話しあいをして、おたがいに協調して、仲よくやっていかなくてはならない。だから社会の秩序を否定するわけではない。でも、人間の本質は自由なんだ、ということです。

逆にいえば、人が協調するために必要以上の抑圧が行われたときには、それを跳ねかえさなければならない。つまり抵抗権。この抵抗権は、カルヴィニズムが一番強く民主主義に与えたものかなという気がします。

ルターとカルヴァン

大澤――宗教改革を考えるときに、きわめてラディカルであり、また後世への影響という意味でも、カルヴィニズムがとても重視されるのですが、稲垣さんは宗教改革におけるルターやルター派の意義についてはどうお考えになっているのですか。

宗教改革にはウィクリフ【22】やフス【23】といった先駆者もいますが、全ヨーロッパ的なムーブメントを引き起こしたという点では、やはりルターです。そのルターをどう評価されるのかをおうかがいしたい。

私がよく思うのは、歴史を大きく見ると、一見足を引っ張っているように見える捨て石が、実はとても重要だということがよくあるということです。宗教改革というラディカルな運動があったからこそ近代が成立した。宗教改革が近代のどの要素をもたらしたかについてはいろんな解釈があるでしょうけれど、まちがいなく宗教改革なしには近代はなかった。

しかし大まかにいえば、近代というのはどう考えてもどんどん世俗化へ向かう流れであり、宗教から離れるプロセスなんですね。それなのに、その直前に宗教性がいったん強められて、純化される宗教改革というイベントがあるのは、ふしぎなことなのです。一見、宗教改革を乗り越えるために近代があったようにさえ見える。しかし乗り越えられる対象が出てきたことが非常に重要とも思われる。

もうちょっと小さな範囲で見た場合は、思想的にも運動としても、カルヴァン派のほうがラディカルで、ルター派は乗り越えられたみたいに見える。もちろん

【22】**ウィクリフ**　ジョン・ウィクリフ。一三二〇頃―一三八四。宗教改革の先駆者といわれるイングランドの神学者・聖職者。カトリックの教義に疑問を持ち、聖餐における聖体の実体変化説（化体説）や修道院制度を批判。また聖書を英語に翻訳した。死後の一四一四年に異端宣告を受け、のちに遺体は墓から掘り起こされて燃やされ、その灰は川に投棄された。

【23】**フス**　ヤン・フス。一三六九頃―一四一五。ボヘミア（現在のチェコ西部）の神学者・哲学者・司祭。プラハ大学最初のチェコ人総長。ウィクリフの影響を受け、教会改革を志し、聖書に基づく信仰を強調。また十字軍の費用調達のための贖宥状販売を批判した。一四一四年のコンスタンツ公会議に召喚され、皇帝ジクモントに身柄の安全を保証されていたにもかかわらず監禁され、異端として火刑に処せられた。

ルター派はいまでもかなりの力を持っていますけれど、カルヴァン派（改革派）との関係で見ると、「ルターはもうひとつ不徹底だったね」と言いたくなるような感じもある。

ルター派に対して批判的な人には、ルターはドイツ農民戦争【24】で農民の弾圧を呼びかけることさえやっていますし、ルター派がほとんどつねに権力側にあって、のちにはナチスに利用されたという経緯とか、いろんな負の側面があったのが念頭にあるんじゃないかと思います。「ルター、何だ、おまえは。期待に反して」という感じでしょうか。

稲垣さんは、カルヴァン派との関係も含めて、ルター派についてどう考えていますか。

稲垣――私はルターなくしてカルヴァンはないと思ってます。ルターはすさまじい鋭さで、当時のカトリック教会の中心をグサッと刺した。彼は神経症的なまでの鋭い感覚を持っていて、一生懸命修道生活をしても聖書を読んでも安心が得られないなかで、いわゆる「塔の体験」といわれていますが、ローマ書の有名な「信仰によって義とされる」（ロマ3・28-30、「義人は信仰によって生きる」同1・17）というところへ到達し、それが突破口になって宗教改革が始まったわけです。ルターの回心なくしてカルヴァンもなかった。それは非常に高く評価しています。

【24】**ドイツ農民戦争**　一五二四年、ドイツ南西部にはじまった農民の反乱。農奴制の廃止や地代の軽減など一二箇条の要求を掲げて蜂起、各地の農民も呼応して反乱地域はどんどん拡大した。テュービンゲン地方では宗教改革者トマス・ミュンツァー（一四八九―一五二五）も蜂起、諸侯を排し、地上に神の国を実現させるように説いた。一方ルターは当初農民側に同情的であったが、しだいに暴力的反乱の鎮圧を求めるようになった。農民側は当初は勝利を重ねたが、イタリアに出征していたドイツ諸侯の軍が戻ってくると劣勢に陥り、鎮圧された。およそ一〇万人の農民が落命したという。

大澤――なるほど。

稲垣――もちろん気になるところもありまして、ひとつはあまりに感性が鋭すぎて、救済の観点というか、罪の赦しの深さはよく示してくれるんだけれども、「信仰によってのみ義とされる」という言いかたがひとり歩きして、とりわけ日本では、宗教改革の思想として「人間が救われる」という点が強調されすぎるような気がするのです。いわゆる救済論的なキリスト教の理解を強く印象づけてしまっている。これには多分、日本でのキリスト教受容における仏教的な背景も影響しているのでしょう。

キリスト教はもちろん救済論を含んでいますが、ふつうの人が思い浮かべるような宗教の枠に収まらない世界の見方――人間観、社会観、自然観、哲学的にいえば世界観――を与えてくれるものです。それが非常に矮小化されてしまったところに、ルター受容の弱点があったように思います。

もっともルター自身は決してそうではないんですけれどもね。ただ、鋭敏な感性のほかにもうひとつ、彼のローマ教皇に対する反発などは、自分の父親に対する反発が投影されているのだといった社会心理学者の見方もありますが……。

大澤――エリク・エリクソン【25】の『青年ルター』ですね。

稲垣――ええ。たいへんおもしろい見方だとは思いますが、それはともかく、彼

【25】**エリク・エリクソン** 一九〇二―一九九四。アメリカの心理学者・精神分析家。自我の発達の

はアンチ・ローマ教皇ですから、どうしても当時問題になった教皇庁の発行する贖宥状、いわゆる免罪符が中心の問題になってしまいます。それは結局、どうやれば救われるかということに帰着するわけで、どうしても救済論がおもてに出てきてしまうんですね。

カトリックとプロテスタントが共通して持っているのは、救済論よりもむしろ、世界がどうあるべきかという関心、あるいは、世界がなぜ存在するのかという根本的な哲学的な問いなんです。広い意味での創造論。キリスト教もそれをユダヤ教から継承したわけですし、イスラムももちろん持っているわけですが、キリスト教はいろんな文化的な意味で、そういう近代化の構造を、普遍的に地球のすみずみにまで与えたという点できわだっています。

ですから唯一神教《モノセイズム》といわれるものは基本的には創造論なのです。創造論をキリスト教の立場で考えると、和解論といえる。なぜといえば、イエス・キリストを仲介者（仲保者）として、神に反逆した人間も間接的に自然世界もぜんぶ含んで、神に創造された世界がもう一度神によって創り変えられる、それによって、神と被造物（神に創造されたもの）が和解するという構造があるからです。

この「和解」こそカルヴィニズムでは重要な表現だと思う。大雑把な言いかたですが、ルター派では十字架の神学といって、十字架の贖罪＝贖いによる罪の赦

理論を唱え、とりわけ「アイデンティティ」の概念の提唱で有名。著書に『自我同一性――アイデンティティとライフ・サイクル』（邦訳、誠信書房）、『青年ルター』（邦訳、みすず書房）など多数。

しを強調しますが、カルヴァンではさらにひろがり、贖いは高価な十字架によって「創造のよきもの」を買い戻す、すなわち神と被造物の和解なんです。

聖書を例にあげると、コロサイ人への手紙の第一章に、宇宙論的なキリスト、宇宙の主権者であるキリスト、宇宙の創造者であるキリストを述べる箇所がある。


また、御子はその体である教会の頭です。御子は初めの者、死者の中から最初に生まれた方です。こうして、すべてのことにおいて第一の者となられたのです。神は、御心のままに、満ちあふれるものを余すところなく御子の内に宿らせ、その十字架の血によって平和を打ち立て、地にあるものであれ、天にあるものであれ、万物をただ御子によって、御自分と和解させられました。（コロ1・18–20）

このように、万物が神とが和解する。たいへん宇宙論的《コスモロジカル》で、興味深い表現だと思っています。

キリスト教の世界観だと、神によって創られた世界が、人間の堕罪——いわゆる原罪なのですが、神への反逆とでもいえばいいでしょうか——によって神と疎遠になったわけです（創世記3章）。そういう人間と世界が神と和解し、本来のあるべき姿をとり戻す。それがキリストの十字架と復活という出来事ですよ、と考える。

こういう考えかたは哲学といえば哲学ともいえますが、むしろひとつの大きな世界観としてキリスト教を提示しています。これが文明論的に意味があると私は思うのです。

ですから、ルターもカルヴァンもどちらも重要ですけれど、ルターの鋭さなくしてカルヴァンはない。逆にいえば、カルヴァンは第二世代ですから、ルターを踏まえて自分の神学を生みだすことができたのは、有利な点といえるかもしれません。

一神教の神

大澤——多くの読者の立場を考えて少し質問させていただきたいと思います。というのも日本の読者の多くはキリスト教になじみがないので、神との和解がなぜ重要なのか、創造論の何が凄いのか、なかなかピンと来ないのではないかと思うのです。また、私自身もクリスチャンではありませんから、特定の信仰や聖書の記述を前提にしなかったとして、なお、キリスト教や宗教改革のどのような契機に合理性や普遍的な有意味性があるかを考えてみたいのです。

それで個々の細かい部分ではなくて、大まかに、しかもわかりやすいところから訊いてみたいのですが、近代への過程で、たとえばカルヴァン派が持っていた抵抗権の思想といったものが非常に重要な意味を持ったとおっしゃいましたが、なぜカルヴァン派においてそれが成しとげられたのかを、もう少し詰めて考えてみたい。

一神教という意味では、別にカルヴァン派だけではなくて、ルター派もカトリックも、ユダヤ教もイスラム教も、みんなそうですね。だから、一神教の絶対的な超越神の前に、人間はみんな平等であるとか、神以外の者に従うべきではないという設定は、唯一神教の大前提中の大前提として共通だし、歴史的に連綿とつづいている。たとえば「イスラム」という言葉はもともと「神に従う」といった意味だったと思います。

稲垣――そうですね。

大澤――そんなふうに一神教がいろいろあるなかで、究極的にはカルヴァン派が近代を生みだす大きな力、あるいは最後の要因になるにあたって、どのポイントが重要だったのかをおうかがいしたいのです。

もうひとつ、いま稲垣さんは「神と人間との和解」「神と被造物との和解」という話をされましたが、キリスト教の神ヤハウェは、私なんかから見ると非常に厳しい神なんですよね。ぜんぜん友好的ではない印象がありまして、あんな神と和解して嬉しいのかなあ、と疑問を感じるのです。いや、嬉しいといえば嬉しいのかもしれませんが。

それに比べると、イスラム教の神《アラー》はわりかしはじめから和解モードといいましょうか、優しいんですよ。ヤハウェはしょっちゅう怒ったり、大洪水を起こして、人間はおろか他の動物もほとんどすべて滅ぼそうとしたり、ゲームでリセットボタンを押すようなことをしている。

稲垣——まあ、旧約聖書については、イスラムも前提にしていると思いますけれど。

大澤——それはそうですが、それでもずいぶんゆるくなっている印象があるのです。アラーはサービス精神旺盛な神さまですよ。それに対して、キリスト教は全然和解モードに感じられない。

もちろんそこに「キリスト」という要素が入ってきますから、キリストをどう解釈するかが重要ですが、神と人間の関係はぎすぎすしている。そもそも、キリストによる贖罪が決定的な意義をもつのも、神と人間の間の関係が極度に緊張しているからです。

キリストのドラマ自体、考えてみればひどい話です。あとで復活するとはいえ、キリストを十字架というむごたらしい刑罰にかけて殺させてしまう。神との和解にあたってそこまでしなければいけないのか。

そういう一神教のありかたは、多くの日本人にとってはなじみが薄いし、なじみにくいのです。しかし地球の半分は一神教世界ですし、世界を動かしてるのも一神教です。その一神教のかなりラディカルなバージョンとして、カルヴァン派があって、近代社会のありかたを決めるのにいろんな重要性を持ったと、多くの人が言っているし、稲垣さんもおっしゃった。それではカルヴァン派がどう重要なのかをはっきりさせるために、私は他の一神教との比較で考えてみたいのです。

カルヴァン派の真の特徴は？

稲垣――大澤さんと橋爪大三郎さんの対談である『ふしぎなキリスト教』（講談社現代新書）も、マックス・ウェーバー[26]もそうなのですが、カルヴァン派の顕著な特徴として、予定論があげられることが多いのです。

大澤――たしかに多くの人が予定論をあげますね。

稲垣――しかし私自身は、カルヴァン派の特徴は予定論ではないと思っているの

【26】 マックス・ウェーバー　一八六四―一九二〇。ドイツの社会学者。ジンメルやデュルケムと並び称される社会学の祖のひとり。とくに彼の社会学は「理解社会学」とも呼ばれる。資本主義の誕生や支配の諸類型の考察は有名。

です。大澤さんがキリスト教の神は厳しいとおっしゃったのと反対に聞こえるかもしれませんが、カルヴァン派の特徴は「恵み」と「愛」というのが正しいと思っているのですよ。

ルター派もそうですが、ルター派以上にカルヴァン派では「恵み」が大事だと思っています。しかし、実は、「恵み」って何なのだろうとなると、これがむずかしい。ひとつの説明は、大澤さんが言われた「神との和解にあたってそこまで……」という表現を借りるならば「人との和解にあたってそこまで……」ということになるでしょうね。神の側から人への和解を申し出るという解釈なのです。これは人間の側からすれば「恵み」だ、と。

大澤——なるほど。

稲垣——宗教改革は三つのことをモットーにしたといわれます。ひとつは「聖書のみ」(Sola scriptura)。カトリックの場合、聖書と聖伝[27]といって、聖書以外の伝承にも権威があるのですが、プロテスタントは聖書だけです。

それからルター的に言うならば、「義人は信仰によって生きる」(ロマ1・17)。つまり「信仰のみ」(Sola fide)。もうひとつ「恵みのみ」ないし「恩恵(恩寵)のみ」(Sola gratia)という言いかたもあって、「gratia」というのは、英語でいうと「grace」ですね。私はこれがカルヴァン派ではきわだっていると思う。

また学問研究から価値判断を排する「価値自由」や、現実を理解するために、社会事象から細部を捨象し、本質的な特徴のみをとりだしてモデル化した「理念型」の提唱など、方法論における業績も大きい。

【27】**聖伝**　……そしてまた同じように、キリストによって口授されたものであれ、聖霊が書取らせたものであれ、カトリック教会において絶えず受継がれて保存されている、信仰或いは道徳に関する伝承そのものを、〔聖書と〕同じ敬虔の愛情と尊敬の心をもって受入れ、尊ぶものである。(トリエント公会議決議文「聖書と受けるべき伝えについての教令」より。『カトリック教会文書資料集』一五〇一(七八三))

私なんかは厳しい神といったら、イスラムのほうが厳しいかなという思いがするわけで、むしろカルヴィニズムにおいては恩恵論が重要で、さきほどの神との和解というのも恵みの一種ととらえることができます。

神の計画というグランドストーリーがあり、スタートは神が世界を創造する。では、神はなぜ世界を創造したか。神さまが人を創造し、その人が幸福に生きるための恵みとして、環境を整えられたんだ。そういうふうに宇宙の存在や地球の存在を考える。

実際、太陽系のなかのほどよい位置に地球がある。金星は灼熱地獄で生きられないし、火星まで行ってしまえば寒くて住めない。熱くもなく冷たくもない地球は、まさに神さまの恵みではないか。そういう意味での恩恵です。

つまり人間の気持ちにかかわらず、神のほうから一方的に恩恵を与えてくれていて、その最大のものが十字架と復活による和解だということです。厳しい神といわれるのはわからなくもないけれど、私の感覚とは違うのです。

カルヴァン派のイメージはどこから来たか?

大澤――ただ、話を展開させるためにあえていえば、キリスト教をちょっと知っているくらいの一般の人の感覚では、カルヴァンのイメージは悪いのではないかと思うんです。厳格で神経質で陰険なイメージがある。有名な肖像画の印象が強いのかもしれませんが、むしろルターはゆったりしていて優しいイメージがある。それに対して、カルヴァンは厳しい。実際、カルヴァンはセルベート【28】を火あぶりにしています。しかも自分の部下にセルベートを当局に密告させるという陰険なやりくちですから、カルヴァンの伝記なんか読んでいても、このくだりは読むのがつらい。

もうひとつ、カルヴァン派の印象が悪いのは、ドルト信条（ドルトレヒト信仰告白）のようなカルヴァン派の信条で何を定めているかということもあると思います。二重予定説とも関係しますが、たとえば、「限定的贖罪」というものが定められている。キリストの十字架の贖いは、救いに選ばれた者たちだけのためにあるということです。それでは、みんなと和解するのではなくて、一部の人としか和解しないのではないかと思われてしまいそうです。

稲垣――そうですね。

大澤――ルターであれば、予定説みたいなことを言っても、救いに予定されていない人がどうなるかは言わない。救われるかもしれない。だから包容力があって優しい人のようなイメージになるのですね。

【28】**セルベート**　ミゲル・セルベート（スペイン語読み。フランス語読みはミシェル・セルヴェ。ラテン語はミカエル・セルウェトス。一五一一―一五五三）。医者・人文主義者。アラゴン王国（現スペイン）生まれ。パリで医学を学ぶ。医学上の業績として、血液の肺循環の発見がある。三位一体説を批判したため異端とみなされ、逃亡して、ジュネーヴに立ち寄ったときカルヴァンの手下に密告されて火刑に処された。

さらにいえば、カルヴァン派は、貧しい人や弱者に対して冷たい印象があるんですね。『メソジストって何ですか』（清水光雄著、教文館）という本に出てきますが、ピューリタンの神学者が物乞いは呪われた者だと言っている。[29] さらに物乞いは泥棒で強盗だとも言っている。なぜかというと、詩編でダビデが「正しい者の子孫は物乞いなんかにはならない。神の恩恵があるからだ」みたいなことを言っているから、というのです。長老派の人もその尻馬に乗っているのですが、こういうのを見ていると、カルヴァン系の人はたいへん厳しいという印象ができてくる。

稲垣――ただカルヴァン自身がいたジュネーヴに関していえば、彼は一六世紀のジュネーヴの教会内の礼拝改革だけでなく、市当局の改革も行い、聖書のディアコニア（奉仕）の精神を制度――今日でいう福祉制度――として導入したおかげで、町全体から物乞いはいなくなった、といわれています。一方、ピューリタンについていえば、さきほども述べたように、イギリスの特定のグループがピューリタンと呼ばれているわけです。確かにカルヴィニズムの影響も受けていますが、普通のカルヴィニズムとも違って、アルミニウス派[30]の影響もずいぶんあると思います。半分くらいはアルミニアンではなかったでしょうか。そういう意味では、カルヴィニズムと言い切るには違和感がある。

【29】……ピューリタン神学者パーキンズの『職業論』である。例えば詩編一〇九編一〇節から、ダビデは物乞いを「呪われた者」と捉え、三七編二五節から正しい者の子孫が「食物を請い歩くのを見たことがない」とする。食物を求めて流浪する物乞いの生活はまさに「召命」ではなく「獣の生活」なのだ。物乞いとは「土地や財産と同様に有益な労働」を教会と国家から盗んでいる「泥棒」「強盗」にすぎない。……このパーキンズの「貧者」観を継承したのが長老派カルヴィニストのデフォーであった。ウェスレー誕生の翌年に出版された『施しは慈善にあらず』で、デフォーは貧困の源泉を貧困者の誤りに求め、「施し」による「慈善」は英国の名折れで、「慈善」ではなく「貧困者の取り締まり」が英国に求められていると言っている。（『メソジストって何ですか』一三五頁より）

【30】**アルミニウス派**　オランダ改革派の神学者ヤーコプス・アルミニウス（一五六〇―一六〇九）

大澤――しかしアルミニウス派だって、正統ではないにしても、カルヴァン派の流れには違いないわけで、そこがわかりにくいところではないでしょうか。あと、ドルト信条はどうでしょうか。

稲垣――ドルト信条というのは、一七世紀はじめにオランダのドルトレヒト会議で決定されたドルトレヒト信仰告白のことですね。この信条については歴史的背景がとても大切で、この少し前までオランダはカトリック国スペインの支配下にあって、プロテスタントは大弾圧されたのですね。一六〇〇年頃までに北の七州がネーデルラント連邦共和国として独立しますけれど、今度はポルトガルとの戦争（一六〇二―一六六三）です。ドルトレヒト会議の頃はカルヴァン派は戦争の真っ最中で、ものすごい迫害のなかにいたんですよ。

日本でも豊臣秀吉の時代から江戸時代にかけてキリシタンが迫害され、拷問されたり磔になったりしましたが、ヨーロッパのプロテスタントへの迫害はもっと大規模でした。しかしカトリックはもとより、ルター派も領邦教会というかたちで権力者と結託していましたから、迫害が激しかったのはカルヴァン派なんです。日本の世界史の教科書にもフランスのカルヴァン派であるユグノーが迫害された事件は載っていて、たとえば聖バーソロミューの大虐殺などのすさまじい虐殺が行われた。

が、予定論への批判を受けて、「神の恩寵を受け入れるかどうかは個々人の自由意志による」という予定論を緩和した思想を唱えたところから生まれたカルヴァン派の一派。神の恩寵によって救いが一気に決定されるのではなく、イエスの十字架の贖いによって、恩寵を受け入れるかどうかをみずから決定するための人間の自由意志がまず先行する（先行的恩寵）という。

オランダではスペインやポルトガルからの迫害と虐殺なんです。「最後まで耐え忍ぶ者は救われる」[31]というのは聖書の言葉ですが、迫害に耐えて、最後まで耐え忍べば、自分たちは救われるのだという思いは、ドルト信条のなかに表れています。

余談めいていますが、オランダの花といえばチューリップ（tulip）。このチューリップはドルト信条の五つの特徴[32]を表す語呂合わせにも使われ、チューリップの最後の「P」は「perseverance of the saints」の頭文字として、「聖徒の堅忍」を意味します。迫害され耐えがたい状況にあって、それでも必死で耐えてがんばるなかで築かれた教理なんです。

たしかにこれは予定論です。実はピューリタンも、イギリスの王党派から迫害され、弾圧されたグループです。ですから予定論という思想は、自分たちが耐え忍ぶ根拠になっている。迫害やテロのさなかのぎりぎりのところで生きて、「ああ、神さま、どうか、私たちをお守りください」と祈るとき、「最後まで耐え忍ぶ者は救われる」という思想が力を持つ。

もちろん聖書のなかにすでに選びの思想はあります。たとえばエフェソの信徒への手紙一章四節です。

【31】**「最後まで耐え忍ぶ者は救われる」** また、わたしの名のために、あなたがたはすべての人に憎まれる。しかし、最後まで耐え忍ぶ者は救われる。（マタイ10・22）

【32】**ドルト信条の五つの特徴** T＝全的堕落（total depravity 原罪によって人間は完全に堕落していて、自由意志で神を選ぶことはできない）、U＝無条件の選び（unconditional election 神は何らの条件もなしに、特定の人間を救いに選び、残りの人間を破滅に選んでいる）、L＝限定的贖罪（limited atonement キリストの十字架の罪の贖いは救いに選ばれた人たちだけのものである）、I＝不可抗的恩恵（irresistible grace 救いに選ばれた人は、神の恩恵を拒むことはできない）、P＝聖徒の堅忍（perseverance of the saints 本文の説明のとおりだが、要は、救いに選ばれた人は何がどうあっても最終的には救われる）。

天地創造の前に、神はわたしたちを愛して、御自分の前で聖なる者、汚れのない者にしようと、キリストにおいてお選びになりました。

創造の前から選ばれているという。それがカルヴィニズムの置かれた厳しい状況下で予定論として教理化され、普遍化されてしまったために、後世の評判が一番悪い部分になってしまった。

だからルターよりもカルヴァンのほうが厳しいといわれるひとつの理由は、カルヴィニズムが生まれた当時の歴史的状況という背景が捨象されてできたイメージという気がします。

現実の政治に関わるということ

大澤——それはそのとおりでしょうね。カルヴァンにはハンス・ホルバイン[33]作といわれる肖像画がありますが（本書カバー絵および本章扉絵参照）、この絵のカルヴァンは割とふくよかで、何となくユーモラスな感じを漂わせた「いいおじさん」って印象です。しかしそのほかの肖像画は大概、細面で、目つきが鋭く、鼻も尖り、長い顎ひげの先も尖っていて、きわめて怜悧。横顔の肖像画もいくつかあり

【33】**ハンス・ホルバイン**　一四九七頃–一五四三。ルネサンス期ドイツの画家。スイスやイングランドでも活躍。エラスムスやトマス・モア、ヘンリー八世やエドワード六世など、貴人や学者の肖像画も多く手がけている。

ますが、いかにも酷薄そうな雰囲気が漂っている。カルヴァンの肖像画は後世に描かれたものが多いと聞いていますけれど、そんなところから怖そうなおじさんというイメージがつくられたのかもしれない。

いろんな伝記から判断すると、むしろルターのほうがカルヴァンより厳しい可能性が高いのではないかと僕は個人的に思っています。ただ、後世のイメージでは圧倒的にカルヴァンのほうが厳しい。いろんな理由があると思います。稲垣さんがおっしゃるように、後世の捏造に近いいきさつもあるでしょう。しかし、それと同時に、カルヴァンは現実政治に関わったことも大きいと思います。

雑談半分でいいますが、僕の師匠である見田宗介[34]、別名・真木悠介さんがつい最近書いた論文とエッセイの中間のような文章のなかで、自分が「人間解放」と唱えるようになったプロセスについて書いています。というのは、若い日本近代思想史の研究家が見田さんの仕事について「七〇年代解放論からの展開」という論文を書いて、一九七〇年代に日本戦後思想のなかに解放論が出てきて、その展開として見田宗介の思想がある、とまとめたらしいのです。見田さんはその思想史としてのまとめかたは正しいが、自分はピンと来ないということで、なぜ自分は「解放」と言いはじめたのかについて書いた。

見田さんのお父さんは、見田石介っていう有名なヘーゲルの研究者で、左翼の

一般的なイメージのカルヴァン

【34】**見田宗介** 一九三七生まれ。社会学者。東京大学名誉教授。真木悠介の筆名もある。著書に『現代日本の精神構造』(弘文堂/朝日出版社)、『現代社会の存立構造』(筑摩書房)、『時間の比較社会学』(真木名義、岩波書店)、『自我の起源——愛とエゴイズムの動物社会学』(真木名義、岩波書店)など多数。

運動家でもあった。だから見田さんは社会運動と学術的な雰囲気のなかで育った。彼はまだ十代の高校生時代、自分の人生の目標について考えた。最初「人類の幸福のために」という目標を考えたそうですが、当時一七歳ぐらいの青年・見田宗介から見ると、「幸福って、何かぬくぬくしていて、甘っちょろくていやだな」と思ったらしい。次に「永続革命」というスローガンを考えた。当時の若者は普通「革命」という言葉に惹きつけられるのですが、見田さんはそもそもお父さんが社会運動をやっていたこともあって、革命にロマンチックな幻想をもつことができず、「革命」という言葉もピンと来ない。結局いろいろ考えたすえに、「人間解放」という言葉が一番いい、「これだ」と思った。つまり見田さんは一七歳のときから「人間解放」をスローガンにして学問をしてきたのであって、別に七〇年代の流行でやったわけではないと言うのです。

稲垣――なるほど。

大澤――この話で僕がおもしろかったのは次のことです。見田さんから見たお父さんは、学者であると同時に運動家ですよね。政治運動をやっていること自体はいいのだけれど、政治運動をやっていると、やっぱり人を憎んだりしなくちゃいけなくなる。見田さんは、それがどうしてもいやだったために「革命」という語を選べなかったというのです。憎しみをベースにして行動を起こさなきゃいけなくなる。

カルヴァンもそんな感じが少しします。理念として見れば、カルヴァンの思想には非常に温かい部分があるのでしょう。しかし彼は、あんまりやりたくもないのに、ジュネーヴの市政に関わってしまう。政治に関わってしまう。

彼は政治への関わりを、それまで自分がやってきたことの証明として受け入れたんだとは思います。しかし自分から進んでやったわけではないですよね。

稲垣——確かにさっきのセルベートの処刑については、ジュネーヴの政治家たちが処刑を決めたわけです。カルヴァン自身は火刑には反対だったといわれます。ただ彼に責任はないかというと、セルベートのことを密告させていたり処刑を正当化[35]していたりしますから、もちろん責任はあるんでしょうけれど。

私も若いころはこの問題に関心があったので、友人にセルベートが処刑された場所に連れていってもらったことがあります。ジュネーヴ郊外のシャンペルの丘というところに、セルベート処刑の碑[36]が立っている。ずいぶんあとのことにはなりますが、一九〇三年に、カルヴァンの後継者がカルヴァンの誤謬を認め、贖罪の碑を建てた。私の友人は、「ちゃんと悔い改めて書いている。当時たくさんの人が火あぶりになったり処刑されたりしたが、悔い改めの日まで書いてるのは、カルヴァン派のこのグループだけだよ」と言っていました。

【35】**処刑を正当化**　佐々木毅『近代政治思想の誕生』（岩波新書）には、セルベート処刑を正当化するカルヴァンの言いぶんと、それに対するセバスティアン・カステリヨンの批判が紹介されている。カルヴァンは異端が入り込んだことは神の名誉が穢されることであって、異端の排除は義務であり、神の栄光の前には人間のいのちなどものの数ではないという。なお、カルヴァンは処刑の方法として火刑に反対し、斬首刑を提案していたという。

ご存じのように、ルターなどもドイツ農民戦争に対してはひどい態度をとりました。当初は同情的だったものの、やがてドイツ諸侯に徹底的な弾圧をうながし、結局、一〇万人ともいわれる農民が殺されることになった。しかしその私の友人が言うには、ルター派が「悔い改める」なんて言った話は聞かない。カトリックにいたっては、カルヴァン派やルター派をさんざん弾圧したけれど、悔い改める碑ひとつ建てていない、と。とはいえ、これは私が不勉強で知らないだけでしょう。ルター派もカトリックもこの歴史の出来事をきちんと整理した上で、良心的にとり組んでいる人々はたくさんいるわけですから。

　私は、カルヴァンがひとりの人間を処刑したことに対して、悔い改めの碑を建てたカルヴァン派の人たちの良心に感動したのです。それにしても、当時の政治と宗教はごちゃ混ぜですから、すさまじいものがあるのですね。

大澤――ルターのドイツ農民戦争のときの判断も、カルヴァンに似たところがあると僕は思います。彼は農家出身ですから農民側を応援してもいいという感じはします。しかし、同時に、カトリックと対立しているルターが、ドイツ諸侯を敵にまわすことができるのかという問題もあったのでしょう。そのときの政治的判断が正しかったかどうかは微妙ですけれど、現実の運動で関わった人たちには、どうしても避けることのできない決断というものがあります。その決断そのもの

【36】**セルベート処刑の碑**　碑は一九〇三年一〇月二七日に建てられ、「われらの偉大な改革者〔カルヴァン〕を尊敬し、感謝に満たされている後継者たるわれらは、彼の時代につきものであった誤謬を指弾し、宗教改革と福音そのものの原理たる良心の自由の原則にいっそう固く立つことを決意して、この贖罪の碑を建てる」旨が記されている。一九〇三年はセルベートの没後三五〇年で、彼の再評価が進んでおり、この年異端を解除され、名誉回復されている。また一〇月二七日は彼の命日。（碑銘は『宗教改革著作集10 カルヴァンとその周辺II』の解題より引用）

からいきなり思想を類推してはいけないということでしょうね。

恵みとは何か

大澤――それにしても稲垣さんのお話はたいへんおもしろい、カルヴァンといえば、普通どうしても予定論が話題になってしまいます。特に僕は社会学をやっているので、マックス・ウェーバーの影響もあって、カルヴァン派と予定論は深く結びつけられている。でも、本当のことを言うと、僕は予定論だけでは何かが足りないと思っていたんですよ。

マックス・ウェーバーは予定論を重視するし、僕も論文なんかでは予定論について書いてきましたけれど、予定論に魂をこめ、カルヴァンの思想が影響力を持つためには、もうひとつ何かが必要だという感覚がつねにあった。稲垣さんがいまおっしゃった「恩恵」という思想はたしかに重要だろうと感じたのです。というのも僕は、ときどき恩恵について微妙に思うことがあります。恵まれている人もいれば、全然恵まれていない人もいる。では、どういう理由である人が恵まれて、別の人は恵まれないのか。僕たちから見れば、恵まれてしかるべき人が恵まれていなかったり、「どうしてこいつが!」というようなひどいやつが恵まれていたりして、理不尽でもあるし、平等よりも不平等を正当化するようなところがある。これはすごく疑問に思うところなんですね。

さらに巨視的に見ると、キリスト教においては、神が受肉し、何年間かの活動ののちに死刑になり、それから三日目に復活するという「歴史的出来事」に、何らかの意味でコミットすることは決定的ですよね。

稲垣――そのとおりです。

大澤――これがキリスト教にとって特徴的な点だと思うのです。全然違うタイプの宗教である仏教を考えてみれば、あるとき釈尊が悟ったわけですが、それはたまたまその瞬間に悟っただけなんですね。いつ悟ってもよかった。真理はいつでもあるわけですから。

だから、たまたま釈尊の時代に生きてた人はちょっと恵まれているかもしれませんが、論理的には釈尊以外の人も悟りうるし、阿羅漢[37]という意味ではその後の人々も現に悟ったとされていますし、過去七仏[38]という伝説もあるように、過去にも悟った人はいたかもしれない。真理そのものは無時間的にあるわけですから、人間の世界に悟りというかたちで表出する論理的な可能性はつねにひらかれている。

キリスト教の場合は、神が受肉して、教えを説いて、十字架につけられ、死ん

【37】**阿羅漢** 上座部仏教において修行によって到達しうる最高の境地。サンスクリット語のアルハット（パーリ語のアラハント）の音写。供養を受けるに値するという意味で「応供」と訳される。これ以上学ぶ必要がないので「無学」ともいい、略して「羅漢」ともいう。

【38】**過去七仏** 真理を悟って仏陀になったのは釈迦がはじめてではなく、それ以前にも六人の仏陀が存在していた（釈迦を含め七仏）という仏教の伝承。

で葬られ、三日目によみがえり、昇天する、長い歴史からみれば一瞬といってもいい時間、しかも中東のあの限られた狭い地域が、あまりにも特別なんですね。キリストは終末のときもういっぺん再臨するのかもしれませんけれども、昇天したのち頻繁にやってくるわけではない。

考えてみれば、あの瞬間、あの場所で、イエスに立ち会えた人々は、最大の恩寵を受けている。つまりキリスト教は歴史のなかに極端な特異点をつくっているんですよ。

もちろん、いろんな宇宙論《コスモロジー》において、最初とか最後に特異点が出るのはしようがない。しかしキリスト教の場合——それはある意味で始まりであり終わりであるのかもしれないですけど——歴史のプロセスの途中に特異点をつくっている。あとから生まれてきたわれわれは、キリストの再臨の日までキリストと直接出会うことはない。いや、もちろん再臨の日があればの話ですが、そんなきわめて極端な不公平を内部に組みこんでいるところに、キリスト教の特徴を感じるんですね。

稲垣——私なりの理解で申しますと、私たちは実感として、恵まれている人もいれば、恵まれていない人たちもいると感じるのはたしかです。しかしそれは、資本主義社会における格差とか、金持ちかそうでないかとか、勉強やスポーツの才能とか、そういう問題について感じることだと思うのです。その場合の「恵み」は、精神的なものもなくはないですが、物質的な意味での恵みなのではないかと思うんですよ。

「恩寵のみ」(Sola gratia) というときの恩寵・恵みは、さきほど申しあげたように、この世界はなぜ偶然にも、われわれが生きるのにふさわしく存在しているのだろうか、といったこと、つまり生きていることそのものが恵みではないか、ということを含んでいる。天気がよくて、太陽が照り、すがすがしい空気を吸い、山に登れば、「ああ、いい景色だなあ」と爽やかな気持ちになる。お金がある人でもない人でも、誰もがそういう至福の感覚を味わうことはあるでしょう。だから生が与えられていることが恵みであり、「私そのものを神さまが与えてくださったんだ」という教え。こう考えれば、かなりしっくり来る。

これはキリスト者であろうがなかろうが、ルター派だろうがカルヴァン派だろうが、共通の感覚だと思うのです。のどがからからに渇いたとき飲む一杯の水のおいしさ。生きているという喜び。それが恵みの基本だと思います。

そしてこういう素朴な恵みから一歩進んで、人間の生きかたに関わる恵みもあるのではないでしょうか。人間は迷ったり過ちを犯したりして生きていくものではありますが、生きていくに際しての羅針盤のようなもの――私はそれを規範性と呼びたいのですが――規範性の能力が与えられている。これも私は恵みだと思うのです。[39]

もちろん人間はいいことだけではなくて、悪いこともする。それはそうだけれど、それでも人生を生きる意味（meaning）がある。それもまた恵みだとカルヴァン主義は考える。

大澤さんがおっしゃった「恵まれない人もいる」というのは社会の現実で、重大な問題ですが、それは神の恵みというより資本主義とか社会正義の観点から考えるべきものではないでしょうか。

アメリカ人の確信

大澤――私の感覚ですと、アメリカ人はどうも自分が恵まれている側だと確信している印象があるんですね。トランプ大統領のキャッチフレーズは「アメリカ・ファースト」ですが、「アメリカが最優先であるべきだ」というのは、「アメリカが一番に来なくてはならない」「アメリカ人は恵まれているはずなんだ」と思っているからでしょう。ずっとそう思ってきたのに、どうもそうでないらしい兆候が現れているので、本来の恵まれている状態に戻せ、という動きに見える。もち

【39】改革派の神学では、自然の恵みや文化、良心など、万人に与えられている神の恵みを共通（一般）恩寵（自然恩寵）と呼び、救いに与かるという恵みを特別恩寵（救済的恩寵）という。

ろん彼らが宗教的に考えているかどうかは別ですが、体に染みついた感覚として、「自分たちは神に選ばれている」という強い確信を持っている感じがある。普段意識しなくてもそう思っていると思います。

たとえば日本人は、自分たちが世界を代表するなんてまったく思っていないですよね。アメリカ人はごく普通の感覚として、自分たちは世界の守護者であって当然だし、世界のみんなに私たちを見ていてほしいといった感覚をおぼえます。

稲垣――私はそれは「アメリカニズム」といってほしいと思います（笑）。カルヴィニズムの恵みというものは、ルカによる福音書一〇章に出てくる「よきサマリア人」【40】の物語のように、貧しい人、苦しむ人がいれば、ともに苦をわかちあうようなありかた、それがまさに恵みということの意味です。共存共栄という意味での恵みといいましょうか。

アメリカ人はたしかに個人主義的ですが、カルヴィニズムが個人主義に連なるというように誤解されているようにも感じます。救いに予定されているという確信によって、個人が突っ走るというイメージがあるのではないか。たしかにアメリカニズムはそうかもしれませんけれど、カルヴァンのいう恵みはむしろ、「ともに生きる恵み」といえるようなものだと思うのです。もっともこれは私の受けとりかたにすぎません。しかし歴史的に分析すれば、そういえるのではないかと

【40】「よきサマリア人」の物語
ルカによる福音書において「（隣人を愛せよというときの）隣人とは誰か」と訊かれたイエスが答えた喩え話。以下のとおり。
イエスはお答えになった。「ある人がエルサレムからエリコへ下って行く途中、追いはぎに襲われた。追いはぎはその人の服をはぎ取り、殴りつけ、半殺しにしたまま立ち去った。ある祭司がたまたまその道を下って来たが、その人を見ると、道の向こう側を通って行った。同じように、レビ人もその場所にやって来たが、その人を見ると、道の向こう側を通って行った。ところが、旅をしていたあるサマリア人は、そばに来ると、その人を見て憐れに思い、近寄って傷に油とぶどう酒を注ぎ、包帯をして、自分のろばに乗せ、宿屋に連れて行って介抱した。そして、翌日になると、デナリオン銀貨二枚を取り出し、宿屋の主人に渡して言った。『この人を介抱してください。費用がもっとかかったら、帰りがけに払います。』さて、あなたはこの三人の中で、だれが追いはぎに襲われた人の隣人になったと思うか。」（ルカ10・30-36）

思っています。

神殿としてのイエス

大澤――歴史のある時点に受肉した神が地上に現れたというふしぎさについてはどうお考えになりますか。真理が、歴史に内在した出来事に結びついていることにキリスト教の本質的な特徴があると思うのですが……。

稲垣――いわゆる紀元ゼロ年[41]にイエスが地上に生まれたということを、大澤さんは特異点とおっしゃったのでしたね。

大澤――そうですね。

稲垣――たしかにイエスというひとりの人間が生まれ、そこからキリスト教は成立した。でも、もちろんその前に（古代）ユダヤ教があって、そのなかからキリスト教が生まれたということも前提として考えておかなくてはなりません。いわゆる第二神殿期と呼ばれている時期で、ユダヤ人たちがバビロン捕囚[42]から帰ってきて、神殿を再興する。そうしてユダヤ教のなかにいろんなグループができてくる。聖書のなかにも登場するサドカイ派[43]、パリサイ派[44]、熱心党《ゼロータイ》[45]、それからなぜか聖書には登場しませんがエッセネ派[46]も有名です。そのなかで、イエスとそのグル

【41】**紀元ゼロ年**　これはあくまで譬喩であり、もちろん西暦にゼロ年はない。西暦紀元は、六世紀にローマの神学者が聖書の記述からイエスの誕生年を推定し、その翌年を紀元一年と定めたものだが、聖書の記述によればイエスの誕生はヘロデ大王存命時であり、最近の研究では大王の死は紀元前四年であるので、現在では、イエスは紀元前四年以前の誕生と考えられている。

【42】**バビロン捕囚**　紀元前五八七（ないし五八六）年、新バビロニアの王ネブカドネザル二世によってユダ王国が征服され、首都エルサレムほかの諸都市は陥落し、神殿は破壊され、生き残りのユダヤの民はバビロンに連行されたことを指す。紀元前五三九年にアケメネス朝ペルシャの王キュロス二世が新バビロニアを滅ぼすと、同五三七年にユダヤの民は故国に戻ることを許された。

【43】**サドカイ派**　イエスの時代、聖書（タナハ）ではモーセ五書（トーラー）のみを重要視して、預言者や諸書を軽視し、神殿祭儀を中心としたユダヤ教の一派。トーラーに記載のないことは認めな

ープがキリスト教というかたちで発展していく。

だからキリスト教はユダヤ教から多くのものを受け継いでいます。メシア待望も当時のユダヤ教のグループにあったものです。唯一神教ということや、律法《トーラー》【47】も、もちろんユダヤ教から来たものだし、「契約の民」といいますが、契約という概念も受け継いだ。

そして最近の聖書学の非常にホットな話題として、キリスト教はユダヤ教から「神殿」という概念も受け継いだと言っているんですね。

捕囚から帰ってきて再建された第二神殿は第一神殿とほぼ同じ規模だったのでしょうが、ギリシアやシリア、そしてローマ帝国の支配を受けるなかで荒らされ、有名なヘロデ大王によって大規模に補修・拡張されます。しかしヘロデが補修した神殿は、ユダヤの民がローマ帝国に反乱を起こしたいわゆる第一次ユダヤ戦争の末期、紀元七〇年にローマ軍によって破壊される。その後神殿は再建されることはなく、西の壁の一部だけが現在の「嘆きの壁」として残り、ユダヤ人は流浪の民になっていく。

その神殿なのですが、イエスに直接したがったような最初期のユダヤ人のクリスチャンは、イエスをメシアとして受け入れない他のユダヤ人たちと同じように、神殿に行って献げものを献げたり礼拝したりする習慣を持っていたようなのです。


いので、霊魂の不滅や死者の復活、来世の裁きなどは認めない。上級祭司や貴族、豪商など富裕層から構成されていたと思われる。紀元七〇年のエルサレム神殿の破壊で消滅した。（前島誠『ナザレ派のイエス』春秋社を参照）

【44】**パリサイ派**　「分離された者」の意味で、聖書全巻を重視し、口伝律法も認める。宗教的伝統に忠実で、神殿祭儀よりも日常生活での律法の実践を重視し、律法の解釈に熱心にとり組んだ。サドカイ派とは対照的に、霊魂の不滅、死者の復活、来世の裁きも認める。紀元七〇年のエルサレム陥落後、ユダヤ教の伝統を後世につなげたのはパリサイ派である。（同前参照）

【45】**熱心党**　ゼロテ党。パリサイ派から生まれ、実力行使で反乱を起こしてローマの支配から脱しようと試みた政治的なユダヤ教の一派。そのなかには短剣を用いて暗殺をもっぱらにするシカリ派という組織もあったという。七〇年のエルサレム陥落時も、七三年のマサダ砦の戦いでも勇戦した。（同前参照）

使徒言行録にもペトロが神殿に行ったなどという記述があります。[48]

それと同時に、イエスが決定的な献げものとなったにもかかわらず、なぜ神殿に行って献げものを献げなければならないかといった議論もあったらしいのですが、それはともかく、イエスにしたがわないユダヤ人にとっては、神殿というのは決定的に重要だったのです。神殿こそ神のいます場所であるならば、神殿がなければ、信仰の中心がなくなってしまう。実際、神殿の破壊によって、とりわけ神殿祭祀中心主義だったサドカイ派は吹っ飛んでしまったらしい。[49]

しかしキリスト教徒は、他のユダヤ人たちと一緒に神殿に詣で、犠牲を捧げたりしていたにもかかわらず、神殿がなくなっても平気なんです。なぜかというと、イエスこそが真の神殿だという理解がすでに行きわたっていたからです。イエス自身もそういう言いかたをしていたし、神殿の破壊を預言してもいた。[50]

神殿とは神のいますところですから、イエスが神殿だということは、キリストのいるところが神がいるところになる。だからキリストを通して教会が形成される。まさに教会の頭としてのキリスト。つまり神殿が礼拝の対象だったということは、キリストが礼拝されること。神殿に固執する必要がなく、ユダヤ教から決定的にわかれたのです。

だから私にはキリスト教の発展は歴史の出来事だという思いが強いのです。大

【46】 **エッセネ派**　思想的にはパリサイ派に近いが、一般民衆や世俗の生活から自分たちを隔離し、禁欲や水による浄めを重視、長老への絶対服従など、厳格な規律のもとで、閉鎖社会といってよいような共同生活を、人里離れた場所で営んだユダヤ教の一派。死海文書を残したクムラン教団がエッセネ派の共同体のひとつだったと考えられている。七〇年のエルサレム陥落とほとんど同時期に消滅。（同前参照）

【47】 **律法**（トーラー）　ユダヤ聖書（旧約聖書）の最初の五つの書のこと。創世記、出エジプト記、レビ記、民数記、申命記。多くの部分が神の命令、戒律の記述に割かれている。モーセ五書ともいう。

【48】 「信者たちは皆一つになって、すべての物を共有にし、……そして、毎日ひたすら心を一つにして神殿に参り」（使徒言行録2・44-46）、「ペトロとヨハネが、午後三時の祈りの時に神殿に上って行った」（同3・1）など使徒言行録には神殿がかなり登場する。

【49】 一方パリサイ派は、エルサレムを脱出して、ヤブネ（ヤムニ

澤さんは特異点といわれたが、そんなに特異ではないのではないでしょうか。

大澤――特異点と申しあげたひとつの理由は、イエスがキリスト、あるいは子なる神として信仰の対象になっていく歴史的過程とは別で、神学的に見たときに、キリストという子なる神が、人として、歴史のある時点に、ある場所に現れ、死ぬことに必然性――いわば形而上学的な必然性――があるかということなんです。たとえば、仏教に関していえば、釈尊は、三五歳のときに菩提樹の下で悟り、仏陀になるわけですが、この出来事と仏教の真理とは何の関係もない。仮に釈尊が悟らなくても真理は真理です。フェルマーの定理の真理性は、それを証明するという出来事とは独立なのと同じです。しかし、キリストの真理は、神が人として現れる歴史的出来事と不可分ではないか、と思うのです。真理に、歴史的な出来事としての特異性が染みついているのではないか。

稲垣――哲学者には、世界各地で偉大な思想家を輩出したあの時代を「思想の枢軸時代（Achsenzeit）」と呼んだりする人もいますが、それ以上の意味はないですね。なぜあのとき神が介入したかはわからない。ただ現代からふりかえって、そのことによって世界の歴史が変わった。私はよかったと思っています。もしイエスが現れなかったら、たぶん別の歴史があったのでしょう。それがどういうものであったかはわかりません。

ア）に逃れ、そこを拠点に活動することになる。これが現代にまでつづくユダヤ教である。紀元九〇年代にはこの地で会議がひらかれ、ユダヤ教の正典が確定された。また、エウセビオスの『教会史』によれば、義人ヤコブ死後のユダヤ人キリスト者のエルサレム教団も、第一次ユダヤ戦争直前にエルサレムを捨て、ペラの街に移った。しかしその後、急速に影響力を失った（『聖書時代史・新約編』佐藤研著、岩波現代文庫を参照）。以降のキリスト教を主導するのはパウロの流れをくむ異邦人教会となる。

【50】イエスは答えて言われた。「この神殿を壊してみよ。三日で建て直してみせる。」それでユダヤ人たちは、「この神殿は建てるのに四十六年もかかったのに、あなたは三日で建て直すのか」と言った。イエスの言われる神殿とは、御自分の体のことだったのである。（ヨハネ2・19─21）
イエスが神殿の境内を出て行かれるとき、弟子の一人が言った。「先生、御覧ください。なんとすばらしい石、なんとすばらしい建物でしょう。」イエスは言われた。「これらの大きな建物を見ている

大澤――もちろん答えがあるような問いでないことはわかっています、でも、稲垣さんのお話はたいへん勉強になりました。要は、キリストは神殿の代替物というか神殿以上の神殿だということですね。逆にいえば、キリストがいなければ、神殿のようなものが必要になってくるのかもしれない。

ただの人、ムハンマド

大澤――ところで僕は、キリスト教を考えるとき、イスラム教と比較すると、それぞれの特徴が見えやすくなると思っているのです。たとえばイエスのような存在がいるとき、それを子なる神ないし神の受肉と解釈するのか、ひとりの預言者が殉教したという話に回収するのか。解釈のヴァリエーションとしては、半神半人と見なすか、そのほかいろんな可能性もありうる。そして、実際には、キリスト教はただの人間の殉教と考えずに、神の子、まったき神にしてまったき人である者の死という解釈をとった。そのように解釈したからこそ、あの出来事は超一大ムーブメントになって歴史を動かしていく。

　私もその話に魅了されるわけですけれど、一方でイスラム教を見ると、まったく違う。

のか。一つの石もここで崩されずに他の石の上に残ることはない。」（マルコ13・1―2）

もちろん一神教が興る場合、まず超越的な神が人間に何らかの影響を与えなければいけないので、神が何らかのかたちで被造物の世界に介入したり、メッセージを送ったりしなければなりません。しかし介入に関わったりメッセージを送られた人をあまり重要視すると、被造物の神格化にもつながるし、神と人の関係を歪めてしまいかねない。

イスラム教の場合一番重要なのは、当然、ムハンマド[51]が神の言葉を受けたことですが、そのときムハンマドがキリストのような神的存在にならないようにくふうしている感じがする。もちろんムハンマドは特別な人で重要だけれども、所詮は人間です。イスラム教ではモーセ（ムーサー）もイエス（イーサー）も預言者として認めていますが、最大の預言者ムハンマドの露払いにすぎないし、その一番すごいムハンマドもただの人間であるとつねに強調する。いわばムハンマドが啓示を受けたことを、普通の歴史のなかに埋めこもうという強い意志を感じる。歴史の中の特異点にならないようにしているわけです。人間の歴史の一コマにすぎないという方向に持っていくんです。

キリスト教は逆なんですよ。話をできるだけでっかいほうに持っていく。

イエスの死がただの預言者の死であったとすれば、それは旧約聖書の延長線上にありますから何てことはない。神の子の死だから、ただごとではなくなる。な

【51】**ムハンマド**　五七〇頃―六三二。メッカの有力部族クライシュ族ハーシム家出身。四〇歳頃、洞窟で瞑想しているとき大天使ジブリール（ガブリエル）より神の啓示を受け、教えを説きはじめた。軍事指導者、政治家としても目を瞠るものがあり、迫害されて一時はメッカからメディーナへ移住するも、その地で勢力を拡大し、メッカを攻略。カアバ神殿の神像をみずから破壊。その後も勢力を拡大し、アラビア半島を統一するまでに至った。

にせ神がこの地上に現れ、それが十字架上で無力に無惨に死ぬのです。この死に特別な意味がないはずがない。これはもうただの歴史のなかの一コマとはいえない。

でも普通に考えると、イスラム教のやりかたのほうが合理的で、話は整合的なものになるはずです。キリスト教は神が出てきたという話にするから、矛盾をはらんでしまう。キリストと神の関係がむずかしくなって、父なる神とキリストは別のペルソナだが同一本質《ホモウーシオス》だとか、イエスは完全なる神にして完全なる人だとか、わけがわからない論理を積みあげていくことになってしまう。

イスラム教から見れば、キリスト教は不合理だと言われていますよね。たとえば、それは多神教じゃないかとか、神に子がいるなんておかしいとか。

それに対して、イスラム教はそんな心配をする必要はまったくない。ムハンマドは神でも、神の子でも何でもない。たまたま神が人間にメッセージを送るために使われた、ただの人にすぎない。このように、ものすごく筋が通っている。

恵みということでいっても、ムハンマドの同時代人は別に恵まれてるわけでも何でもない。ムハンマドはただの人で、彼が伝えた神からのメッセージはクルアーン【52】というかたちで、あるいはハディース【53】というかたちで、後世の人だってみんな知ることができる。イエスの場合、同時代人は神をその目で見たということで

【52】**クルアーン**　イスラムの聖典。大天使を通じてムハンマドに告げられた神の啓示の集成とされ

す。神の言葉をその耳で聞いたということです。そんな出来事に立ち会ったなんて、とんでもないことではないですか。恩恵という点からみても、きわめて不可解。僕も一個人として、直観的にその話に魅力を感じるのですが、論理的にはまったくもって説明しがたい。

イエスは神である

稲垣——おっしゃるとおりです。論理的にはまったく説明しがたい。ただムハンマドは預言者ですが、イエスは預言者以上のもの。神の子であり、礼拝の対象になっていたのですから神なんです。

大澤——神なんですよね。

稲垣——奇妙といえば奇妙ですが、聖書を読み、最新の聖書学者のいろんな議論も参考にしていろいろ考えてみると、合理的な説明とはいえませんが、私自身は、物語としては圧倒的におもしろいと思う。

イエスを神として礼拝するのはたしかにふしぎではあるのですが、イエスはキリスト、メシアだといわれる。「キリスト」という言葉はギリシア語の「クリストース」から、「メシア」はヘブライ語の「マーシアハ」から来た言葉ですが、

る。ムハンマドは文字が書けなかったため、口述されたものの記憶や伝承、あるいは部分的に筆記されたものがのちにまとめられ、現在のかたちになったのは六五〇年頃とされる。全一一四章。

【53】**ハディース** イスラムの第二聖典。クルアーンは神の啓示であるが、こちらはムハンマド生前の言行録。日常生活の仕方、信仰のありかた、守るべき規範や慣習など、多様で細かいことまでもが記録されている。本来は口伝であったが、のちに文書化された。さまざまな集成がある。

要するに「油注がれた者」ということです。古代において預言者、祭司、王は、任命されるとき油を注がれた。いずれも人々の命運を担う重大な地位です。そして、預言者・祭司・王[54]のすべてを一身に背負って油を注がれるキリストはやっぱり特別な存在で、「クリストース」というギリシア語は、イエスに与えられた称号として特別なものでした。

また、イエスは「クリストース」として礼拝の対象になっていたのですが、同時に、「主」、ギリシア語だと「キュリオス」とも呼ばれていたのです。

キリスト教・ユダヤ教の神といえば「ヤハウェ」という名前が知られていますけれど、旧約聖書では神聖四文字といって、アルファベットだとＹＨＷＨにあたる四つのヘブライ文字が書かれているだけなんです。実際の読みかたはよくわからない。昔は「エホヴァ」と呼ばれていましたが、その後研究が進んで、「ヤハウェ」と読まれるようになった。なぜ読みがわからなくなったのかといえば、ユダヤ人自身が神の名を呼ぶのをはばかって（十戒に「主の名をみだりに唱えてはならない」とある）、聖書を読むとき別の言葉に読みかえていたからで、その読みかえる言葉が「主」、ヘブライ語では「アドナイ」、ギリシア語では「キュリオス」でした。旧約聖書のギリシア語訳である七十人訳聖書で「ヤハウェ」の言いかえ語、ないし「アドナイ」の訳語として、「キュリオス」が使われた。

【54】**預言者・祭司・王**　預言者と祭司と王をキリストの三職務という。改革派でよく用いられる区分だが、他教派でも用いられる。カルヴァン『キリスト教綱要』や「ハイデルベルク信仰告白」「ウェストミンスター信仰告白」で言及されている。

実はギリシア語自体としては「キュリオス（主）」というのはそんなに特別な言葉ではなかったようですが、ともかくキリストは当時「キュリオス」とも呼ばれていて、これはユダヤ人からすれば神の名の言いかえである「アドナイ（主）」のことですから、「神」と呼ばれているということになる。この呼びかたがユダヤの一神教から与えられた称号として、「クリストース」と同時に与えられているわけですから、イエスは「神の子」であると同時に「神」だと理解されていたということになる。

もちろんイエスと同じ時代に生きてじかに接した人たちと、第二世代、第三世代では違うでしょうが、少なくともその場に居合わせてイエスと寝食をともにした十二弟子などはみんなユダヤ人なのです。つまり初代のクリスチャンはほとんどユダヤ人。彼らがイエスに出会って「主」（キュリオス）と言って、拝んだ。「クリストース」であると同時に「キュリオス」だと。

イエスが十字架にかかって、死んで三日目に復活して、昇天し、次の五旬祭の日に聖霊がくだる（ペンテコステ）。そうして教会というものができ、キリスト教の歴史がはじまる。そのときにイエスのリアリティは頂点に達し、「キュリオス」として拝まれることになった。

もちろんその前から奇跡などを通して、イエスを「キュリオス」と思っていた人は、弟子のなかにもイエスに接した人にもいたでしょう。しかし十字架につけられ、陰府《よみ》にくだり、三日目によみがえり、昇天し、聖霊として降臨するという、使徒信条【55】にも出てくるような物語が、やはりその後の教会のスタートなんですよ。

ここでふしぎなのは、なんでそうなっちゃったのかってことで、どうしても現代人にはぴんと来ない。まったくわからない。しかしキリストの十字架上での死と復活という度肝を抜くような出来事で、彼らは神が現れたと思ったのだと思います。

もちろん実際の復活の出来事がどんなものだったのかはわかりません。マルコ福音書の記述からすれば、それは墓が空っぽだったという目撃証言で、たしかに目撃証言にすぎないのだけれども、彼らはすごいリアリティを感じた。それで初代教会ができた。これが私がスムーズに理解できる物語なんですね。

イエスが預言者ということであれば、そうは行かなかった。拝む対象にならない。ユダヤ人にとって神以外を拝むことは偶像崇拝になってしまうので、ありえないのです。常識ではかれないリアリティが現れることがある。まったくいままでにない新しいリアリティがひらかれたとき、それはそれで受け入れる、ということでしょう。宇宙は複雑なのですから。

大澤――そのリアリティがほとんど衰えず、後世にいたるまでそのリアリティの

【55】**使徒信条**　我は天地の造り主、全能の父なる神を信ず。／我はその独り子、我らの主、イエス・キリストを信ず。／主は聖霊によりてやどり、処女マリヤより生れ、ポンテオ・ピラトのもとに苦しみを受け、十字架につけられ、死にて葬られ、陰府にくだり、三日目に死人のうちよりよみがえり、天に昇り、全能の父なる神の右に座したまえり。かしこより来たりて生ける者と死にたる者とを審きたまわん。／我は聖霊を信ず。聖なる公同の教会、聖徒の交わり、罪の赦し、身体のよみがえり、永遠の生命を信ず。アーメン。

持つ意味に何度も立ち返ってきているのが凄いですね。今日、話題の中心にいるカルヴァンも、イエスの刑死と復活から千何百年もたってなお、その出来事の意味を新たに引きだしつづけている。

普通はふしぎな出来事があって、現場に立ち会ってた人が凄いと思っても、後世その話を聞く人たちは話半分で訊くことになりがちです。もっと時代が下ると「ただの神話じゃん」ということになって、「昔の人だからそんな迷信を信じたんだね」と冷笑されるだけかもしれない。

しかしキリスト教の場合、神の子が降誕し、復活し、昇天したというのは、歴史的事実であって、ファンタジーのなかのリアリティになるわけではない。まさに現実のリアリティとして残りつづけている。

稲垣——もちろんそれを信じていたのは、一グループにすぎません。当時はいろいろなグループがあった。バプテスマのヨハネ【56】のような先人のグループもいたし、「われこそメシアだ」という人も現れた。聖書にも書いてあります。だけど、それらのグループは残らなかった。イエスのグループは残った。

新約聖書の文書でもっとも早くに書かれたのはパウロの書簡だといわれます。福音書は、もっとも早く成立したとされるマルコ福音書でも、神殿崩壊の予言などから推定するに、紀元七〇年以降と考える学者もいますが、それに先行する。

【56】 **バプテスマのヨハネ** 生年不詳。没年は紀元三一年から三二年頃。イエスとほぼ同時代人。福音書によると、「らくだの毛衣を着、腰に革の帯を締め、いなごと野蜜を食べ物としていた」（マタイ3・4）とされ、ユダヤの荒れ野で神の国の到来が近いと告げて、人々に悔い改めを求めた（マタイ3・1-2）。ユダヤ全土から人々がやってきて、罪を告白し、ヨルダン川で彼から洗礼を受けた（同5-6）というほどのカリスマ的な宗教運動の指導者だった。イエスに洗礼を授けたのも彼である。しかし領主ヘロデ・アグリッパが異母兄の妻だったヘロディアと結婚したことを姦淫の罪として咎めたため、投獄され、斬首に処せられた。

ローマの信徒への手紙は、パウロ書簡のなかでも成立の早い文書で、紀元五八年ころといわれている。異邦人とユダヤ人がほぼ半々のグループが、ローマにすでに教会を建てていたらしいのですが、彼らにあてた手紙です。その最初の部分ですでにパウロは「主《キュリオス》」という称号を使っている。

聖なる霊によれば、死者の中からの復活によって力ある神の子と定められたのです。この方が、わたしたちの主イエス・キリストです。（ロマ１・４）

「イエス―・クリスト―」の前に「キュリオス（主）」という言葉がついている。英語だとロード（Lord）。英語の聖書で旧約を読むと「ロード」という言葉がたくさん出てくるのですが、これはヘブライ語の神聖四文字のところをぜんぶ「ロード」で置き換えているからで、つまりヤハウェということです。ということは、すでに初代教会において、イエスにヤハウェの称号を与えている。よっぽどのことがなければ、神さまと同じ称号で呼ぶなんてことはありえないと思う。

大澤――たいへんおもしろい。考えてみると、新約聖書は物語として圧倒的なものがあって、クリスチャンでなくてもわくわくします。まあ、新約聖書をおもしろいと言ったら不敬かもしれませんが（笑）。

しかしイエスの物語を、神の子の物語として受け入れるかどうかに、根拠なんかないわけですよね。

稲垣――ないですね。

大澤――だから、キリスト教ほど信仰の重さが試されるものはないと思う。イスラム教だって信仰が大事じゃないかというかもしれませんが、イスラム教のアッラーが万物の神であることを信じるのは、ビッグバンを信じるのと同じような感じで、合理的にひとつの知識として受け入れることもできなくはない。もちろんクルアーンでアッラーが伝えたあれこれをぜんぶ信じることができるかといえばわかりませんが、コスモロジーとして、ひとつの合理的な体系として受け入れることは可能です。

仏教はもっとそうで、仏教の法は真理です。それは、一貫性のある合理的な体系であって、受け入れ、信ずることが可能です。

キリスト教の話はそうはいかない。ある意味で、信ずることが不可能なことを信じなくてはならないからです。たとえば、経験的証拠を見せろとかいう話にはならない。福音書に書いてあることは、歴史的な出来事でなくてはならず、実際にそうでしょうが、しかし、最も肝心なところは、経験的証拠では裏づけられない。死んだあの人が神であることを証明することができないからです。また、論理的にも信じられる話になっていない。神でありかつ人であるということは論理的には矛盾しているからです。この信じることが不可能なことを信じなくてはならないのが、キリスト教です。神が受肉し、十字架にかかって死んで、復活したというとほうもない話を、根拠なしに信じるという態度でしかコミットできない。信仰というものの極大値といえるかもしれない。

キリスト教の信仰戦略

大澤——もう少しつけ加えますと、最初のイエスの出来事がありますね。本当はどんなものだったかわかりませんが、十字架につけられて死に、しかし埋葬された墓が空になっていたということなのかもしれません。それを初期の弟子たちは「神の子の死である」「イエスは昇天したんだ」と理解した。そのたったひとつの出来事のリアリティが、キリスト教の場合、二〇〇〇年くらいたっても減じないのはどういうことでしょうか。

いろんな宗教にはそれぞれに大事な出来事があるわけです。ただ、あまりにも大事な出来事というのは、かえって「それ、ほんとのことかいな?」と疑われるので、リアリティを保つのがむずかしいはずなんですね。だから、その一回きりの出来事が本当の話なんだと納得されるために、いろんなくふうをするのです。

キリスト教と反対の作戦をとったのはやはり仏教です。神の受肉は歴史上一回きりの出来事で、あとにも先にもイエスしかない。しかし仏教で悟るのは、原理的にはガウタマ・シッダールタ【57】だけではない。もちろんそんなに簡単にしょっちゅう悟ってはいけないので、厳格に枠をはめてはいますが、五六億七〇〇〇万年のちには弥勒が仏陀になるというふうに反復可能性を認めていますし、もっと小さい意味の悟りであるならば、上座部仏教の阿羅漢や禅の悟りのように、現世でも十分ありうるものです。

キリスト教の場合、「それは本当の出来事なのか?」という疑問が出てきたとき、キリストはいまでもときどき受肉していますという話にはできない。未来に再臨することにはなっていますが、それは世界の終末ですから特別として、この日常のなかにキリストが来ることはありえない。だからふしぎなんです。これでなぜリアリティが保てるのか。

受肉や来臨があることを納得させたいのであったら、逆に、それはしばしば起きるということにしてもよかった。「先週キリストはあのへんに出てきたらしいよ」(笑)という話のほうが、疑いをもたれないのではないかと感じます。

稲垣――たしかに脳科学などでもいろいろ議論がありますが、記憶が強化される

【57】**ガウタマ・シッダールタ** 仏教の開祖。パーリ語読みだとゴータマ・シッダッタ。紀元前五世紀頃の人物(伝承によって生没年それぞれに一〇〇年以上のひらきがある)で、インド北部の小国の王子だったが、二九歳で修行生活に入り、三五歳で悟りをひらき、真理を得たとされる。以降、教えを説きつづけ、八〇歳で逝去した。

ためには、たえず反復されることが大事とはよくいわれますね。

キリスト教の場合、イエスの出来事が旧約聖書の出来事の記憶のなかに埋めこまれたところがあるのです。ユダヤ教で一番大事なお祭りのひとつに出エジプトを記念する過越祭《すぎこしのまつり》【58】がありますけれど、イエスの捕縛、十字架、復活というのはその祭りの真っ最中に起きていて、イエスの十字架は、動物を犠牲にして過越を祝うという祭儀と二重写しになっています。イエスのことを「罪なくして屠られし神の子羊」などということがありますが、まさにそのイメージです。奴隷状態からの解放者のイエス、そのイエスのほかの言行もやはり、ユダヤ民族の歴史そのものといってもいい旧約聖書の預言や物語と重ねられているので、一回きりの出来事ではあるけれども、それを超えた重層性・歴史性を帯びている。

イエスとは直接の面識はないけれども、パウロなどは、旧約の出来事の記憶のなかにイエスの出来事を入れこんでいく作業を意識的にしていると思います。そこに記憶の反復があって、リアリティを強化するストーリーになっている。

もうひとつ言いますと、一般論でいうと、信徒が信仰を保つとき教会が必要とされますね。もちろん聖書をひとりで読んでお祈りしていれば信仰は保てるというグループもあります。しかし、普通の素朴な意味での信徒にとっては、やはり教会が記憶の装置になっている。

【58】**過越祭**　ペサハ。ユダヤ教の祭り。エジプトに及んだ神の禍いがユダヤ人の家には及ばなかったこと（出エジプト記12章）、ひいてはユダヤ民族が奴隷状態から解放されたことを祝う日で、西暦では移動祝日となり、春分の日のあとの最初の満月の日に祝われる。酵母を入れたパンを食べないなどの決まりがあり、そのため除酵祭とも呼ばれる。

さきほどユダヤ教にとって神殿の役割が大きかったという話をしましたが、キリスト教の場合は教会が重要です。といっても建物や特定の場所ではなくて、イエスの言葉でいえば、

> 二人または三人がわたしの名によって集まるところには、わたしもその中にいるのである。（マタイ18・20）

キリストがいるところはつまり教会です。そして教会で行われていることは、やはり記憶の再現といえるのです。福音書に最後の晩餐の様子が描かれています。【59】みんなで食事をしているときに、イエスがパンをとり、「これはわたしの体である」といい、葡萄酒をとって、「これはわたしの血である」という。

この様子を聖餐式（カトリックではミサ）として教会で二〇〇〇年間つづけてきた。それはやはりある意味で記憶の再現であり、「キリストを記念する」、つまり聖霊の臨在としてキリストがいまもおられる、という信仰です。ですから二〇〇〇年前にキリストは死んだのではなく、信者の心のなかにキリストが「私の解放者」として「生きている」という言いかたが正しいのでしょう。

【59】一同が食事をしているとき、イエスはパンを取り、賛美の祈りを唱えて、それを裂き、弟子たちに与えながら言われた。「取って食べなさい。これはわたしの体である。」また、杯を取り、感謝の祈りを唱え、彼らに渡して言われた。「皆、この杯から飲みなさい。これは、罪が赦されるように、多くの人のために流されるわたしの血、契約の血である。……」（マタイ26・26－28）

宗教改革と抵抗権

大澤――少しはじめのほうに話を戻して、宗教改革と近代についてあらためてお訊ねしたいのですが、とはいえ大半の日本人は、キリスト教とも、ましてやカルヴァン派とは縁もゆかりもないところで暮らしているわけです。ですから、稲垣さんがおっしゃったように、民主主義とか公共性という概念や態度が成立するにあたって、宗教改革以降のキリスト教、なかんずくカルヴァン派が非常に重要だったとしても、平均的な日本人の持つ疑問は、「でも私、クリスチャンでもないし、カルヴァン派でもないし」ということになってしまうのではないかと思うんです。

たとえば、これまでも何度か名前が出てきたマックス・ウェーバーの資本主義の誕生に関する議論のなかで、彼はカルヴァン派の重要性を説きました。もちろんこの説には賛否両論かまびすしいのですけれども、ひとつ重要なのは次の点です。

ウェーバーは宗教改革がなければ、西ヨーロッパに資本主義というものは成立しなかっただろうと思っています。しかし同時に、いったん資本主義というものが成立してしまえば、別にカルヴァン派でなくても、あるいは予定論なんかまったく知らなくても、資本主義を受け入れることができるし、むしろ受け入れざるをえない世界がなり立ってしまうとも考えていた。

ウェーバーの感覚では、資本主義は歴史上きわめて特殊な経済制度だから、それが登場するのは何らかの文化的インパクトが必要で、そのために宗教改革、とくにカルヴァン派が重要な役割を果たした――賛否はわかれるが、仮にそうだとして――ということだけれど、カルヴァン派が存在しない中国や日本で資本主義は育たないかといえば、そんなことはなくて、いったん資本主義が成立してしまえば、それがこんどは――いまふうにいえば――グローバライズして、他の異なる社会でも受け入れざるをえなくなると考えたわけです。

一方、稲垣さんは公共性とか抵抗権とかいう感覚のなかに、非常にカルヴァン派的なものがあるのだとおっしゃった。それはたしかに説得力があるのですけれども、それでは、大多数の日本人のようにカルヴァン派とは無縁のところで生きている人にとって、公共性とか抵抗権とか自治といった精神を、カルヴァン派という信仰とは独立に抽出して使うことができるのか。その点をどうお考えなのか、お訊きしたいと思うのです。

稲垣――ウェーバーについてはまたあとで話をさせていただくとして、抵抗権とか民主主義とか公共性は、別にカルヴァン派の社会でなくても移植することができるという話。それはまったくそのとおりですし、そうでないと困るんですけれども、移植できるとして、どの程度、どういうところまで移植できるのかという問題は残ると思うのです。

たとえば民主主義についていえば、ひとりひとりに投票が権利として与えられていれば、気に食わない為政者が出てきたら、違う人に投票して政権交代することが可能なシステムになっています。したがって、もはやカルヴァン派とか抵抗権とか、そんなことは問題にしなくてもいい、ということになるかどうか。

現実の日本政治を考えてみても、一人一票の権利を行使すれば、みんなが望むような政治になるかといえば、それは非常にむずかしい。そうであれば、カルヴァンのむかしと同じではないにしても、何らかの抵抗権、あるいは、抵抗の意識をひとりひとりが持たなければ、日本を変えていくことはできないのではないでしょうか。

大澤さんが日本での革命の可能性についてたいへん興味深い議論を展開しているのを拝見したことがありますが、結局、日本というのは、これまで革命がない国なんです。抵抗によって革命を起こしたヨーロッパの歴史は、やはりキリスト教の神――大澤さんの用語を借りれば「第三者の審級」――があったからこそです。それは日本にはない。では日本に革命は起らないのか。

そのあたりは大澤さんのご意見をお聞きしたいところですが、私自身はひとつ「友愛革命」とでも呼びたい方向性があるんです。賀川豊彦[60]の思想と彼が実践したことを歴史的に整理して、その相互扶助の精神をベースにすれば可能ではないかと思っているのです。

ただ「友愛革命」をするためにも、ある意味での抵抗権が必要なんですよ。この「抵抗」は、「流れに抗する」という意味での「抵抗」です。いままさに弾圧されて、いのちが奪われるかもしれないという状況に抵抗するのではないけれど、次の世代やその次の世代を考えるとき、危ない方向に行っているなと思うのであれば、いま抵抗しなくてはならない。しかし、われわれはすごく弱いから、当面の危機がなければ状況に流されてしまう。これは、特に同調圧力の強い日本社会では、みんな認めるでしょう。そこをあえて、ぐっと足もとを見つめ、公共的な関心事によって集まったグループ内で本質的な議論を喚起することによって抵抗する。公共の場における対話や広い意味の教育を通じて、抵抗の輪をひろげていく。そのような意味での「抵抗」、「抵抗権」はいまでも十分生きていると思っています。ただし抵抗権を発揮するにあたって、グループ外にどうひろげる友愛革命なのか、そこは考えかたがわかれる。

【60】**賀川豊彦**　一八八八―一九六〇。キリスト教社会運動家・著作家。旧制中学時代に洗礼を受け、神戸のスラム街で貧者の救済活動と伝道を行う。プリンストン大学・神学校に留学し神学士号を得、帰国後は、神戸で労働運動や消費組合運動に携わり、のちに神戸生活協同組合に発展する購買組合を設立、さらに農民運動においても日本農民組合を組織した。戦後は貴族院議員も務め、日本社会党の結党にも参画するなど、多方面で巨大な業績を残し、「自主と自治」の「友愛と連帯」を主張した。著書に大正期最大のベストセラーになった『死線を越えて』（改造社）など。『賀川豊彦全集』（キリスト新聞社）がある。

大澤——いずれにしても抵抗は必要だということですね。

稲垣——抵抗は必要です。もっとも別にカルヴァン派でなくても、抵抗の歴史はあります。過去をたどれば日本や中国にも、（易姓革命や黄巾の乱といった）儒教的道教的な抵抗や（一向一揆のような）仏教のなかからの抵抗はあった。ただカルヴァン派の抵抗権については、西ヨーロッパの市民社会のなかから典型的にはっきりしたかたちで登場し、かつネットワーク化されましたから、学ぶ必要があると思っている。そういうレベルですね。

大澤——歴史的な事実として考えた場合には、やはり神があって、神がよりどころとなるので抵抗できたのだろうと思います。しかし、これを単なる歴史の問題としてではなく、今日われわれがそこから何かを吸収して応用する場合、「神がいなくてもできる」ということを理論的に言わなければならない。カントふうにいえば、「理性の限界内での宗教」みたいな感じです。直接的に教義内容や聖書に言及しないかたちで、しかし事実上それと同じものをわれわれは得ることができるかどうか。

稲垣——なるほど、大澤さんの関心の焦点はそこにあるわけですね。

大澤——さきほどトクヴィルの話が出てきましたけれど、トクヴィルは一八三〇年ぐらいにアメリカへ行ってびっくりする。それから一〇〇年は経っていないとはいえ、だいぶん経って、二〇世紀になってからマックス・ウェーバーがアメリカへ行きます。ちょうど『プロテスタンティズムの倫理と資本主義の精神』を書いているときで、彼は前半だけ書いたあとアメリカに旅行する。それも何か月もかけた長い旅行です。それでアメリカを見て、ますます衝撃を受けて、『プロテスタンティズムの倫理と資本主義の精神』の後半が書かれる。

そのあいだにウェーバーは短い『プロテスタンティズムのゼクテと資本主義の精神』（邦訳「プロテスタンティズムの教派と資本主義の精神」世界の大思想・ワイド版3―7『ウェーバー』河出書房新社、所収）という文章を書いていますが、大ざっぱにいえばトクヴィルにかなり近いことを言っている。アメリカ人が自由自在に中間集団的なものをつくることに、非常に衝撃を受けている。ウェーバーもトクヴィルも、それはプロテスタンティズムの伝統のなかにあるからだろうという推測になっているのも共通です。

これは抵抗権ではありませんが、ある種の民主主義であり、そのありかたには宗教的な根があるということを、トクヴィルもウェーバーもともに感じた。

さて、そこから現代日本に住むわれわれが教訓を得るとしたら、宗教の直接的な教義の内容や伝統や歴史から、その本質的な意味だけを切り離して、どれだけ抽出できるかということになる。そこに僕は興味があるんですよ。

『プロテスタンティズムの倫理と資本主義の精神』への疑問

稲垣――そのことは私もまったく賛成です。ただ、ウェーバーについて私は長らく疑問を持っている部分があるのです。そのあたりをちょっと質問させてください。

大澤――ええ、どうぞ。

稲垣――私がいまだにはっきりとつかめない疑問なのですが、ウェーバーが一七世紀ピューリタニズムの意図せざる落とし子として資本主義が成立したというのは、彼自身が言っているように、ひとつの親和性というか並行性、もっと砕いていえば、似ている面があるというにすぎない。しかし、たしかに似ている面があるのでしょうが、その似ている面とは何かということなのです。

ウェーバーの主張で私も評価するし重要だと思うのは、西洋近代のユニークさはいわゆる脱魔術化や目的合理性にあるという点で、それはそのとおりだと思います。たとえばプロテスタントはカトリックの持っていたマリア崇敬や聖人崇敬、あるいは、聖像や聖画の崇敬を廃しましたし、秘跡についても、彼らが聖書的だと認めたもの以外はなくしてしまいました。それはもう万人が認める現象だと思います。

もうひとつ、ウェーバーが言っている大事なことは、『プロテスタンティズムの倫理と資本主義の精神』の後半に詳しいのですが、「天職《ベルーフ》」。英語でいうと「コーリング（calling）」です。英語で「コーリング」というと、神さまに呼ばれて使命を授けられるという意味で「召命」といって、中世までのカトリック教会だと、修道士になるのは基本的に召命なわけです。

しかしプロテスタントは修道院を否定したこともあり、またルターの聖書解釈も影響したらしく、「ベルーフ」が「天職」、神に与えられた職業というかたちに転化するという。修道院のなかでの「コーリング」が、一般社会のなかの信徒のレベルの「コーリング」となる。これもまったくそのとおりで、多くの人が納得すると思うんです。

問題は、先ほどの予定論の解釈と、もう一つ世俗内禁欲の意味です。修道院のなかでの禁欲主義が一般の社会に出ていって、いわゆる「世俗内禁欲」になったというところです。私にはこの世俗内禁欲の意味がいまひとつわからない。修道院でいう禁欲とは何かといえば、まず結婚しないなど、性的な欲求を断つことがある。もうひとつは倹約し質素にして神さまに奉仕する。清貧な生活。修道者が高価な品物をたくさん買いこんで豪奢な生活をすることはありえない。もうひとつは服従。修道院長や上の者には絶対服従するといったことですが、修道院の禁欲というのはおおむねそんなところです。

さて、この三つが禁欲だとすると、世俗的禁欲とは何かわからなくなるのです。一般の人が結婚しないことは普通ありえない。性的には別に禁欲なんか必要ない。清貧に甘んじるといっても、たしかにあんまり贅沢をするのは問題かもしれませんが、普通に食事をしたり、おいしいものをたまに食べたり、きれいな衣装をたまに着たり、ダンスに行ったり、それはかまわないでしょうから、別に禁欲ではないのではないか。修道院長に絶対服従といったことも一般の人にはないでしょう。

むしろ一般の人たちはもっと自由に、場合によっては上の人にも敢然ともの申すことが勧められているように思います（そしてこれが抵抗権の基本の考えかたです）。ルターの、『キリスト者の自由』という作品の最初におもしろい言葉が出てきます。「キリスト者は何者にも服従しない」と、「キリスト者はすべてのものの上に立つ王である」と宣言する。「自由」で「何者にも服従しない」。もちろんルターはすぐあとで、「キリスト者はあらゆるものに服従する」、つまり「奉仕する」とも言っていて、いかにもルター的な矛盾を含んだ言いかたをするわけですけれども。

しかし『キリスト者の自由』でルターが言いたかったこと——それはカルヴァンにもっと強いかたちで受け継がれていると思いますが——は、必ずしも垂直的な従順さではなくて、水平的な、人と人とが自由にふるまうということ。民主主義的なものの萌芽だという気がするのです。

そうなるとウェーバーが「世俗内禁欲」というときの禁欲は、何を言っているのかがわからなくなるわけです。

大澤——私自身もウェーバーの説を全面的に受け入れているわけではないのですが、原則的には好意的に引用してきましたし、ウェーバーのスタンスでしゃべったほうがおもしろいことが言えるので、その方向から語ってみようと思います。また稲垣さんの疑問については、ウェーバー自身も本当に明晰に意識していたかどうかわからないところもあるので、僕なりに補ってみようとも思いますが、まずその前に、俗流ウェーバー解釈だと、世俗内禁欲の具体的な現れは節約だといわれるんですね。

稲垣——節約ですか。

大澤——消費せず資本蓄積をするということです。使えるお金があるのに使わずにとっておいて投資をする。どんどん資本が蓄積し、規模も大きくなる。お金を使わないのですから、本人からすれば節約なんです。

稲垣――しかし投資するのは、もっともうけたいという欲求があるからではないですか。

大澤――もっともうけて、そのお金で贅沢をするならそのとおりですが、もっともうけたらさらに投資するわけで、いつまでたっても自分のための贅沢な消費はしない。それは節約だし清貧の生活なんですよ。【61】

マルクスがおもしろいことを書いています。マルクスはウェーバーより前の人ですから、カルヴィニズムのことを考えているわけではないでしょうが、狙いとしては似ています。資本という現象を考えるさいに、まずは前提として、守銭奴とか吝嗇家を考えてみるのです。守銭奴は考えようによっては極端な禁欲家です。いくらもうけても絶対に使わない。でも守銭奴はただためるだけですが、それをもっと増やす方向に持っていくと、いわゆる合理的な資本家になる。守銭奴は、貨幣をどこまでも蓄積しようとする。これは、ある意味で極端な禁欲です。貨幣を商品や使用価値に変えて、自分の快楽のために消費してはいないのですから。【62】守銭奴は貨幣を貯めるわけですが、資本家は、貨幣を増やすためには、むしろ貨幣を使う、つまり投資した方がよいことに気づく。資本家は合理的な守銭奴なのです。

そういうふうに守銭奴を媒介項として考えると、資本家は守銭奴と同じように、

【61】そうした企業家たちは見栄や不必要な支出を好まないばかりか、故意に権勢を利用することを嫌い、また現に自分の得ている社会的名声に対して外側の褒賞をうけることさえ喜ばずに避けるのだ。言いかえると、その生活態度はしばしば、さきに引用したフランクリンの「説教」に明らかに現われているような一定の禁欲的特徴を備えている。……こういう企業家は、巨富を擁しながら、自分のためには「一物をも持たない」――ただ良き「天職の遂行」»Beruf-serfüllung«という不合理な感情をもっているだけなのだ。（『プロテスタンティズムの倫理と資本主義の精神』岩波文庫、八〇―八一頁）

【62】貨幣退蔵者は、黄金神のために自分の肉欲を犠牲にする。彼は禁欲の福音に忠実である。……勤勉と節約と吝嗇は、その主徳を

あるいは守銭奴以上に禁欲的ではないかというのがマルクスの解釈です。マルクスはすでに守銭奴に関して「禁欲の福音」に忠実な人と表現していますが、マルクスが直感的に荒削りに述べたことを、プロテスタンティズムの教義や倫理にきちんとそって、厳密に説明しようとしたのが、マックス・ウェーバーというわけです。

世俗内禁欲の本質

大澤――「何を禁欲したの?」って禁欲の内容を問うと、実は、世俗内禁欲はわからなくなってしまうんですね。禁欲という形式が問題なんです。プロテスタントによって、禁欲の内容ではなく、禁欲の形式が世俗の活動のなかにもたらされた。

通常、キリスト教だけでなく、宗教が禁欲的なものを要求する場合は、宗教的な意味の少ない行為から宗教的な意味のある行為へ移行させるための手段です。修道者であれば、普通の人は結婚するのに、その人は結婚しない。仏教でも出家者には極端な禁欲が強いられますが、そこには修行としての意味がある。普通の行為に対して、特別な行為を宗教的行為として特権化するのが禁欲です。

なしている。多くを売って少なく買うということが、彼の経済学のすべてである。(マルクス『資本論』第一巻第一篇第三章第三節、岩波文庫版(一)より引用)

カール・マルクス

だから普通は禁欲生活をすれば世俗の生活が成り立たなくなる。仏教なんか労働もできないしお金にもさわれない。そのままでは死ぬしかないから、しかたなく物乞いする。ところが、世俗内禁欲では、世俗の行為なのに、まるで宗教的な行為と同じような峻厳さを持って、統制されている。

ウェーバーが例に出しているのはベンジャミン・フランクリン【63】です。フッガー家のヤーコプ・フッガー【64】とフランクリンを比べて、フランクリンの態度がなぜ資本主義の精神なのかを述べている。どちらも金持ちで、企業家として成功したけれど、フッガーはただ自分の利益のためにやっている。もちろんフランクリンだってそうなのですが、まるで利潤追求が義務であり、自己目的というか、それがあるべき姿に合致しているかどうかを常に点検しながら行わなくてはならないものなのです【65】。

だから、何を禁欲しているのかと問うてしまえば、修道院とはまったく違うことをやっているのだから、禁欲に見えないかもしれない。しかしその態度、行為のありかたに着目すると、修道者が宗教的な務めをするとき、自分の行為を自覚し、それが正しいかよきことであるかを厳しく点検する、それと同じような態度で普通の生活に関わっている。それが世俗内禁欲なんです。

逆にいうと、普通の生活と宗教的な生活、あるいは普通の空間と宗教的な空間

【63】 **ベンジャミン・フランクリン** 一七〇六―一七九〇。アメリカ合衆国の政治家・外交官・物理学者。実業家として印刷業で大成功を収め、その後政界に進出。合衆国建国の父（Founding Fathers）のひとりとしていまも尊敬を集める。雷が電気であることの発見や避雷針の発明もよく知られ、またその道徳的な生活規範をフランクリンの一三徳としてまとめた（一三徳は、節制・沈黙・規律・決断・節約・勤勉・誠実・正義・中庸・清潔・平静・純潔・謙譲）。

【64】 **ヤーコプ・フッガー** フッガー家はバイエルン公国アウクスブルクを拠点とする商家。ヤーコプ・フッガー（二世）（一四五九―一五二五。ヤーコプ二世）は、もともと七人兄弟の六男で、修道院に入っていたが、父と兄弟四人が立てつづけに亡くなるに及んで、家業をたすけるために還俗、ヴェネツィアで商業の修業をし、香辛料の貿易や銀や銅の採掘・販売、さらに金融業でスペイン・ハプスブルク家やローマ教皇庁に多額の貸しつけを行うなどして巨万の富を築いた。慈善家でもあり、貧民救済のために「貧しき者たちの家」を建設してもいる。

の区別がなくなってしまうのがプロテスタントの特徴だ、とウェーバーは考えたということです。たとえば修道院は、世俗の場所より宗教的な濃度の高い場所といった感覚があるではないですか。

稲垣――おっしゃることには私も賛成なのですが、それは私には禁欲には思えない。なぜって禁止されている欲がない。

大澤――ですから、内容としては、修道院の禁欲と世俗内禁欲はまったく違うのです。禁欲の形式と内容を区別しなくてはいけない。内容の同一性とは別に、形式としての同型性があるかどうかという問題がある。たとえば科学があり、民主主義があり、資本主義があり、さまざまな領域がありますけれど、たとえ内容がまったく違っても、それらのあいだに形式的な共通性があるのかもしれない。そこを析出するといいましょうか。

もちろん世俗内禁欲というのは、たしかに奇妙な概念ではあるのです。考えてみれば、禁欲はそもそも世俗から離脱するためにやるものですから、世俗内禁欲という表現は形容矛盾に近い。

結局、資本主義のある種の過剰さをどう考えるかだと思います。資本主義は物質的な欲望を満たすためのものだといわれることがありますが、それが本当に物質的な欲望につきるならば、欲望が満たされればいいのだから、どこかでストッ

【65】フッガーの場合には、商人的冒険心と、道徳とは無関係の個人的な気質の表明であるのに対し、フランクリンの場合には【倫理的】な色彩をもつ生活の原則という性格をおびている。(『プロテスタンティズムの倫理と資本主義の精神』四五頁)

プしてもいいはずです。
しかしビル・ゲイツ【66】でも誰でも、世界の大富豪を考えてみれば、「一生のあいだにどんなに贅沢してそのお金を使いつづけても、全然使いきれないでしょ」というくらい富を蓄積している。しかもそれでビジネスをやめるわけでもなく、まだまだやりつづけるというその徹底さ。それはどこから出てくるのだろうか。その過剰さは、貪欲として現れるものが、徹底した禁欲にいったん媒介されているところから来る。

フランスにおける近代のルーツ

稲垣――禁欲の「内容」ではなく「形式としての同型性」ということであれば、それはウエーバーの言う「親和性」ということで、わからなくはない。大澤さんと水野和夫【67】さんの対談本を読ませていただきましたが、私の考えはむしろあのなかに出てくるブローデル【68】やその後に登場するウォーラーステイン【69】の解釈に近くて、おもしろみはないかもしれませんが、禁欲ではなく、欲望の解放が資本主義のルーツではないかと思います。商業資本主義や産業資本主義はもとより、昨今の金融資本主義などは欲望の塊ではないですか。だから世俗内禁欲となると、逆説の

【66】**ビル・ゲイツ**　一九五五年生まれ。アメリカ合衆国の実業家・技術者。マイクロソフトの共同創業者。莫大な資産・収入で知られ、雑誌『フォーブズ』の世界長者番付では一九九四年から二〇〇六年まで世界一となり、個人資産は八〇〇億ドル（約九兆円）を超えるといわれる。慈善事業にも熱心で、ビル＆メリンダ・ゲイツ財団を妻や義父と共同で設立し、途上国の難病の撲滅や貧困対策・教育水準向上などにとり組んでいる。

【67】**水野和夫**　一九五三年生まれ。法政大学教授。経済学者・証券エコノミスト。民主党政権時代は内閣官房審議官などを務めた。著書に『資本主義の終焉と歴史の危機』（集英社新書）『資本主義という謎』（大澤真幸との対談、ＮＨＫ出版）など。

【68】**ブローデル**　フェルナン・ブローデル。一九〇二―一九八五。フランスの歴史学者。コレージュ・ド・フランスの教授を長く務める。代表作は『地中海』（邦訳、全五巻、藤原書店）、『物質文明・

そのまた逆説のようで、たいへんわかりにくい。

大澤――ブローデルのようなフランス系の人はウェーバーの議論がきらいなんです（笑）。フランスはプロテスタントが主流の国ではありませんから、ウェーバーの議論だと「フランスは後進国になってしまう」という苛立ちもあって評判が悪い。

ただ僕は、この問題はもうちょっと深く、あるいは、ひろげて考えないといけないところがあると思います。

最近論壇で活躍している歴史学者にして社会学者にエマニュエル・トッド【70】がいます。トッドは家族構造決定論といってもいいような考えかたをする。家族のありかたは国や地域によって違いますが、トッドがまず目をつけるのは親子関係、兄弟関係。これが基本の軸になる。

たとえばフランスは兄弟が平等に相続しますが、イギリスは長子相続です。しかも子どもがすぐ独立する。そうすると親子関係の独立性は高い。しかし長男が相続するということは、兄弟の扱いは不平等なんですね。すなわち「（親の権威からは）自由だけれども、平等はあまり気にしない」というのがイングランドの特徴になる。一方、フランスは平等で、親の権威もあまり強くないから、自由と平等の両方を大事にするという話になる。それを敷衍して、カルヴィニズムをイギ

経済・資本主義』（邦訳、全三巻、みすず書房）、『歴史入門』（邦訳、中公文庫）。

【69】ウォーラーステイン　イマニュエル・ウォーラーステイン。一九三〇年生まれ。アメリカの社会学者・歴史学者。マルクスやブローデルの方法論を踏まえ、大航海時代以降の世界をひとつの巨大なシステムとして近現代の歴史を考察する世界システム論を提唱。著書に『近代世界システム』『資本主義社会経済』『史的システムとしての資本主義』など多数。

【70】エマニュエル・トッド　一九五一年生まれ。フランスの歴史人口学者・家族人類学者。フランス国立人口統計学研究所に所属。家族構造と人口統計に基づく斬新な分析で知られる。著書は、ソ連崩壊を予言したといわれる『最後の転落』、近代化と宗教の関係の分析を含む『新ヨーロッパ大全』、家族構造と移民問題の関係を暴く『移民の運命』、アメリカもソ連同様衰退しつつあるという『帝国以後』、イスラム世界の近代化を分析する『文明の接近』（共著）など、いずれも先鋭な問題をとり扱う。

リスの代表的思想とすると、彼らは個人主義だけれども平等については意外に無頓着だということになるし、逆に、なぜフランス革命で自由と平等が出てきたかということも説明できたりする。

トッドはこういうことを家族に絞ってやってみた。たしかに家族だから調べやすくて、実証ベースにも乗りやすいのですが、とはいえ別に家族に限ることでもないはずです。僕はこの考えかたをちょっと応用してみたい。

たとえばトクヴィルがアメリカ社会を見たら独特の人間関係のつくりかたをしていた。「そんなに自由自在に中間集団がつくれるんだ」とヨーロッパの人間は驚く。そして、それはなぜかと考えて、カルヴィニズムの影響ではないかと思いつく。でも実は、それは順番が逆かもしれないわけです。アメリカの人々の感覚のなかに、何らかの理由によって、中間集団のような関係を自在につくる様式みたいなものが備わっていて、それにイデオロギー的表現というか思想的表現を与えようとすると、カルヴィニズムとか、独特のキリスト教とかになるのかもしれない。

いまEUを見ていると、うまくいきそうでなかなかうまくいきませんよね。ヨーロッパは完璧にまとまるのが意外と苦手です。中国をもうちょっと見習ったらどうかと思うくらいです。中国は驚異的にまとまるのが上手で、秦の始皇帝の段階で今日のEU以上のまとまりを実現している。もちろんその後もしょっちゅう分裂していますが、必ず旧に復する。分裂しているときには、「これは異常事態だ、いずれまとまらねばならない」という意識を持っていて、何百年とかかることはありますが、必ずひとつにまとまって回帰します。ヨーロッパは、常にヨーロッパの統一と言いながら、西ローマ帝国の崩壊後、一度も成功したことがありません。今度こそと思ったら、肝心のイギリスが抜けることになった。

そのヨーロッパのまとまらなさを考えても、ヨーロッパには中国とは違う彼らなりの関係のつくりかたがあって、それにきっちり思想的表現を与えるときに宗教や思想になる。厳密にいえば、そういう順番が正しいと思うんです。

そうすると、フランスについても「おまえのところはプロテスタンティズムが弱くて、ユグノーを弾圧したからダメなんだ」ということではなくて、フランスはフランスなりに近代をなしとげた、ある種の関係の様式を持っていた。ただしフランスの場合も、近代化に際して、カトリックに対抗するという課題はある。ドイツなんかの場合は、カトリックへの対抗がひとつの表現をとって、プロテスタントという名前を持ったのだけれども、フランスの場合は、その対抗戦略が名前を持つほどの焦点を結ばなかった。ときどきそれに、古代ローマや人文主義ふうのイデオロギー的な名称がつくこともありますが、さすがにプロテスタントほどの力を持つことはできなかった。

いずれにせよ、当時の西ヨーロッパや北ヨーロッパでは、カトリックがつくってきた関係の様式が崩壊しようとしていた。その崩壊に対してきっちり宗教的表現を与えたらプロテスタントになった。そのなかでも特にラディカルな形態としてカルヴィニズムが出てきた、と考えるべきだと思うのです。

カルヴィニズムとピューリタニズム

稲垣——いまトッドのことを聞いて、最初のトランプ大統領のことを思いだしたのですが、結局ウェーバーのいうカルヴィニズムというのは、ピューリタニズムに尽きているのではないかと思うのです。ピューリタニズムはもともとイギリス発祥で、その一部はアメリカに渡った。どうもそれとカルヴィニズム全体が混同されているのではないか。

ウェーバーはたいへん博識ですぐれた学者ですが、彼に限らずトレルチ【71】もそうですけれど、ハイデルベルクの学者たちにはアメリカへの憧れがあった。ドイツが後進国というわけではないでしょうが、アメリカびいきなんです。

ウェーバーがとりあげるベンジャミン・フランクリンもアメリカの人ですよね。

【71】**トレルチ**　エルンスト・トレルチ。一八六五―一九二三。ドイツのプロテスタント神学者・宗教哲学者・社会批評家。ハイデルベルク大学時代は、ウェーバーと大学の同僚というだけでなく、同じ建物に住んでいて、意見を活発に交換した。第一次世界大戦でのドイツ敗戦後は、ヴァイマール共和国のプロイセン州の政務次官、またエーベルト大統領の参事官として国家再建に尽力した。プロテスタンティズムを、国家権力と教会が結びつく傾向にある古プロテ

しかも一八世紀の人。アメリカ的個人主義のある側面を、ウェーバーはカルヴィニズムと呼び、資本主義の〝精神〟と呼んでいるような気がします。またイギリスといえば、アダム・スミス以降の経済学もそうですが、利益を最大化するという功利主義が誕生した国です。そういう個人主義や功利主義をウェーバーが「親和性」を媒介にしてカルヴィニズムと重ねあわせて、産業資本主義の〝精神〟の歴史を一〇〇年以上も遡らせてしまったのではないでしょうか。確かに宗教改革はヨーロッパ近代を生みだしました。宗教改革が引き金となって宗教戦争に突入し、そこから一七世紀半ばにウェストファリア体制[72]ができ、強固な国民国家が形成された。その国家がうしろ盾になって商業資本主義のみならず産業資本主義も大きく発展していく。こういうことではないかと思うのです。ついでにつけ加えるのですが、この宗教戦争は政治がらみとはいえ、宗教的真理の絶対性が論争の段階から戦争にまで発展してしまうのは悲劇でした。こんなところから「理性」のほうが大事だ、「理性の限界内」で宗教を考えるべきといった啓蒙主義が強くなる。これがヨーロッパ近代の後期の特徴といっていいのではないでしょうか。

　ところで、私はオランダで生活していたことがありますし、ドイツもそれなりに知っていますが、西ヨーロッパは強い家族主義なんです。イギリスやアメリカは個人主義が強い。

スタンティズム（ルター派、伝統的カルヴィニズム、イギリス国教会など）と、権力からの離脱を志向する新プロテスタンティズム（ピューリタニズム、バプテスト、クェーカーなど）に区別し、後者を改革の主体として重視する。なお、ウェーバーもこの区別を用いることがある。たとえば、「ルッター、カルヴァン、ノックス、フーットらの古プロテスタンティズムは、現在われわれが「進歩」と呼んでいるものなどとはおよそ無縁だった」（『プロテスタンディズムの倫理と資本主義の精神』三三頁）。

【72】**ウェストファリア体制**　カトリックとプロテスタントの対立によって引き起こされたヨーロッパ最大の宗教戦争・三十年戦争の講和条約であるウェストファリア条約（一六四八年）によって生まれた体制。神聖ローマ帝国内の領邦に主権や外交権が認められ、皇帝の権限は制限され、カトリックとプロテスタントの同権が認められるなど、カトリックと神聖ローマ帝国の力はいちじるしく減退、対等な主権国家同士のパワーバランスによる国際秩序の幕開けとなった。

これはウェーバー自身がはっきり言っていることですが、ドイツは伝統主義であり、働きたくなければ働かなくていい、お金をそんな稼がなくてもいいという気風だというのです。それが一〇〇年前のことですが、オランダやフランスも同じようなものでした。産業資本主義が爛熟したのは、やはりイギリス、アメリカです。

それで私が思いだすのは、デンマーク出身の社会学者のエスピン＝アンデルセン【73】が福祉資本主義の三つのレジームと言ったとき、西ヨーロッパと、北ヨーロッパ、もうひとつアングロ・アメリカと三つにわけたこと。別の言いかたをすれば、大陸ヨーロッパ、北欧、イギリス・アメリカということになる。彼によれば、北欧の福祉資本主義のありかたは、社会民主主義的な福祉国家。税金は凄く高いが、所得を再分配する。それに対して南ヨーロッパも含んだ西ヨーロッパは、彼によれば保守主義です。それはウェーバーがドイツについて語ったような、あんまり働きたくなくて、家族重視で、「女性は家庭へ」というタイプの社会です。彼は、アングロ・アメリカについては自由主義と言っている。経済発展で個人の自由を最大限に尊重し、雇用の拡大と減税を重視し、再配分はあまり考えないタイプの社会で、これはウェーバーが資本主義の精神と呼んだ行動様式と重なるのではないでしょうか。

【73】**エスピン＝アンデルセン** イエスタ・エスピン＝アンデルセン。一九四七年生まれ。デンマーク生まれの社会学者。専門は福祉国家論。現在はスペインのポンペウ・ファブラ大学教授。本文で説明されている福祉レジーム論の提唱者。

だからウェーバーは、アメリカニズムをカルヴィニズムと言い換えてしまったのではないかと私は疑っているのです。

大澤――そこまで言いきっていいかどうかは考えどころですが、たしかにマックス・ウェーバーにアングロ・サクソン・コンプレックスみたいなものはあります。当時のドイツの知識人全般にそういう傾向があったのでしょうが、ウェーバーは特にはっきりしている。「ドイツは遅れている。特にポーランドに近い地域はもっと遅れている」という意識があって、「どうしてイギリスみたいになれないんだ」という焦りにも似た感情が内心にある。

そのうえで申しあげたいのですが、人間というものは、ニュートラルな目で見れば真実が見えるとはかぎらないのです。偏見がある人は、まさに偏見があるがゆえに、真実を見てしまうということがある。ニュートラルに見ようとすれば、逆に尖ったところが見えなくなるんですよ。

聖書神学もそうだと思うのですが、テキストを解釈することで真実に近づくことができるではないですか。世界をじかに見るよりも、テキストを読んだほうがかえってわかったりする。それは、テキストのなかにある独特の世界観によってバイアスをつけたほうが、真理に近づけることがあるということです。

それと同じで、人間は、何かの思いこみというかフィルターがあったほうが本ものが見えることがある。ウェーバーにはたしかにアングロ・サクソン・コンプレックスがありますし、それによって、ちょっと行きすぎたところもあるでしょうが、それでもウェーバーの言うことには明らかにある種の真実があると思う。なぜなら資本主義という現象を考えたとき、伝統主義によって押さえつけられた欲望が解放されたというベクトルだけでは説明できない過剰さがあるからです。それをどう説明するのか。

もちろんその過剰さを説明するのがカルヴィニズムだけとするよりは、もうちょっと広く考えたほうがいいと僕は思っています、正直にいえば、カルヴィニズムだけで考えると、資本主義という現象を狭く考えすぎてしまうことになると思う。

それでも人間には膨大な欲望があって、それを押さえつけていた中世的な抑圧がなくなったらこうなりました、というのでは説明できない強迫的なものが資本主義にはある。その強迫的なものがどこから来たのかというのは、歴史学的にも社会学的にも重要な課題だと思います。そのときに補助線としてカルヴィニズムという線を入れてみたのは、ひとつの第一次近似としてはおもしろい。

ただ、さきほどから僕が関係の様式などと言っているのは、問題をカルヴィニズムよりも広くみたいからなんです。たとえば、稲垣さんが先ほどから問題視している予定論。予定論と資本主義の精神とのつながりというのは、ウェーバーの議論の最も難解な部分であると同時に、最も重要なところです。ここで譲歩してしまえば、ウェーバーの議論も凡庸な議論とあまり変わらなくなってしまう。だから、予定論をめぐる議論は外せません。

ただ、僕はここで、予定論というものを「カルヴァン派の唱えた予定論」と狭くとらえてしまうと、カルヴァン派にとって予定論はどのくらい大事だったのかとか、予定論を唱えたのはカルヴァン派だけじゃないとか、予定論に反対したプロテスタントはたくさんいた、等々の資本主義の精神の探究にとっては枝葉の問題に入ってしまいます。そうではなく、予定論は、確かにカルヴァン派において最も典型的に表現されてはいるけれども、むしろ、一種の理念型のようなものと考えるべきだ、というのが僕の考えです。予定論というのは、一神教における神の絶対性とか超越性とかを純粋に徹底したときに現れる論理的な極限です。予定論まで行ってしまうかどうかは別として、ときにはそれを自覚的に拒否するようなケースも含めて、予定論というのは、一神教、あるいはキリスト教、プロテスタントの諸セクトの位置を定める原点のようなものです。そう考えると、予定論ということで論じられる話題がぐんと広がるのです。

そうしたことを念頭において資本主義の歴史を大づかみにふりかえれば、ヨーロッパの国々を考えたとき、比較的豊かで、成功した資本主義国はプロテスタント系で、しかもカルヴァン派の影響が相対的に強い地域が多い。一方の負け組はカトリック系という傾向はあります。しかしグローバルに見れば、広い意味での西ヨーロッパは、全体としてはやっぱり資本主義の勝ち組なんですよ。

プロテスタント以前のカトリックの時代に身につけた、たとえば大航海時代を生みだした冒険心。すなわち大海原に乗りだし、あるかないかもわからない新大陸へ出発する精神。そういったものがなければ、そのあとプロテスタントの産業資本家なんか育つはずもないわけで、カトリックの段階にも資本主義に向かうものがあったのはたしかです。予定論というものを、キリスト教や一神教が無意識のうちにそこへと向かっている理念型的な焦点として考えると、カトリックも視野におさめつつ資本主義の精神の起源というものを考えることができます。

日本におけるウェーバーの受容

稲垣――キリスト教からもし理念型をとりだすとすれば、それは予定論（すなわち救済論）ではなく、「創造と契約」だ、というのが私の考えです。

もうひとつ言わせていただきたいのですが、日本の社会科学者がウェーバー説を受け入れたのには、大塚久雄氏[74]の影響がものすごく大きいと思っているのです。岩波文庫の翻訳も大塚訳ですね。彼はマルクスも読みこんで両方吸収しているのですが、終生をかけてウェーバー説をひろめた。

ご存じかと思いますが、彼は無教会派のクリスチャンで、聖書についてもキリスト教についてもよく知っていたので、「これはすばらしい理論だ」というので、力を入れて紹介したところもあると思います。

しかしもう一点、大塚氏はいわゆる講座派[75]に属するといっていい社会科学者でした。経済史家ですから、戦前から戦中・戦後にかけての日本経済の大転換期に、封建遺制を解体して、自由な個人をそこから析出して、まずブルジョワ社会をきっちりつくるべきではないかと思ったのではないか。遺制というのはいわゆるムラ社会的なものですが、それが日本の天皇制を下から支えていて、その結果無惨な敗戦にいたった。したがって戦後はそれを解体し、五〇年代、六〇年代と日本が戦後の荒廃から復興していくにあたって、自由な個人を育て、民主主義とブルジョワ資本主義の健全な発展を願った。その思いがこめられていたのではないでしょうか。

共同体遺制の解体とコミュニティの形成は社会学者にとって大きなテーマですが、私の親しくしているプロテスタント系の社会科学者などは、やはりみんな大

【74】**大塚久雄**　一九〇七―一九九六。経済史家。イギリス経済史を専門とし、ウェーバーの社会学とマルクスの唯物史観の方法で資本主義・市民社会を研究。大塚史学と呼ばれる独自の史学を打ち立てた。

【75】**講座派**　一九三二年から一九三三年にかけて出版された『日本資本主義発達史講座』（全七巻、岩波書店）を執筆した、野呂栄太郎・服部之総・羽仁五郎・平野義太郎・山田盛太郎らを中心とするマルクス主義の一派。明治維新によって絶対主義の段階にある日本には、まずブルジョワによる民主主義革命が必要とする二段階革命論をとり、明治維新をブルジョワ革命として社会主義革命をめざす労農派と対立した（日本資本主義論争）。

塚氏のファンですしね。

私自身は福祉の哲学に興味を持っていて、相互扶助の重要さを思い知って、賀川豊彦に非常に魅かれています。ムラ社会を解体して、あげくの果てにバラバラな個人にしてやればよいというわけではないと痛感しているのです。

大澤——いま稲垣さんのおっしゃったことは一〇〇％正しいと思います。大塚久雄にそういう問題意識もあったのはまちがいないと思う。

ところで、マイナーなポイントから先にコメントしておきますと、さきほどのエスピン＝アンデルセンの福祉レジームに関連して、いわゆる国ごとの所得の再分配率についての研究があるんです。再分配率というのは、全所得のどのくらいの割合を税金等によって政府が徴収し、社会福祉等のために再分配しているかというその率ですね。国ごとに再分配率がすごく違い、それが福祉レジームに対応しているわけですね。それで何が再配分率を決定しているかについてのさまざまな研究がある。単純に高齢者が多いからとか、所得の大きさは影響していないか、失業率の高さと相関はないか、等々、いろんな変数を使ってみても、あまり決定的な要因が出ないのです。ただ、フィリップ・マナウという人の研究によると、ひとつだけはっきりと有意差が出た要因があって、それは宗教的要因なんです。

大きくわけると、カルヴァン派の系統に属する人が多い地域、カトリックが主流の地域、それからルター派の伝統がある地域、と三つにわけて調査したところ、ルター派が強いところが一番再分配率が高い。カルヴァン派は高くない。中間がカトリックになる。

これが本当に因果関係を表しているのかどうかは微妙ですが、その研究は実に手堅い実証研究になっていて、GDPをはじめとした何十個もの要因を調べて、どの要因も再分配率を説明する要因としては相関関係が有意ではないが、宗教的要因だけ有意なのです。

さすがに僕もいささか眉唾感を持っているのですが（笑）、こんなに実証研究でうまくいっているのはめずらしいので、一度だけ自分の講演で話したことがあります（『社会は絶えず夢を見ている』朝日出版社、第2章）。

稲垣――ルター派の伝統がある地域、これは北欧ですが、税金をたくさんとって、その代わり再分配をきちんとやる。歴史的には宗教改革後に国ごとルター派に改宗して、同質的な国民性があったからそれができた。でも国への信頼は強い。西ヨーロッパは教派が乱立して国民の同質性はなかなかできなかった。

大澤さんの講演は読ませていただいたことがあります。たいへんおもしろかったのですが、私が気になったのは、カルヴァン派が強い地域で大きな部分を占めているといわれているのは、やはりアメリカなんですよ。それだと結果として、アメリカ＝ピューリタニズム＝カルヴァン主義という分類になってしまう。アングロ・アメリカ的なものがカルヴィニズムにまぎれてしまうのではないかと思いました。

大澤――たしかに稲垣さんの主張からするとそうなりますね。

ヨーロッパはなぜ特別なのか

大澤――ところで、大塚久雄に稲垣さんのおっしゃるような問題意識があってマックス・ウェーバーに魅かれたことはまちがいないと思います。そして、大塚経由のマックス・ウェーバーはある時期、日本の社会学者にものすごい影響力があった。それもたしかです。しかしあとの世代になってくると、封建遺制からの解放といった問題意識が弱まってくる。とりわけ九〇年代ごろ、ポストモダンが云々される状況になると、ウェーバーは忘れ去られたような状態でした。僕よりも若い世代になると、マックス・ウェーバーはあまり読んでいないという人が多いと思います。

しかし、そのうえで僕はこう思う。そうはいっても、なぜ西洋というものが特殊な意味を持ってしまったかという問いに何らかの意味で説明を与えようというマックス・ウェーバーの問題意識は、いまだにとても重要だということです。
もちろんちょっと極端なことを言いすぎているかもしれないと思うところもあるし、批判にも一理も二理もあると思いますが、ではウェーバーに代わる説があるかというと、やっぱりない。だからウェーバーがピンポイントで正しいところを突いていなかったとしても、ウェーバーがあたりをつけた鉱脈をひとつの基礎にして問題を考えるのがいいのではないかと思うわけです。

稲垣――その点についてはまったく賛成で、ウェーバーは近代化の特徴として、目的合理性と官僚制をあげた。これはまったく正しいと思う。ただそれを予定論などにすぐ結びつけないほうがいいと思う。
むしろ私は、近代科学の誕生こそが、他の文明圏と比べて、きわめてヨーロッパ的な出来事だと思うのです。この問題にはウェーバーのいう目的合理性も絡むのですが、ヨーロッパから科学も啓蒙主義も生まれたことについて、キリスト教と無関係なのかといえば、私は関係があると思っていますし、カルヴィニズムとも関係があると思っているのです。

大澤――だからヨーロッパというくくりでまず大きく網をかけた場合、やはりキリスト教ははずせない要因だと思うんです。西洋という文明的アイデンティティを考えると、逆にいうと、それ以外に何にもない。

稲垣――ギリシアについてはどう思われますか。

大澤――ギリシアもありますが、キリスト教とどちらが主でどちらが従か考えると、圧倒的にキリスト教だと僕は思います。もしキリスト教がないところにギリシア哲学だけがあったら、インドみたいなことになっていたんじゃないでしょうか。つまり「知的に凄いものがあった」というだけの話になる。ヨーロッパの何が凄いかというと、ヨーロッパから出てきたものがグローバル・スタンダードになってしまうことなんです。

稲垣――ヨーロッパの〝普遍主義〟ですね。資本主義と近代科学と民主主義を近代ヨーロッパが生みだしたことは、多くの人が認めるでしょう。ルーツはともかく、これらは普遍性を持つ。地球のどこでも通用するように見える。

大澤――ただ、なぜ普遍性を持つのかについてはよくわからないのですね。ベストセラーになった本でいえば、ジャレド・ダイアモンド[76]の『銃・病原菌・鉄』(邦訳、全二巻、草思社)という本があります。あの本も、なぜ西ヨーロッパが先進国になったのか、大昔にまで遡っておもしろく議論していますが、彼の論理だと中国とヨーロッパの違いが説明できません。最近のものでは、ハラリ[77]の『サピエンス全史』(邦訳、全二巻、河出書房新社)があります。これも、たいへんおもしろい。内容以前に著者の文筆の才能に関心してしまいます。英語で読んでももの

【76】**ジャレド・ダイアモンド** 一九三七年生まれ。アメリカの進化生物学者・生物地理学者。カリフォルニア大学ロサンゼルス校教授。著書に、文明と環境変化の関係を考察した『文明崩壊』(邦訳、日経ナショナルジオグラフィック社)がある。

【77】**ハラリ** ユヴァル・ノア・ハラリ。一九七六年生まれ。イス

すごくわかりやすくて、中学校の英語のテキストにしてもいいと思うくらいですが、それはともかく、ものすごく明快。ただ、あの本をいくら読んでも、ウェーバー的問題が残ってしまう。

『サピエンス全史』でハラリは、地球の生態系のなかでなぜ人類は七〇億人もいて、過剰なまでの繁栄をしているのかと問います。そこには、いくつかの革命的な要因があった。まず先史時代の話になりますが、人類の遺跡を見ると四万年から五万年くらい前に、急に芸術的レベルがあがる。ラスコーの洞窟の壁画などがそうです。もちろんこれには諸説があって、たまたま遺跡が見つかっているのが五万年くらい前からあとだけではないかという人もいますが、二〇万年前くらいに地球上に誕生したホモ・サピエンス（新人類）に、五万年ほど前、ちょっとした突然変異が脳に起こって、急に創造性が向上し、コミュニケーション能力も一気にあがったのかもしれない。これが認知革命です。次が農業革命（新石器革命）。その延長上に古代帝国の誕生……といろいろなことが起きて、最後の最後が科学革命なんですよ。認知革命や農業革命は人類共通ですが、近代科学だけは西ヨーロッパ限定なんですね。

それではなぜ、西ヨーロッパに科学という別のコスモロジーが出てきたのか。世界中にはさまざまなコスモロジーがある。そして大概どれも自分たちの普遍

ラエルの歴史学者。ヘブライ大学教授。

性を主張する。しかし結局はローカルなものに終わるわけです。ところが、西ヨーロッパに出現した科学だけはグローバル・スタンダードになった。なぜ科学という独特のコスモロジーがヨーロッパから出てきたのかを説明する段になると、何らかの意味でキリスト教と関係づけなければいけない。

とはいえ、これは西ヨーロッパ全体の問題ですから、カルヴィニズムまで絞れるかどうかはわかりません。ただし宗教改革というキリスト教のなかで生じた断絶を受けて、科学革命も民主主義革命も起き、資本主義も勃興し、われわれが今日近代的だと思われる要素がほとんどそのあたりから登場する以上は、そこは無視できないと思います。

キリスト教と科学

稲垣――おっしゃるとおり、近代科学の誕生とキリスト教は大いに関係していると私も思います。カルヴィニズムの関与もあったと考えています。

科学革命の担い手を考えても、たとえば地動説を唱えたポーランドのコペルニクスはカトリックです。ちなみに彼はルターとほぼ同時代人で、ルターは「いまの天文学をひっくりかえそうとする大バカ者」とののしった。次世代のカルヴァンは「神さまのつくられた世界について、創造主の知恵を知るために、もうちょっと精密な方法で調べていくというようなことは意味がある」とややポジティヴな意見でしたが、宗教改革側の意見は割れている。

さらにいえば、ガリレオもイタリア人でカトリックですし、近代哲学の祖デカルトもフランス人でカトリック。だから、プロテスタンティズムと近代科学の誕生は直接には結びついておらず、むしろ広い意味でのキリスト教文明を考えたほうがいい。

実際、神さまの天地創造とか創造者と被造物世界の区別というのはカトリックもプロテスタントも共通の前提で、被造物世界が持つ合理性というか、神のつくられた世界が自然法や自然法則というかたちで持つ法則性への確信と探究が、近代科学を生みだしたように私は感じます。

私が興味深く思ったのは、フランシス・ベーコン[78]が一六二〇年に書いた『ノヴム・オルガヌム』（第二巻）のなかでたいへんおもしろい表現をしていることです。

……自然に対する人間の力は拡大されるに違いない。というのは、人類は堕罪によって、無垢の状態と被造物に対する支配とを失ったが、しかしこの両者は、この世においても、ある程度まで、前者は宗教と信仰によって、後者

【78】**フランシス・ベーコン**　一五六一－一六二六。イングランドの哲学者・神学者・法学者。ジェームズ一世の時代に法律家として国璽尚書、さらに大法官の地位にまでのぼるが、収賄を告発され失脚した。学問の体系化を志し、帰納法を重視して、イギリス経験論の魁となった。著書に『ノヴム・オルガヌム』『ニュー・アトランティス』など。

は技術と学問によって回復することができるからである。

ベーコンはイギリス人で、ピューリタンというよりも国教会の人ですが、まず徹底的な堕罪を認める立場を表明しています。セミ・ペラギウス主義[79]ではなく、アウグスティヌス的ないしカルヴァン的な、無垢の状態から徹底的に落ちてしまったという考えかたをしているので、カルヴィニズムの影響があるといってよいでしょう。

彼はそれにつづけて「回復される」と言っている。ひとつはキリストを信じることによって無垢な状態、神に向かうという宗教意識が回復する。さらにもうひとつ、無垢な状態のとき神は人に「地を従わせよ。海の魚、空の鳥、地の上を這う生き物をすべて支配せよ」と命じています[80]。つまり人間には被造物を支配する務めと能力があったのですが、堕罪によってその能力をなくした。しかしそれは「技術と科学」によって回復されるという。

ということは、ベーコンはここで、科学にキリスト教的な意味づけを与えているのです。カルヴィニズムが直接科学を生みだしたわけではなくても、人間が神と和解することによる被造物世界の回復といった科学の意味づけを与えたかもしれないとは思います。

【79】**セミ・ペラギウス主義**　古代の異端ペラギウス（三五〇頃-四二五頃）に由来する、原罪を否定し、人間は自由意志に基づく行為によって救われるという立場がペラギウス主義であるが、原罪を認め、人間の自由意志は原罪によって制限されているとしつつも、神の恩寵と人間の自由意志による努力の両方が相俟って救われるとするのがセミ・ペラギウス主義である。救いは全面的に神の恩寵によるとする「恩寵のみ」の立場と対立する。

【80】神は彼らを祝福して言われた。「産めよ、増えよ、地に満ちて地を従わせよ。海の魚、空の鳥、地の上を這う生き物をすべて支配せよ。」（創世記1・28）

大澤――たいへん説得力があると思います。一六世紀から一七世紀にかけて、大きな転換が西ヨーロッパに起きる。もっとも象徴的な出来事は宗教改革ですが、そういう大転換に対して、ヨーロッパの学者たちは、何がその転換の一番大きな原因なのか一生懸命探そうとするんです。「人文主義が重要だったのではないか」「カルヴィニズムだ」「いや、ルター派だ」と侃々諤々の議論になるのですが、日本のわれわれから見る場合は、もうちょっと大きく問題をとらえたほうがいいと思う。

ヨーロッパの文明が独特なかたちを持ってしまった理由を探すとき、ヨーロッパの内側にいる学者には自明すぎるように見えることも、地球規模あるいは人類史規模の文脈で見ると、そこにすでに独特なものが含まれている可能性がある。彼らはキリスト教をあたりまえの前提にしているので、キリスト教のなかで何が特別だったのかを探しはじめますが、われわれから見れば、キリスト教そのものだってすでに特別なんですね。

いずれにしても、一六世紀から一七世紀にかけて、何らかの理由によって大きな転換が起きた。宗教改革を嚆矢に、科学革命があり、絶対王政が成立し、名誉革命も起きたりと大事件がつづいていくとき、ピンポイントでカルヴィニズムが重要だという見方は狭すぎるのであって、むしろカルヴィニズムを含む大きな何かが、いろんな領域に作用していると見るべきで、その点では稲垣さんのおっしゃることはもっともだと思います。

原罪の学問

大澤――ところで、いま稲垣さんがフランシス・ベーコンの著書を引用してくださったので、科学革命とキリスト教にどういう関係があるかあらためて考えてみたいのですが、そもそも科学はいったい何が特徴的なのか。世界にはさまざまなコスモロジー、さまざまな真理についてのシステムがあるのに、科学だけが何となくグローバル・スタンダードになっている。なぜ科学なのか。

僕が思うポイントは、科学は真理の体系の一種ですが、本当の真理の体系ではない。そこが重要だと思う。

つまり科学は、よく考えてみれば真理ではないのです。ただの仮説の集合なんです。相対性理論だって進化論だって、どんなに信頼性のある「ほぼ確実」と思われる理論も、結局のところ仮説にすぎず、本当の真理には到達しないという感覚が重要なんです。

科学以前の普遍思想や世界宗教は必ず「真理を見つけた」と主張します。「真理を悟った！」とか、「神の言葉を聞いた！」とか、かたちは違えど、何らかの絶対的真理を擁している。一方の科学には真理はない。真理はわからない。いつまでも真理を探求しつづける。これはつまり堕罪なんです。

もちろん堕罪を克服しようとすることはできます。そして無垢の状態に近づくこともできますが、どこまでいっても罪ある状態から脱するわけではない。やはり罪ある世界観にとどまる。科学は真理の体系ではない、罪ある世界観であるがゆえに、逆に真理の体系として世界を席巻し、一方、「これぞ完璧な真理」というものを提供した体系は科学ほどには成功しなかった。

いってみれば、認識における堕罪の感覚みたいなものの表現として科学がある。科学者はそうは思っていないでしょうが、宗教改革というヨーロッパにおける宗教の復古運動、キリスト教本来の純粋性をとり戻そうとした運動の直後に、科学という新しいタイプの真理のシステムが出てきた理由もわかるような気がします。

稲垣――「知は力なり」というベーコンの有名な言葉は、その後カントが引用したりと哲学史上のエピソードもいろいろあるのですが、堕罪から完璧に回復することはできないにしても、ある程度は回復されるというところに科学の意味がある。同時に、完璧には回復できないとして堕罪を深刻に受けとめた点に近代科学のパワーの源があるというわけですね。

ただ、現在は西洋の科学者にもそういう認識はなくなってしまいました。堕罪の感覚がないとどうなるかといえば、科学は無限に進歩するという一九世紀的な進歩史観になってしまう。どこまでも進歩する科学によって、あらゆる問題が解決されていくという世界観。これは啓蒙主義が後押しした科学的世界像です。

ベーコンの『ノヴム・オルガヌム』は一六二〇年ですが、その約六〇年後に、同じイギリス人のアイザック・ニュートン【81】が登場し、万有引力の法則を発表する。ガリレオの実験と観察の方法、ベーコンの帰納法の方法、ニュートンによる数学的な自然法則の定式化によって、古典的な意味での近代科学が確立します。

これが世界観として、哲学に及ぼした影響は甚大で、ニュートン以降、理神論【82】という考えかたがものすごく強くなるのです。

実はニュートンまでは、創造者なる神の恩恵のもとに自分は偉大な法則を発見したという意識があって、ニュートンも『自然哲学の数学的諸原理』(いわゆる『プリンキピア』)の最後で「神に感謝を捧げます」と書いていますが、ニュートン以降の一八世紀啓蒙主義になると、そんな意識はなくなって、いったん成立してしまったニュートンの数学的法則があれば、「もう神さまはいらない。これですべて解けるから」といった自然観が成立します。理神論といえば宗教的なイメージがありますが、哲学的にいうと機械的自然観ですよ。この世界観の延長線上

【81】**アイザック・ニュートン** 一六四二－一七二七。イングランドの数学者・物理学者。万有引力の発見をはじめ、古典力学の確立、数学の微積分法の発見など近代科学への貢献は図りしれない。一六九九年には弟子の斡旋から造幣局長官となり、贋金造りの摘発に邁進。また錬金術にも多大な情熱を注いだ。聖書研究にも熱心だったが、三位一体説を否定していたともいわれる。

【82】**理神論** 一八世紀イギリス発祥の思想で、創造者としての神は認めつつ、神は世界に最初の一撃を与えただけで、あとは世界は自然法則にしたがって機械的に発展していくとする。啓示や奇跡のような神の介入は認めない。

に原爆もあるし、福島の原発事故もあるのではないかというのが、現代社会に対する私の危惧なのです。

実は私は、マックス・ウェーバーの思想も、こういう理神論的世界観の延長線上にあるのではないかと疑っているのです。ウェーバーは一九世紀の終わりから二〇世紀のはじめにかけて生きた人ですから、カント哲学以降の科学的・機械的世界観と、人間の自由を求める強力な感覚のふたつが分離して二元論的世界観が主流になっていた。カント[83]はすでに科学的理性認識が機械的人間観に行きつくことを知っていた。だから実践理性の範囲内で宗教にはっきりと居場所を与えている。そういう新カント派的な雰囲気のなかでウェーバーも育ったのではないでしょうか。

大澤——新カント派は当時のはやりでもありますね。

稲垣——当時すでに科学は確立し、機械的自然観も知識人たちの常識になっていて、それに対する反発もウェーバーの問題意識のなかにあると思います。肥大化した資本主義や官僚制度が機械的に動いてわれわれを苦しめるという発想はそこから来ているのではないか。予定論とは直接関係ないのではないかと思う。

【83】**カント**　イマヌエル・カント。一七二四―一八〇四。ドイツ（プロイセン）の哲学者。ケーニヒスベルク大学哲学教授。いわゆるコペルニクス的転回によって認識論に大転換をもたらし超越論哲学を闡明したほか、道徳哲学においては定言命法が示す義務に従うことが意志の自由だとする義務論を展開、さらに美学、政治哲学、宗教哲学など広汎かつ多大な足跡を残したドイツ最大の哲学者のひとり。著書に『純粋理性批判』『実践理性批判』『判断力批判』『永久平和のために』『単なる理性の限界内での宗教』など多数。

科学の歴史のアイロニー

大澤――科学革命に関して思いだすのは、僕がよく本や論文で引用するイタリアの哲学者ジョルジョ・アガンベン【84】です。彼が科学革命について通説の反対のことを言っていて、しかし言われてみれば説得力があるんですよ。

普通は次のように考えられています。科学革命以前はテキストに真理が書いてあるから、テキストの解釈によって真理を得るという方法論だった。それに対して科学の場合、経験を媒介にして真理を得るという方法になった。テキストを読んで一生懸命真理を考えるのではなく、自然を観察したり実験したりする。ということは、経験に対する信頼が高まったことによって科学革命が起こったのだ、というのです。

それに対してアガンベンは、「そうではない。一六世紀から一七世紀にかけての時期ほど、人間が経験というものに不信感を持った時代はないんだ」と、真逆のことを言ってみせた。

たしかにちょっと考えてみれば、伝統的には――ヨーロッパでも科学革命以前には――人間は経験によって真理を得ることなんてできないというのが普通です。

【84】**ジョルジョ・アガンベン** 一九四二年生まれ。イタリアの哲学者・美学者。著書は、『言葉と死』（邦訳、筑摩書房）、『ホモ・サケル』（邦訳、以文社）『バートルビー』（邦訳、月曜社）など。

真理というのは、神の恩寵を受けたような人が知性の働きによって得るわけで、われわれが経験によって得るのは相対的な真理もどきというか、「しょっちゅう遅刻すると人から信頼を失うよ」といった常識程度のものなんですね。つまり、常識は経験によって得られるけれど、本当の真理はヌース（知性）によってしか得られない。

近代科学になると人間が真理にアクセスできるようになりますが、アガンベンによれば、それは別に経験に対する信頼が高まり、テキスト解釈に対する信頼がさがったからではない。人間の経験が信頼できないのは以前と同じ。それどころか、科学革命の時代には経験に対する不信感はむしろ高まったという。

たとえば、デカルト[85]の方法的懐疑を見てください。デカルトも科学革命の担い手のひとりといえるでしょうが、「おまえ、そこまで心配するか？」というくらい自分の経験に信頼をおいていない。経験はみんな妄想かもしれないと思っている。経験にこれほど不信感を持った時代もない。

では、なぜ経験が信頼できないかというと、人によって違うからです。「おれにはそう見えた」といっても「私にはそう見えません」という人がいるかもしれない。だから経験に対する不信感を払拭するために実験という方法が編みだされた。実験はいわば匿名の経験であって、誰が経験しても同じになるように、厳し

【85】**デカルト**　ルネ・デカルト。一五九六―一六五〇。フランスの哲学者・数学者。大陸合理論の祖であり近代哲学の祖。「われ思う、ゆえにわれあり」の言葉は有名で、徹底的な懐疑のなかでも疑いえぬものとしての自己を基礎とし、万人に与えられた理性によって真理を求めようとした。数学のデカルト座標の考案者でもある。著者は『方法序説』『省察』『哲学原理』など。

く統制された方法で行われる。それは経験を信頼しているのではなく、経験を信頼してないからこそでてきたものです。

これをあらためて考えてみると、さきほどの堕罪の話と同じなんですね。人間は真理に近づけるような無垢な状態をすでに失っている。罪があるにもかかわらず、何とか罪を克服しようとするように、実験によって真理にアクセスしようとするのです。罪深き普通の経験をできるだけ洗い落として、無垢の非人間的経験に近づこうとする。それが実験だと。

すると、実験で証明するなんて一見宗教とはほど遠い行為に見えるけれど、宗教原理主義とはいわないまでも、ものすごくラディカルなキリスト教の感覚みたいなものがベースになっている感じがするわけです。

機械論についてもコメントしておきたいのですが、ニュートンの登場で近代科学の基礎は固まった。ニュートンは信仰の篤い人だったけれど、ニュートン力学が一般化していくにつれ理神論が登場し、機械論的な世界観が世の中を席巻した。まったくおっしゃるとおりです。しかし、そこにもまた歴史のアイロニーがある。

デカルトとニュートンは、デカルトのほうがちょっと年上だと思いますが、ほぼ同時代人です。そしてデカルトのほうも天体の運動についての学説を発表していたので、デカルト説支持者とニュートン説支持者のあいだで有名な論争があった。

もちろん最終的にはニュートン説が勝利し、デカルト説は完全に忘れ去られてしまったのですが、デカルト派の人々がニュートン説が気に入らなかった理由がおもしろい。

ニュートンの考えは万有引力ですが、これは遠隔作用ですよね。念力ではあるまいし、距離が離れていて、あいだに何もないのに、どうやって動かすというのか。神秘的というか迷信というか、呪術の園（Zaubergarten）の話、オカルトだから、脱呪術化（Entzauberung）しなくてはいけない。

デカルトの説は、空間をエーテルのようなものが空間を満たしていて、いわば微小な歯車がたくさん並んでまわっているように、近接作用が連続することによってエーテルが渦状に動き、それが天体を押すことによって動かしているというものです（渦動説）。

これは平面図形ならいいのですが、立体にすると実際の天体の動きを説明できなかった。だからニュートンに負けますが、しかし、どう考えてもデカルトのほうが機械論的で、ニュートンのほうが神秘的。そのニュートン力学こそが機械論の根拠になったというのは、まさに歴史のアイロニーなんです。

だから、いかにも近代的な機械論的説明の背景に、機械論に反する要素があるのです。実際、遠隔作用に対する強い信頼がないとニュートン力学はできない。躊躇が少しでもあったら無理だと思います。当時において遠隔作用を信じるには、やはり信仰に近い感覚が必要だったに違いないのです。

稲垣――アガンベンの主張とは直接関係ありませんが、テキスト解釈が一七世紀の近代科学を可能にしたという言いかたはあって、「神はふたつの書物を書いた」というものです。

大澤――自然と聖書ですね。

稲垣――英語でいうと、“The Book of God's Words”(神の言葉の書=聖書)と“The Book of God's Works”(神のみわざの書=自然)。DとKのたった一字違いになる。ガリレオ(『偽金鑑識官』)もベーコン(『学問の進歩とニュー・アトランティス』)もこの二冊の本を解釈しなければならないというのですが、特にガリレオの言葉が有名で、神のみわざを記した本を解読するのはわれわれの仕事だが、そのときの言語はヘブライ語やギリシア語ではなくて、数学の言語だというわけですよね。それで数学言語というものの重要さをギリシアの幾何学や代数学からひっぱりだす。そこからニュートンの解析学につながるのですから重要な発言でした。

もうひとつの近接作用と遠隔作用の話も興味深いですね。デカルトとニュートンのほかに、もうひとりの同時代人としてライプニッツ【86】もあげたい。天体の運動

【86】**ライプニッツ** ゴットフリ

に関しては、ライプニッツも近接作用論です。
実は、ニュートンの遠隔作用論には、ものすごく不思議な神学的背景がありまして、彼はセンソリウム（sensorium 感覚体）という言いかたをするのですが、要は、宇宙は一種の神の体だというんですよ。われわれは足の先に針が刺さったら、「痛い！」と瞬間的に言うではないですか。それと同じで、宇宙は神の体だから瞬間的に信号が伝わるといった奇妙な主張をしている。

そしてデカルト派とライプニッツ派は近接作用論とを主張し、たしかに結局ニュートンが勝つのですけれども、歴史の逆転はさらにつづいて、この近接作用論が、実は、アインシュタイン[87]になって場の理論として復活しているのです。というのも相対性理論だと重力も光の速度は超えないはずですが、ニュートンの場合、瞬時で伝わるわけですから、光の速度を超えてしまう。アインシュタインの重力場の理論では、重力は一瞬では伝わらない。そういう意味ではニュートンがまちがいになった。だから科学史はおもしろい。

謙虚と傲慢

大澤――稲垣さんがおっしゃった「ブック・オブ・ゴッズ・ワーズ」と「ブッ

ート・ライプニッツ。一六四六―一七一六。ドイツの哲学者・数学者、また官僚・外交官。モナド論や予定調和説、また不可識別者同一の法則（ライプニッツの原理）や可能世界意味論の先駆者としても知られる。数学では微積分法の発見者のひとりであり、ニュートンとどちらが先かで争いになった。著書に『単子論』『形而上学叙説』など。

【87】**アインシュタイン** アルベルト・アインシュタイン。一八七九―一九五五。ドイツ出身の物理学者。特殊相対性理論、一般相対性理論、光量子仮説など多大な業績をあげた。一九二一年、ノーベル物理学賞を受賞。一九三五年にアメリカに移住、国籍も取得している。

ク・オブ・ゴッズ・ワークス」、「神の言葉」つまり聖書と、「神のみわざ」つまり自然で、聖書で神の言葉を読むように自然を読んでいく。したがって聖書を読む延長線上に科学があるということになるのですが、僕は微妙に、ワークス（みわざ）を読むのとワーズ（言葉）を読むのでは違いが出てくるような気がします。

稲垣——どういうことですか？

大澤——言葉を読むという場合、神の意志が言葉になっているわけだから、究極的には神の意志に到達できるような印象を受けるのだけれど、神のみわざの場合、神の造った作品を見ているだけですから間接証拠なんです。どんなに探究しても神の意志には到達できるかどうかは微妙で、あくまでも仮説にとどまる。

　だから謙虚にいえば、あなたはいつまでたっても本当の真理は知らないんですよ、ともいえるし、逆にいえば、仮説を積み重ねることによってどんどん進歩し、真理に近づくともいえる。ポジティブにいえば進歩主義の傲慢に、いつまでも真理に到達しないということを強調すれば、謙虚に自分の罪を自覚しているというわけで、そこには二重性がある。

稲垣——それはキリスト教そのものについてもいえるかもしれません。聖書学の歩みを見ればわかるとおり、神の言葉である聖書も、死海文書をはじめ、周辺のさまざまな文献が発見されると、それと照らしあわせることで、この箇所の解釈はこうかもしれないなど別の蓋然性が出てきたりします。やはり進歩はあるんです。

大澤——キリスト教の場合は、イスラム教と違って神の言葉が間接的ですから、解釈を変更する余地もあるのでしょうね。それはキリスト教の長所だと思います。イスラム教のように神の言葉そのものとなると、時代が変わってもどうにもなりませんから。

第2章

近代科学の魔力と哲学の逆襲

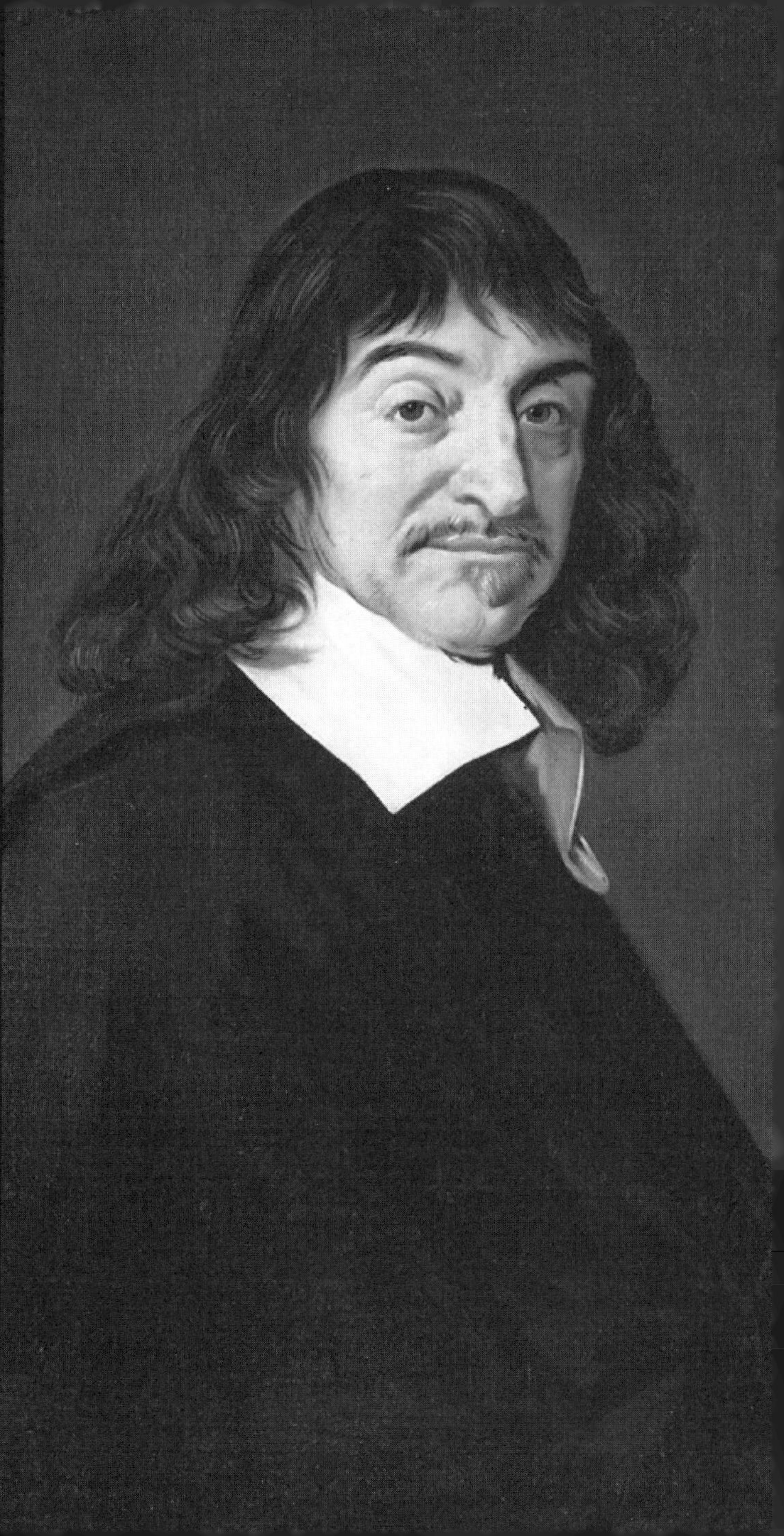

複雑系と目的因

稲垣――二〇〇四年に私は『宗教と公共哲学』（東京大学出版会）という本を出版し、その冒頭部分に複雑系の入門的な話を書きました。複雑系というのは、いわゆる非線形の力学のなかで出てきた議論で、通常の力学だと、たとえばニュートン型の線形の運動方程式を解いて、初期条件を入れてやれば、解が一意的に決まる。一方の複雑系では解が一意的に決まらず予測不可能性が出てくる。まずは解が分岐して、次に秩序層ができる。ハーマン・ハーケン【1】やイリヤ・プリゴジン【2】の自己組織性や散逸構造はこの秩序層を主に扱ったけれど、そこからさらに先に、モデルによってはカオスという相が現れる。私はこのカオスの領域に興味を持ったのです。

たとえばもっとも単純なカオスの現れる数理モデルは、$X_{n+1}=aX_n(1-X_n)$ という差分方程式ですが、この式のａ（コントロール・パラメーターと呼ばれる）がある一定の値を超えると、ｘの値は収束もせず、周期的でもない、完全にランダムな値をとるようになって予測不可能になる。それでもある秩序は見えてくる。

大澤――カオスの縁ですね。その差分方程式は、カオスの本質をよく表している

【1】**ハーマン・ハーケン** 一九二七年生まれ。ドイツの物理学者。自己組織化の原理のひとつであるシナジェティクスの提唱者。著書に『シナジェティクスの基礎』（邦訳、東海大学出版会）、『情報と自己組織化』（邦訳、シュプリンガー・フェアクラーク東京）。

【2】**イリヤ・プリゴジン** 一九一七―二〇〇三。ロシア出身の化学者・物理学者。幼少期にベルギーに移住。散逸構造の理論でノーベル物理学賞を受賞。著書に『散逸構造』（共著、邦訳、岩波書店）、『現代熱力学』（共著、邦訳、朝倉書店）など。

し、哲学的にも興味深いですね。文字通り、偶然性と必然性、ランダムネスと決定論的過程が一致してしまうわけですから。

稲垣——ええカオス相の出現です。このコントロール・パラメーターの一定の値からあとはいくら拡大してコンピューター・シミュレーションをしてもいわゆるフラクタル構造になっていて、同じ図が出てくるばかり。何というか、あるクリティカル・ポイントを中心にして、非線形のなかにひそむダイナミズムのいろいろな構造がリアルに出てくるのです。

ここで私が興味を持ったのは、パラメーターaがある閾値を超えるか超えないかで、カオスになるかならないかが決まるのだけれど、このパラメーターはいったい誰が決めるのかということです。

コンピューター・シミュレーションの場合、パラメーターaの値が3・56……というクリティカル・ポイントを超えるかどうかというのは、システムの外から人間がインプットしてやるわけです。システムの内部では決まらないで、システムが外部性をもってはじめてカオスのようなものが現れる。しかし、この単純な数理モデルで現れていることは必ずや自然の世界でそしてさらに複雑な人間の社会システムを考える場合に現れているはずです。そこに私の興味があった。

大澤——なるほど。

稲垣――私は人文社会系の人たちがもう少しこの問題を議論してもいいと思っていたので、大澤さんが論じてくださっていたのでとても興味をもったのです。

もちろん自然や社会のシステムの生成を考えるときに複雑系を使うといっても、いまはまだ、具体的にどういう方程式を想定するのかといわれると困ってしまう。たぶん、方程式という科学言語によっては表現方法としては限界がある。だから現段階では一種の比喩、ないしアナロジー以上のものではありません。そうなるともうそれは科学の議論ではない。それはよくわきまえておく必要がある。

それにしても、自然や社会のシステムが閉じているとしたとき、生命とか、人間に特有の規範とか、そういう構造がシステムの内部から出てくるのか、私には疑問があります。いくつかの意味でシステムとしてはたえずひらかれたものを考えなければならない、つまりたえず外部性を意識していなければならない。

近代的な意味での科学が一七世紀にスタートしたときには鉄則がありました。アリストテレス【3】の自然学では、原因は四種類【4】――質料因、形相因、作用因（動力因）、目的因――あったのですが、近代科学は、目的因や形相因は問わなくていいというベーコン的なルールのなかで確立した。つまり科学というのは質料因と作用因だけを問う知の方法なのです。それがまた、あらゆる場面で大きな成果をあげたわけです。

【3】**アリストテレス**　紀元前三八四―同三二二。古代ギリシアの哲学者。形而上学、論理学、倫理学、自然学、政治学、生物学、詩学など多方面に業績を残した万学の祖。プラトンの弟子であったが、その死後別の道をゆき、アテナイにリュケイオンという学園をひらき教育にあたった。アレクサンド

ところが、複雑系の発見で、やはり目的因は必要なのではないかと思いだした。目的因なんて度外視していろいろできるのが科学だと言ってきたけれど、システムの外部から与えられる目的因のようなものがあるのではないか。このような知の方法への疑問です。

大澤――それはパラメーターのことですね。

稲垣――パラメーターのことですが、正確にはコントロール・パラメーターというのです。比喩的な表現になりますが「コントロール」つまり「制御する」というからには、何か目的を持って制御するのでなくてはならない。そしてパラメーターの値を入れなければシステムはうまく動かない。であれば、これはいわば目的因の復活ではないでしょうか。

とりわけ社会を対象とするときには、人間の自由意志が関係してきますから、そこに目的（因）が絡むのは当然ではないかと考えているのです。

複雑系の意味

大澤――触発されるお話です。ただ、複雑系やカオスの物理現象に対する数学的モデルの解釈として、稲垣さんのような解釈が成り立つかどうかは微妙だと思い

ロス大王の家庭教師だったことでも有名。著書に『形而上学』『カテゴリー論』『トピカ』『自然学』『魂について』『動物誌』『ニコマコス倫理学』など多数。ただし彼の著作は彼の死後、遺稿を弟子筋のアンドロニコスが整理・編集したもの。

【4】 **原因は四種類**　アリストテレスの考えでは、何かがあるためには、その材料である質料（質料因）、その形や姿や特徴である形相（形相因）、それを存在せしめた働き（作用因）、それが存在する目的（目的因）がある。たとえば、大理石のヴィーナス像は、大理石が質料因、ヴィーナスの美しい姿が形相因、彫刻家のふるう鑿の力が作用因、人々を楽しませ感動させることが目的因である。

ます。

　僕も社会学者のなかでは、複雑系やカオスについてそれなりに興味を持ったほうだと思います。もともと社会学では、社会秩序がどのように生成されるかというのは根本問題のひとつです。しかもその秩序は、そんなにシンプルではなく、複雑ではあるが、しかしランダムではないという、まさに複雑系的な秩序なのです。

　もちろん複雑系は自然現象でも生命に近い現象とか、独特の秩序を呈する現象を説明することからはじまっていますが、そこで使われた着想や道具立てがどのくらい社会学で使えるのか僕も考えてきました。

　それからすると、僕は、カオスや複雑系の持っている知的な意味については、稲垣さんの反対方向で考えたい気がするのです。

　たしかに生命という現象は何か目的を持っているように見える。社会現象はもっとそうです。もちろん社会現象は人間的な現象なので、目的があると考えても何ら違和感はありません。実際、僕が社会学をはじめたころ主流の理論は機能主義【5】でした。「機能主義」という言葉はいろんな分野で別々の意味に使われていますからややこしいのですが、社会学で機能主義といえば、ありていにいって社会システムについての目的論的な説明なんですね。

【5】**機能主義**　社会学における機能主義は、社会的な現象、たとえば制度や慣習を、社会のなかで果たす役割や社会の維持・調整への貢献から説明しようとする立場。

たとえば、「教育は社会の統合のためにある」とか「経済はその社会における物質代謝、つまり食糧生産のためにある」とか、そういう説明です。

それどころか、僕たちがふだん社会現象を考えるときも、相当程度、目的論的に考えています。たとえば憲法をどうするか考えるときは、「人々が幸福に暮らせるためには」とか、「社会の安全を守るためには」とか、「平和を維持するためには」どうしたらいいかと考える。社会学は僕たちがふだんやっていることを多少抽象化しているだけです。だから社会現象とか人間現象を目的によって説明するのは、普通のことなのです。

これが生命現象になるといささか微妙です。生命は物質過程でもあるので、アリストテレスのようにはじめから目的因や形相因を持ちだすのは、少なくとも近代科学では禁じ手になる。

そして僕は、複雑系やカオスの理論その他の数学理論、あるいは非線形の現象を説明するシステム理論が科学にとって持った意味は、形相因や目的因を導入したことではない、と思います。まったく逆だと僕は評価します。つまり、これらの理論のおかげで、あたかも目的を持っているかのような現象を、自然科学的な合理性のなかで説明できるということだと思うのです。あえてアリストテレスの用語を使えば、目的因や形相因を質料因・作用因へと還元する道を開いたのです。

代表的社会学者にロバート・マートンやタルコット・パーソンズがいる。

複雑系やカオスの理論が出てくる前は、科学が目的概念を捨てて、現象を機械論的に説明しようとしても、「そんなやり方では生命のようなものは説明できないではないか」と反論されてしまっていた。しかし、複雑系等の理論があると、生命のような物質が目的をもっているように見える現象さえも、従来の科学の論理で説明することができる。まあ、まだそう言い切るには早い段階ですが、なんとかできそうだという希望が出てきたわけです。

もちろん、そのときにも外生的な条件はあります。ただ、外部から与えられるパラメーターがあるのは、別に、複雑系の特徴ではない。どんな物理系でも同じです。たとえば重力定数とか光速度とか、自然には所与の条件がある。それと同じように複雑系のパラメーターも所与の条件として、この値のパラメーターを前提とすれば、システムが何か目的を持って秩序をつくっているかのように見える、というふうに現象を説明できる。

だからパラメーターを目的因的なものと考えるのは、ちょっと過剰な解釈だと思います。複雑系でないどんな現象にもとりあえず前提となる定数やパラメーターがある。その値がどうやって決まるのかについては、自然科学全体の学問的な使命というべきでしょう。

それらの定数やパラメーターを説明するのがむずかしいからといって、これは宇宙の目的だという話になると、科学のルールとしてはアウトではないでしょうか。

稲垣――科学のルールとしては、ですね。わかっています。私は最初から科学のルールを超えることを意識して話しています。線形方程式の場合でも初期条件や境界条件をシステムの外部から与えなければ解は一意的に決まりません。そのことここでいう非線形の自己組織性や秩序形成は少し意味が違うのです。ベーコン的な線引きがあいまいになっている、という確認をしたいのです。

大澤――しかし、なぜ光の速度があの速度なのかわからなくても、それを前提にすれば、ビックバンはこうはじまって、こう展開した、なんてことがちゃんと説明できる。また、光の速度がもしもう少し速かったらどう話が変わるのか、もうちょっと遅かったら、また全然展開が違うとか、そのあたりのことも説明できる。ただ、前提になっているパラメーターの値がどうしてそうなったのかを説明するのは、別の話になるのだと思います。

そして複雑系に関する僕の評価は、ある種の条件さえ満たされれば、目的を持っているかのように見える現象を目的なしで説明できる点にある。

これは社会科学をやっている者にとって非常に意味がありまして、さきほど言ったように、社会学の対象は人間現象なので気楽に目的論的な説明をしがちですが、考えてみれば、本当に自覚的に目的が設定されて行われている社会現象は、社会現象のうちのごく一部にすぎません。ほとんどの社会現象はむしろ無意識のうちに動いている。目的論的説明が社会学にとってもウィークポイントだという自覚はあったのです。

ですから、たとえ目的が与えられていなくても、ある種の条件が満たされていれば、システムにあたかも自己維持とか、環境適応とかといった何かの目的があるかのように見える現象が生じるのだという説明を可能にしてくれる理論は、社会学者にとってものすごくおもしろかったのです。

ただし、数学などで大発見があって、それを社会現象に応用しようというとき、あまり生真面目に対応させると、大したことが言えない、ということが多いのです。

だいぶ前の話ですけれど、ルネ・トムのカタストロフィー理論[6]が登場し、これで不連続の変化がバーンと説明できるとみんな喜んだ。連続的な変化であれば、たとえば経済現象などでもかなり数学的に説明できるのですが、みんなやはり不連続の変化のほうに興味がある。だからルネ・トムのカタストロフィー理論を使って説明できないかといろいろやってみたのですが、イメージを与えるくらいまでならいいけれども、数学的に厳密にやろうとすると、トリビアルなことしか説

【6】**ルネ・トムのカタストロフィー理論**　フランスの数学者ルネ・トム（一九二三―二〇〇二）が、位相数学を科学全般に適用する試みのひとつとして提唱した、なめらかに連続的に変化していた事象が、条件のほんのわずかな変化によって、突然不連続に、劇的に変化するような事象を発生することを説明する理論。

明できなかったりする。

複雑系にも似たようなところがあって、数学的に厳密にやろうとすると大したことが言えなかったりしますが、それでも複雑系の理論のインプリケーションといいますか、そこにある洞察や基本的な着想は、僕は非常におもしろいと思います。

近代科学とは何か

稲垣――ひとつ話をさし挟ませてもらうと、私が複雑系でおもしろいと思うのは自己組織化や秩序形成という現象です。物理現象は単純な閉鎖系では普通どんどん崩壊していくのです。エントロピー的にいうと、どんどん拡散してしまうような現象しか、物理学は追ってこなかった。次に開放系の熱力学の話が出てきてさらにその延長上に今日の複雑系、カオス系、ポスト複雑系のような発想が出てきました。
ところで、パラメーターに関する問題ですが、これを外からインプットしなければ解が一意的に決まらないのは、普通の線形の現象でも同じで、初期条件が決まれば終点が決まるというように、前提となるパラメーターの値で結果が決まるというのはそのとおりです。ただ、これは予測可能です。いわゆる決定論の範囲に収まるのです。ところが非線形の場合は確率過程でもないのに予測不可能性が出て、加えて自己組織化のシステムをつくるときはいささか違う点がある。その場合のコントロール・パラメーターというのは、初期条件のインプットとは全然意味が違って、かなり恣意的なものを持ってこないと現象が説明できないんです。

複雑系の入門書などによく出てくるローレンツ・アトラクターの図があります。シミュレーションの軌道がどちらかに飛ぶか予測できないのですが、最終的にはまるで蝶が飛んでいるようなきれいな図を描きます。あれを見ていると、誰が見ても予測できなかったのに最終的に何か目的があるみたいなイメージが浮かぶに違いない。目的がない機械的システムなのに、何か目的が見えるようです。

私はそれで十分だと思う。疑似目的でもいいのです。生物システムは物理システムと違って、目的なんてないというのではなく、何か目的みたいなものがあるという、そのレベルでいい。

人間の場合にしても、それが疑似目的なのか意思的な目的なのかはわからないけれど、人間が目的をもって生きていることは認めざるをえない気がします。社会学者が目的因を入れることをウィークポイントだと自覚して議論をしてきたとおっしゃいましたが、社会学者は、自分の学問が自然科学と同じレベルで理論を

三次元ローレンツ・カオスのストレンジ・アトラクター図

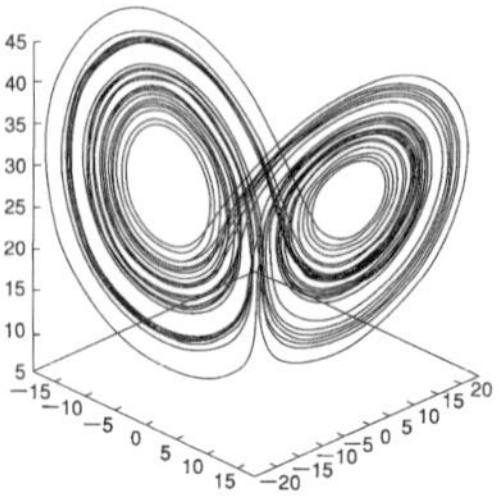

（岩波講座『科学と人間4』一九九九年、一九〇頁の図をもとに作成）

組み立てないと科学にならないといった、そういうイメージを持っているのかなと感じました。そうでなくてもいいんじゃないかと私は思うのです。

大澤――たしかに社会科学を自然科学に近づけたいというような人もいますが、私はそう思ってはいません。ただ「疑似目的」というとき、それはいったい何を意味しているのでしょうか。それに、もし目的がアプリオリに外生的に与えられるというならば、外生的に与えられるその目的はどこから出てきたのかがやはり問題になる。問題が先送りになっているだけなのです。

稲垣――いや必ずしもそうではない。ここで、アプリオリという言葉に引っかかります。別に経験以前にということではなく、社会現象であれば経験のなかで、と言ってもいいのではないですか。目的は経験とともに生まれてもいいと思います。ただそれを完全に経験のなかに閉じこめることはできないと思います。だから経験から見れば外生的ともいえるし、内生的ともいえる。それは外と内とのあいだ、外と内の縁《ふち》から生まれている。私は社会現象とはそのような複雑さを持ったシステムだと思いますが。

大澤――科学においては、自然現象も社会現象も同じなのだと思います。さきほど言ったように、社会現象でもわれわれが目的として意識してる部分は、波頭の先っぽ、氷山の一角にも満たない部分にすぎない。たとえば僕たちが何かを目的にするときには、その前提として僕たちの価値観があります。何がよくて何が悪いか、何が好ましくて何がいやか。それはわれわれが意識的に考えているわけではない。だから、目的があるように見える現象を目的以前のものから説明するのは、われわれが持っている今日的な合理性の一部のような気がするのです。

複雑系までいかなくても、たとえばダーウィン【7】の進化論があります。進化なんてそれこそいかにも目的があるような現象です。高い枝の葉っぱが食べたいからキリンの首が伸びたとか、水のなかを泳ぐためにカワウソの指のあいだに水かき膜ができたとか、目的論的な説明もあふれている。

しかし、進化に目的はないのです。まったくランダムなプロセスと自然選択の原理だけで、いかにも精妙な目的がありそうな現象をみごとに説明できるというのは、ダーウィニズムの勝利じゃないですか。

とはいえ生物学の人も、研究しているうちに生物のしくみがあまりによくできているので、だんだん気分的に目的論に傾いてくることもよくあるらしいのですが（笑）、生物学の基本的な論理に「目的」はない。「進化」は英語で「エボリューション」。日本語の「進化」には「プログレス」の感じがあって翻訳としてよくないと思いますが、それはともかく、ダーウィニズムの成功は、目的論を排除してもこの驚くべき生物の多様性や歴史を説明できることにある。

【7】**ダーウィン**　チャールズ・ダーウィン。一八〇九―一八八二。イギリスの地質学者・博物学者。アルフレッド・R・ウォレス（一八二三―一九一三）とともに進化論を発表し、進化の原理として自然選択説を提唱。無方向・無目的な突然変異によって変化する生物のうち自然環境に適応できないものが淘汰される結果として生物が進化するとした。著書に『種の起源』『ビーグル号航海記』など。

たとえば、ホモサピエンスという生物種の圧倒的な成功という現象を考えてみます。資本主義が成功しているのかどうかはわかりませんが、ともかく資本主義をはじめとする社会システムのおかげで、地球上には人類が七〇億人もいます。全人類の体重を合計すると、人間以外の全哺乳類の体重の合計よりも重いそうです。ホモサピエンスは、生物の種として繁栄しているのです。もちろん、さらに一〇〇年先を見たら、これがあだになって滅亡の危機に陥っているということもあるかもしれませんが。

稲垣――なるほど、ホモサピエンスが唯一の勝者ということですか。

大澤――しかし人類の種としての繁栄は、こうすれば繁栄するから、と目的的に行動した結果ではない。

稲垣――私は科学革命の起きた一七世紀はホモサピエンスの長い歴史にとってクリティカルな世紀だと思っています。自然の探究そのものがかなりはっきりした目的因に裏打ちされていた。それによって科学という方法を手にすることができた。大澤さんのお話を聞いていると、私は別にアリストテレス主義者ではありませんが、しかし今度は目的因を追いだすことが学問の目的だ、という罠に陥っていないか心配になります。

大澤――目的因の排除は、私個人というより、科学という知的共同体の基本的な目標に近いと思います。

稲垣——そうでしょう。一七世紀以降の科学者共同体のパラダイムという意味なら、おっしゃるとおりなんですよ。パラダイム論【8】がおもしろいのは、近代科学の方法論もひとつのパラダイムにすぎなくて、そこからのパラダイム・シフトも起こりうるという点にある。もちろん私はアリストテレス主義に戻れなんて言いたいわけではさらさらないけれど、複雑系の理論は、アリストテレス主義ではない、別のオプションを提示する可能性を垣間見せてくれているように思う。近代科学が絶大な影響力をもった現代社会が強迫観念のように目的論を追いだしたがるのは、一種の信仰ではないかと感じてしまうのです。

大澤——普通は逆だと思います。世界がこのようにあるということに目的があると考えるために信仰が必要になるんです。

人間原理は目的論を正当化するか

大澤——それでは、別の例として、「人間原理」をあげましょうか。素朴な意味での人間原理とは、要するに「なんで現実はこうなっているの?」という問いに対して、「人間の存在にとって都合がいいから」と答える考えかたです。

【8】 **パラダイム論** 科学史家・科学哲学者トーマス・クーン(一九二二—一九九六)がその著書『科学革命の構造』(邦訳、みすず書房)で提起した科学の変化についての理論。パラダイムの簡単な説明は困難だが、大ざっぱにいえば、ある時代の科学者共同体にとって研究の規範・指針となるべき理論的枠組み。この理論によって事実が理論から独立であるという旧式の科学観はくつがえされた。また古いパラダイム内で処理できない問題が蓄積し、新しいパラダイムへの転換、すなわちパラダイム・シフトが起きれば、ふたつのパラダイム間では用語や記号の意味さえ理解しあえないともされた(共約不可能性)。

「なんで牛という動物がいるの？」

「牛は人間が食べても美味しいし、農作業にも使えるし、とても都合がいいじゃん」

と、そういう感じです。

人間原理で説明するのは、科学以前のプリミティブな知の体系としてはありえても、一七世紀以降の近代科学のパラダイムではありえないことでした。

もっとも稲垣さんもお書きになっているけれど、たとえばニュートンという人は、本当はとても信仰深き人で、つねづね「神さまのおかげだ」と思っていた節はあります。しかし、のちのちニュートンのパラダイムとして生き残ったのは、ニュートンの信仰の部分ではなくて物理学の部分であって、人間原理を追いだすのは、近代科学がはじまって以来の基本的な傾向なのです。

しかし、その後、二〇世紀末から二一世紀くらいにかけて、いろいろなことがわかってくるにつれ、われわれがこうして生きているって、結構奇跡的なんじゃないかと気づくわけですよ。この宇宙がたまたま原子もあれば、太陽のような恒星もある、とても都合のよい宇宙であって、その宇宙のなかでもたまたま生物が生きられる地球にいて、こんなに繁栄しているなんて、これにまさる奇跡はないほどの奇跡じゃん、といった気持ちになってきません？

稲垣――大澤さんの口からそんな言葉を聞くとは驚きです。

大澤――いや、まだこの先があるんですよ。

稲垣――お聞きしましょう。

大澤――そんなふうに考えると物理学者ですら、これはもう人間原理で説明するしかないんじゃないか、みたいな気持ちになりかけるかもしれませんが、しかし僕の理解するかぎりでは、最近の物理学の最前線では、人間原理に花を持たせているようでいて、人間原理はこれ以上ないほど完璧に息の根をとめられた状況だと思うんです。「勝った」と思った瞬間こそが、じつは、本物の「負け」のはじまりだった、ということは、歴史のなかにしばしば見られるアイロニーですが、現在、人間原理が置かれている状況はそれに近い。

たとえば、物理学で最近よく聞く超ひも理論《スーパー・ストリング・セオリー》だと、宇宙の次元が一〇とか一一あったりする。実際にわれわれが経験しているのは、空間的に三つと時間ひとつを入れて四次元しかない。理論上は一一次元あったりするので、次元を丸めるということをして、次元数を減らすわけです。

比喩的にいうと、紙は二次元ですが、これをクルクルクルッと丸めて細くすると、糸みたいになる。一次元になるわけです。実は二次元だけれど、ほとんど糸に見えるから一次元しかないように見える。

これは二次元を一次元にしているだけなので簡単ですが、一一次元を、たとえば四次元にすると、その丸めかたにはものすごい数のパターンがある。その丸めかたのパターンは、可能な宇宙のパターンなんです。マルチバース理論というやつで、ユニバースだと一個しか宇宙がないけれど、マルチバースなので宇宙が実はたくさんある。ほとんど無限といっていいほどパターン（宇宙）があって、そのなかのひとつにわれわれは住んでいる。可能な宇宙の設計図は無数といってよいほどたくさんあり、そのなかに、たまたま、「人間」という知性をもった存在者にとってぴったりの宇宙があり、われわれはそこに住んでいるわけです。この宇宙はたまたまそのようなものなのですから、この宇宙がなぜまさにこのようなのかを説明しようとすると、そこは「人間が存在することができる」ということから説明するしかない、ということになり、一見、人間原理が勝利したように見えるわけです。

では、考えてみてください。宝くじの当たる確率が一億分の一とします。一億人にひとりしか当たらないとき、当たった人は「おれって恵まれてる、すっごいついてる」と思うかもしれませんが、一億分の一で当たるわけだから、誰かが当たるのはあたりまえなんです。そのほかに九九九九万九九九九人の当たっていない人がいるのです。

宇宙も同じです。われわれはいま当たりくじを引いているので、奇跡的にいいところにいるような気分になってますけど、それはたまたま当たりくじを引いただけの話。

つまりわれわれのいるこの宇宙が別に人間に都合よくつくられているわけではなくて、人間にはとんでもなく都合の悪い宇宙もたくさんあって、あたりまえのことですけれど、われわれは人間なので、人間に都合のいい宇宙でしか生きることができない。

この宇宙しかないと思うから、「ものすごく恵まれている」と思う。ライプニッツ流にいえば、可能な宇宙のなかの最善のひとつを選んでもらったと思うから、特別なことだと感じます。しかし実は人間にとってろくでもない宇宙も山のようにあって、われわれは都合のいいところにたまたまいるだけの話と考えると、宇宙に別に目的なんかなくてもいい。そういうことだと思うのです。

たまたま当たりくじを引いたひとは、くじというものを当たるものだと勘違いしがちです。同じように、たまたま人間が存在しうる宇宙に住んでいる者たちは、宇宙は人間にとって都合がよくできている、人間の存在を目的としてできている、と考えてしまいますが、実はそうではない。ハズレくじがあるように、人間が住めない宇宙も無数にあるわけですから。

します。

実在論と反実在論

稲垣――方法論的自然主義に立てばそうです。科学は厳密にこの立場を貫こうとします。

人間原理にはいくつかの説明の仕方がありますが、俗流化してしまえば人間中心主義の言い換えになってしまう。最も基本的な素粒子理論のレベルで説明するならば基本宇宙定数のファイン・チューニング（絶妙な組みあわせ）ということです。これ以外の説明はどうしても哲学的になってしまいます。素粒子理論では宇宙には四つの力しかありませんが、これらのカップリング・コンスタント（結合定数）のあいだでまさに奇跡的に微妙なバランスの値をとっているがゆえに、いまある宇宙が存在している、という考えかたです。これを目的論と呼ぼうが呼ぶまいが、とにかく人間という知的な動物を研究に駆り立てる〝驚き〟という根本の動機が背後にあると言っていい。

また多次元の宇宙論というのはいくつかの宇宙の基礎的な対称性を重力場と一緒に素粒子の場の理論のなかに組みこんでいくほうが、数学的に処理しやすいというだけのことです。数学的には何次元空間でも考えられますが、現実の世界を説明するためには「対称性の破れ」に注目しなければならない。実際に人間が理論をつくり、人間が住んでいるのはやはりこのユニバースですから、科学上のモデルについてはいろいろ可能性があっても、それはそれで興味が尽きませんが、いまの私たちの議論とはあまり関係ないでしょう。

大澤さんのおっしゃりたいことは大体わかりました。それはおそらく私のいう実在論【9】か反実在論かという議論と関係しているのではないかと思います。私から見ると、大澤さんの立場は、反実在論かなという疑問を持ちます。私は素朴実在論《ナイーブ・リアリズム》ではなくて、批判的実在論者《クリティカル・リアリスト》のつもりですが、ここで私が実在論というのは、「目的がある」とか「価値がある」という意味も含んでいます。中世的存在論とは関係ありません。

私は大澤さんとの対談のためにここに来た。大澤さんも来た。目的があるから来たのです。きわめて素朴な考えと思われるかもしれませんが、人間は目的を持って生きている。そして目的があると安心して生きることができる。その目的が自然科学からすれば疑似目的であってもかまわないのです。

教育を考えても、親は子どもに「目的を持て」と教えるはずであって、「目的なんて本当はないのだ」とは言わないと思います。非常に知的な親子がいて、子どもがきわめて早熟なものだから、「人生には目的なんてないよ」と言ってしま

【9】**実在論**　あまりにもさまざまに使われ、説明が困難な言葉。中世の普遍論争でいえば、唯名論（普遍というのは言葉だけであって実在するのは個物だけという立場）に対して普遍の実在を主張するのが実在論（実念論）であるが、近代以降主に問題になったのは、心から独立した客観的事物や外界の実在を主張する外界実在論（素朴実在論）である。さらに「道徳的価値は実在する」という道徳的実在論もある。この場合、道徳的価値が物体のような意味で実在するはずはないため、実在論たる所以は、客観的事実としての道徳的事実が存在し、道徳的信念が客観的なものによって真とされれば知識といえる、ということにある。またパトナムの内在的実在論は、対象は概念図式とは独立に存在しえないことを認めつつ、認識的に

うと、自殺まではしないかもしれませんが、たいへんな混乱に陥ると思う。

私は人間が生きるという現象はそういう構造をしていると考えています。もちろん目的と思っていたことが陳腐なことだった、と思うことはあるでしょう。しかし、そう反省した時点で考え直せばいいわけです。それが批判的実在論なのです。反実在論の立場をとる人は、肩肘張って、きわめて合理的に説明しているようでいて、本当は人生が楽しくないんじゃないかと思うのですが、どうでしょうか。

大澤――私は、人間が目的をもって生きているということを別に否定しているわけではありません。私だって、大きな目的から小さな目的までたくさんもっています。この対談だって、目的があってやっているわけですから。ただ、目的という現象は、理論にとっては、説明要因ではなく、被説明要因だということです。なぜ、ある人々はそのような目的をもつようになったのか、どうして、あることを価値あるものとみなしそれを目的とするようになったのか、それは、社会学にとっては、説明されるべきことなのです。

ところで、実在論という言葉はいろんな分野でいろいろな意味で使われていますから、まずそこを整理しなくてはならないと思うのですが、僕自身は、稲垣さんがおっしゃるのとは違うレベルにおいて、ある意味における実在論をいかにし

理想化された条件下では人々の判断は収束し一致しうる点で真理が実在すると認められるので、なお実在論といえるというものである。(八木雄二『天使はなぜ堕落するのか』春秋社、永井均『倫理とは何か――猫のアインジヒトの挑戦』ちくま学芸文庫、パトナム『理性・真理・歴史――内在的実在論の展開』法政大学出版局などを参照)

て回復するのかというのが、自分の哲学的な課題のひとつだと思っているのです。少し稲垣さんの話からずれてしまいますが、普通は、みんな実在論を前提として生きているんですね。自然科学だって実在論でなければうまくいかない。「実在はない」とか言ったらどうにもならない。

しかし哲学だけで見ると、実在論は旗色が悪いように感じます。素朴実在論というのは悪口みたいなもので、「おまえは実在があると思っているかもしれないが、そんなものはないんだ」と言うのが哲学者の得意技です。実在と見えているどんな対象も、結局は、主体の思考や認識に相関してしか存在していないのであって、結局、思考とか認識とかから独立した、それ自体としての実在などない、というのが哲学者の言い分です。この哲学者の得意技をきわめたのは、教科書的な哲学史でいうとカントで、彼のコペルニクス的転回【10】とはそういうことです。

つまり、われわれの素朴な直観としては実在はある。しかし哲学的に考えると実在論はダメである。これではちょっと困るので、どうやってこのふたつを整合して、両者をともに乗り越え、ほんものの実在論を救い出すのかというのが、最近の哲学のひとつの流行のテーマになっている。

いま翻訳が出はじめていますが【11】、カント以来の反実在論をどうやって実在論の方向に持ってくるかについては、たとえば思弁的実在論《スペキュレイティブ・リアリズム》があります。カント

【10】**コペルニクス的転回**　哲学者カントが、人間の認識とは外部にある対象（客観的事物）を写しとることだという考えを捨て、人間の主観がその認識の形式によって対象（現象）を構成するのだと発想を転換したことを、天動説から地動説へと常識をくつがえしたコペルニクスになぞらえた表現。

【11】たとえば、カンタン・メイヤスー『有限性の後で――偶然性の必然性についての試論』（千葉雅也他訳、人文書院、二〇一六年）など。

によれば、物自体（つまり実在）は不可知であって、われわれが認識できるのは、物自体の現れ（現象）だけです。とすれば、結局、世界は思考との相関でしか主題にできないのであって、われわれはこの相関の外に出られない、ということになる。これは、反実在論の立場で、思弁的実在論者は、このカントに代表される議論を相関主義と呼んでいます。つまり、相関主義をどのようにして乗り越えるのか、というのが思弁的実在論の課題だと言ってよいかと思います。

その乗り越えかたは、論者によってさまざまですが、最もブリリアントなのは、私の見るかぎりでは、この「相関主義」という言葉を生みだした、カンタン・メイヤスーです。といっても、素朴実在論に回帰するわけにはいかないので、理路はかなりアクロバティックで、結論もすごく逆説的です。とても一言で紹介できないのですが、われわれが物自体を認識できないがゆえに、世界がまさにこのようである必然性は理解できず、まさに世界のありかたについて「理由なし」と認識されているのだとすれば、実は、その「理由なし」ということ、つまり偶然性こそが物自体であり、実在なんだ、みたいな議論です。実は、思弁的実在論者は全然意識していませんが、この議論は、私がさきほど紹介した、近年の物理学のマルチバース論ともわりとそりがよいのです。

この思弁的実在論に両手をあげて賛成するわけではありませんが、私自身も、実在論の復権のほうに心が傾いています。社会学には構築主義というたいへん人気の考えかたがありますが、構築主義は、どんな現実もせいぜい言語か何かによって構築されていると考えるので、反実在論になる。しかし、すべてが構築されたものと考えることからくる矛盾も、昔から指摘されてきています。いかにして構築主義の外に出るかというのが、僕自身の社会学の理論上の課題にもなっているのです。

稲垣――ということは、大澤さんもある種の実在論の回復をめざしておられるわけですね。もっとも、そうでないと第三者の審級といった発想は出てこないでしょうけれども。

大澤――ただ、それと目的が実在するということは、僕にとっては違うことなのです。

稲垣――どういうことでしょうか。

大澤――議論が同じところで空まわりしてもいけないので、今度は違った方向から答えてみます。いままでは、理論理性の立場で「目的」なるものの実在性を批判してきましたが、今度は、実践理性の観点から、「目的」ということについての稲垣さんの質問に答えてみます。

僕もたしかに学生や若い人に「ちゃんと目的を持ってがんばったほうがいい

よ」と言うことはありますが、それは僕にとっては究極の教えではないといいますか、最も重要な助言ではない。実は僕が若いころ、それこそ学生のときには、自分が目的に縛られているのをどうやって乗り越えるかということのほうが、むしろ生きる上での課題だったんです。

つまり目的のために生きているとすれば、人生は虚しいですよ。まず、ほとんどの場合、目的は達成されない。歌手になるとか、サッカー選手になるとか、何でもいいのですが、ほとんどみんな挫折する。だから目的を達成することに人生の意味があるとすれば、ほとんどの人にとって人生は無意味になってしまう。それに、どんな目的も相対的で、より上位の目的の手段でしかない。結局、究極の目的には届かない。目的があるために人生がつまらなくなる。

稲垣――なるほど。

大澤――だから生きかたの問題としても、人は目的から解放されなければいけないと思うのです。

実際に、僕はいま本をつくるために稲垣さんとこうしてお話をしています。つまり本をつくるという目的があり、加えて最低このくらいは売りたいとか、社会に対して知的な貢献をして、読者に勉強になったと言ってもらいたいとか、いろんな目的がある。僕はもちろんそれらの目的を果たしたいのですが、しかし万一、何らかの事情で本が出せなくなったとしても、考えてみれば、結構楽しいではないですか。

稲垣――楽しい？

大澤――目的は達成されなかったけれども、こうやって話をしているのは楽しいじゃないですか。

稲垣――楽しいですね（笑）。もし目的がいかがわしく陳腐なものであれば反省して変えたってかまわないのだから。それでも「歌手になりたい。サッカー選手になりたい」といって努力した結果、結局、なれなかった場合に、それが「陳腐なものであった」または「人生は無意味になる」ということでもないと思います。いま大澤さんが言われた「より上位の目的」や「究極の目的」が何を意味するかにもよりますが、私は「相対的目的」でもいいと思っています。さきほど私は「擬似目的」という言いかたをしましたが、「究極の目的」だけが目的ではない。むしろたくさんの峰が宇宙や人生にあって、それをめざして登山できれば、それはそれで楽しい。たとえ「プロのサッカー選手になれなかった」としても、趣味のひとつとして人生を豊かにするでしょう。

誤解のないように申しますが、私の「実在する」というのは「存在する」という意味ではありません。古典的な存在論とは違って、リアルだということ。つまり、カール・ポパーの言うように、最終的には物質の世界にまで影響するということです。こうやって対話しているうちに大澤さんの考えかたも前よりわかってきて、楽しさは増幅してくる。でも、話すぎてのどもかわいてくるという……。

大澤――サッカーのワールドカップを例にとれば、ワールドカップ優勝を目的にしてがんばってきて、しかし結局優勝できなかったとしても、「ああ、楽しかった！」と思うことはできる。ワールドカップで優勝することがサッカーをつづけてきた意味ならば、優勝できなかった場合、何十年間もただむだにしたことになるけれど、考えてみれば、優勝できなくても楽しいということのほうが重要なんです。目的を達成できたかどうかがやってきたことの意味なのではなく、その目的までの過程にそれ自体として内在している楽しさのほうが重要です。この楽しさは、仮に目的に到達できなくてもある。

稲垣――そのとおりです。オリンピック選手のなかにはルールに違反してまでドーピング[12]に手を染める人もいますが、オリンピックで金メダルをとることだけが目的なら、ドーピングも有効な手段になる。目的を持つことが人を縛ってだめにすることは、たしかにいくらでもある。

大澤――ええ。

稲垣――でも私としては、楽しく生きることそれ自体が実は目的ではないのか、

【12】**ドーピング**　スポーツで肉体的能力や感覚能力、精神状態などを向上ないし競技に適した状態にするために、薬物を使用すること。競技者の健康を守り、競技の公平性を保つなどの観点から禁止され、世界アンチ・ドーピング機関（WADA）が禁止薬物のリストを作成している。筋肉増強剤や成長ホルモン、興奮剤、覚醒剤、さらに薬物使用を隠蔽するための薬剤などであるが、薬局で普通に購入できる風邪薬などに含まれている成分もある。

たんに意図せぬ結果にすぎないのか、気になるのです。楽しく生きるとは享楽的に生きるという意味ではなく、人とともに幸福に生きるという意味で、素朴なレベルでは、今日対談するからここに集まろうというのはやはり目的なわけですから、それを「広い意味で目的論を排除するな」といったら言いすぎでしょうか。

大澤――もちろんわれわれが普通に生きる日常の行為や倫理といった場面では、とりあえず目的を持っていることを前提にしなければどうにもなりません。しかし究極的にはどうなのか。われわれが世界のありかたを理論的に説明する上で、それを究極の前提にすることができるのか。

さらに考えを進めれば、目的を持つということは、目的を選んだり目的達成のための手段を選択したりするので、自由意志【13】の問題とも絡んできます。

しかし自由はこれまた厄介なテーマです。僕は自由についての哲学的な基礎と、われわれが自由について考えるときの制度や規範や価値観とのあいだに何とか整合性をつけたい。それに僕は、哲学的な意味でも自由を否定したいとは思っていません。ただ、それを回復するためには、やはり独特のひねりが必要だろうと思っています。今日、実在論を救出するのにひねりが必要だったのと同じです。

【13】**自由意志**　さまざまな考えがあり、定義すること自体むずかしいが、大ざっぱには、われわれがさまざまな情報を勘案しつつ、何にも思考を束縛されずに複数の選択肢のなかからひとつを選択する決定をくだす能力。決定論と両立するかどうかという問題と、決定論と両立しないとした場合、自由意志があるといえるかいえないかという問題がある。また決定が（サイコロを振るように）完全に偶然まかせであれば、選択肢が複数あり思考が束縛されていなくても、自由意志とは言いがたい。

（Alfred R. Male, *A Dialogue on Free will and Science*, Oxford UP を参照）

科学の権利

稲垣——まったく賛成です。ただ、私には「究極的に」という言葉がひっかかる、ということなのです。

　ところで、さきほど一七世紀がクリティカルな世紀だと申しあげた理由は、近代科学の方法論が確立した時代だからです。しかしそれはあくまでも「方法論」であって、目的とか世界観については、決して哲学にとって代わるものではない。本来科学は、あるシステムによく適合するような方法を見いだして、ある結果を出して、そこからどういう法則があるかを導きだせば終わりなのです。生物学なら生物学、物理学なら物理学、心理学なら心理学、それぞれの方法論に準拠して、法則を導きだして、それが人間の健康を改善するとか、人を遠くまで早く運べるとか、いろんな役に立てばそれでいい。

　ただ、そういった方法を新しい問題に適用してどんどん新しい発見をしていく科学の方法論はあまりにもパワフルだった。だから一七世紀の近代科学の誕生が、それまでの人類史とはまったく違うパラダイムを提供したことはまちがいない。それでも科学は世界観ではないと私は思う。近代科学のシステムの根本的な欠陥は、科学というパワフルな方法論があたかもひとつの世界観を形成していくような錯覚を生むことにあって、これは二一世紀の現代にまでつづく病弊ではないかと思う。

大澤——基本、おっしゃるとおりだと思いますが、僕としては科学に対してもっと積極的に関わらなければいけないと思っています。

稲垣——もちろん私は科学を積極的に進めていく立場です。ただ、科学を万能だと思って、それで世界観のすべてが構築できるように考える必要はないと言いたい。もちろん科学によって新しいおもしろい知見が開示される喜びや驚きはあって、それはセンス・オブ・ワンダーというかファンタジーでもあるのですけれども。

大澤——その場合も、科学にはどこまでの権利があるのか考えなくてはならないでしょう。

稲垣——科学の権利問題ですね。

大澤——カントがやろうとしたことが、まさにそうです。『純粋理性批判』という本は、いまふうにいえば、科学はどういう権利において普遍的な妥当性があるかを考察し、科学が何をどこまで言えるかについて境界線をはっきり引こうとしたものです。

それに対して、人間現象を説明するのにカントは『実践理性批判』を書いた。そして三つ目の『判断力批判』。この本は普通、美学の問題を扱っているといわれていますが、僕の解釈だと、カントは純粋理性と実践理性のふたつの関係をもう一回見なおしたいと思ったのだと思う。

美についてのカントの有名な定義は「目的なき合目的性」です。自然科学的な現象にはもちろん目的なんかない。実践理性の領域には逆にもちろん目的がある。この二本立てにカントは満足せずに、そのあいだをつなごうとした。それで、目的はないけれど合目的に見える現象、目的があるような、ないような、それこそさっきのカオスみたいなものを考察しようとする。

稲垣――まさにローレンツ・カオスの軌道の美しさ、人間原理のファイン・チューニングなど「目的なき合目的性」に近い概念です。

だから私はカントをはじめとする一八世紀の哲学のやりかたをもう一度考えなおすべきだと思うのです。カントはニュートンをよく勉強した。当時のニュートン力学では、たとえば線形の方程式を解くと楕円軌道になるとか、放物線になるとか、初期条件によって軌道がきっちり一意的に説明できる。カントは大いに感激した。同時に彼は、人間の心の問題ではルソーに惹かれた。そのふたつのあいだで大いに悩み、彼の著作もまっぷたつにわかれた。

線形のニュートン的な世界観を突きつめると、機械的な決定論になる。だからカントも純粋理性の問題については、ある種ペシミスティックな決定論で正しいとせざるをえなかった。「超越論的現実の抗争」というかたちでの二律背反です。しかし現代、非線形の方程式でうまく記述できる現象がわかってきたからには、カントの二分法は意味を失ったのではないかと思う。純粋理性と実践理性というふうに、目的がないのとあるのとにわける必要はないんじゃないか。全体的にぼんやりした目的らしきものがある新しいカント哲学がありうるのではないか。

大澤――私は、それは複雑系を買いかぶりすぎているのではないかと思います。複雑系は、目的なんかなくても目的的っぽく見える現象を説明できます。ということは、普通はこう考えるはずです。一方に精密な時計のような機械的な因果関係があって、他方に人間とか生物といった目的を持っているように見える存在がある。これまでは「機械的な因果関係では人間や生物は説明できないだろう」といわれていた。ところが、非線形の方程式を使うと、因果関係についての自然科学の基本的な考えかたを変えなくても、目的的っぽい現象が説明できる。これが複雑系のとりあえずのうまみだと思うのです。

であれば、これは目的論的主張に有利なのか、非目的論的な主張に有利なのかといえば、非目的論的な主張のほうに有利なポイントだろうと思う。

ただ、そうは言っても、稲垣さんの究極的な狙いもよくわかるわけで、自然科学的な方法で説明しようとしてもどうにも説明できない感じを受けるものは山ほどあります。そういう自然科学的に説明できない現象について、どうやってその権利を回復するかは、もっと考えなくてはならない。

一番素朴な方法はデカルト以来の心身二元論で、延長の世界（物質世界）と、精神の世界との二本立てでものごとを考える。しかし心身二元論は非常に評判が悪くて、そもそも「心と物の関係はどうなってんの？」と突っこまれる。デカルトは松果体[14]のあたりで心と物が相互作用しているのではないかと言ったけれど、「松果体って物じゃないか」とさらに突っこまれてしまいます。

それでデカルト派のマルブランシュ[15]という哲学者などは、「機会原因論」なんてことを言いだす。彼はデカルト以上に徹底して心身二元論を支持しますが、松果腺を持ちだすのはまずいので、神さまに頼るのです。僕が手をあげたいと思ったら、神さまがそれを察知して、物理的に干渉して肉体の手をあげさせてくれる。彼の説がなぜ「機会原因《オケイジョナル・コーザリティ》」論と呼ばれるかといえば、手があがる本当の原因は神さまであって、僕が手をあげたいと思ったなどというその他の原因は、ただのきっかけ（機会）にすぎないからですが、しかし哲学的な説明としてさすがに無理があるでしょう。というか、心身二元論を純化すると、このような奇妙な

【14】**松果体**　松果腺ともいう。脳の中央下、大脳両半球のあいだの、視床と延髄が出会うあたりの少し後頭部よりにあるグリーンピース大の卵形の器官。ノルアドレナリン、ヒスタミン、メラトニンを分泌する。

【15】**マルブランシュ**　ニコラ・ド・マルブランシュ。一六三八―一七一五。フランスの哲学者・修道士。著書に『真理の探究』など。

議論に追いこまれてしまう、ということです。

そういうわけで心身二元論で貫徹できればいいけれど、どうにもうまくいかない。大体は、圧倒的に物質主義者が勝つ。そうすると、心については——目的もそうですけれど——どう扱えばいいのかという問題が残ってしまう。

稲垣——複雑系について一言つけ加えると、単純系でないものはぜんぶ複雑系ですが、複雑系の科学に触発された哲学のことを私は言っています。それは「システムの外部性を考慮しないでは当該システムは整合的に説明できない」という意味です。別に整合的に説明する必要なんかない、と言ってしまえばそれまでです。

自然科学は結局、自然界における整合的な法則の探究なんですよ。シンプルでわかりやすかったのが線形の方程式を解くという古典力学的な方法論だった。

しかし法則を英語でいうと「ロウ（law）」です。自然科学・社会科学・人文科学といったいろいろな立場から「ロウ」とは何かを考えると、たとえば社会科学的には「規範」と訳せるかもしれない。もちろん「法律」とも訳せる。「God's law」と聖書のなかに出てくれば、「神の律法」になりますが、いずれにしても「ロウ」なんです。そういう「ロウ」ないし「ノモス（Nomos）」の何かを人間は「目的」と呼んでいるのではないかと私は思う。

複雑系をあまりに過大視するのは禁物だとは思いますが、複雑系の領域にちょっと入っただけで凄いものが出てくる。もう少し深く入っていったら、どんなものが出てくるかわからない。であれば、いまは自然界の法則と目的とは峻別されていて、目的があるように見えるものが複雑性の理論によって目的なしに説明されるように見えても、実は、法則のほうが目的のほうから説明される、あるいは、法則と目的の区別がなくなるような発見もありうるのではないか、そんな可能性を感じさせてくれる。

大澤――複雑系の議論にはたいへんな一般性があって、私の感覚では、自然現象だけではなく、社会現象、たとえば経済現象や、人間的な現象の説明にも使えるような一般的な枠組み、ないし方法を提案しているように思います。

実際、自然現象だって生命現象になると、まるで人間現象みたいにふるまうわけで、それをいかに自然科学的に説明するかというプロセスのなかで出てきた、物理学と数学のひとつの成果が複雑系の理論です。だから、もちろん人間現象にも応用できるはずですが、ただ、目的のようなきわめて人間的な現象を扱うときには、私は複雑系の問題とは別に考えたほうがいいと思う。

心脳問題のアポリア

大澤――稲垣さんの問題意識に近いものを持っているのは、たとえば心脳問題でしょう。脳は明らかに物質的な現象なのに、意欲を持ったり、悲しんだり、楽しいと感じたりといった心の現象とのあいだに明らかに関係がある。さきほどいったデカルトの心身問題の現代ヴァージョン。ただ僕は、原理的にいうと、これは複雑系などの自然科学のいろんなツールとは独立に考えることができる問題だと考えています。

稲垣――なるほど。

大澤――とはいえ、これが結構難しい。それに脳科学にはいろいろ新しい発見も多いものですから、なかなか追いつかないし、情報量に圧倒されてしまうこともあります。

ただ、脳の研究をしている人で、テレビに出てきて語る人がたくさんいます。そのなかには明らかに越権行為としかいいようのないことを言う人もいる。「脳はそういうことを嫌うんです」とか言う。それは「心」といってどこが違うのか。脳が嫌ってるんじゃなくて、その人が嫌ってるだけだというか、いままで「心」

と言っていたのを、単に「脳」と置き換えているだけで、何の意味もない。

一方、たとえば脳のこの部位に損傷があると、こういう作業ができなくなるとか、突然独特の感受性を持つようになったとかいう、物理的な脳と心的な現象とのあいだの相関は興味深いし、勉強になります。

それでも物質現象としての脳と心との原理的な関係をどう考えるかについては、複雑系とはまったく別問題としてとらえたほうがいいと思う。複雑系は、科学のなかのひとつの理論ですが、脳と心の関係をどう考えるかということは、自然科学をその一部に含む、トータルな世界観の問題、存在論と認識論の両方にまたがる問題で、もっと純粋に原理的に考えなくてはならないことでしょう。


稲垣――これは生物学の宿命かもしれないけれど、「脳が嫌う」だけでなくいろんなところで擬人化が行われています。生命現象を扱うとどうしてもそんな表現から逃れられない。

しかし脳神経科学は、複雑系やカオスの理論が応用されて、心が創発していくメカニズムの端緒が見えはじめたのではないかという分野でもあるのです。もちろん、まだとっかかったばかりで大した説明はできません。今後どのくらい進展するかもわかりませんが、可能性はあるかもしれません。

とはいえ心はものすごく複雑なものですから、それを複雑系という科学で解明するというのは先の見えない迂遠な話かもしれない。もうちょっと哲学的な議論からアプローチしたほうが、たしかに有益かもしれません。

大澤——一〇〇%賛同するわけではありませんが、心脳問題に対するひとつの回答として比較的説得力があると僕が思うのは、大森荘蔵[16]の「重ね描き」という理論です。

つまり世界に対するふたつの記述がある。ひとつは物理現象としての記述です。脳のなかでどんな物質的なやりとりがあり、電気的な反応があるか。その電気的な反応はもしかしたらカオスかもしれませんが、そういうことがあるという記述は、ぜんぶ物理的な現象の説明なんですね。

一方で、それとは別に、忘れたとか、痛いとか、悲しいとか、憂鬱だとか、心の現象の記述がある。たとえるなら同一のカンバスにふたつの絵が重ねて描いてあって、光の当てかたで物理っぽい絵が見えたり、心の絵が見えたり、ちょうど騙し絵のようになっている。

そんなイメージが大森荘蔵の重ね描き理論です。脳と心のあいだの相互作用は認めない。両者がどう因果的に関係しているかは考えない。そのような因果関係はカテゴリーミステイクだからです。どうしてもつなごうとすると、先ほど紹介した、デカルトやマルブランシュみたいなことになる。だから、大森理論では、

【16】**大森荘蔵** 一九二一–一九九七。哲学者。日本の分析哲学研究の開拓者のひとり。また東京大学教授(科学史・科学哲学)として、野家啓一、藤本隆志、野矢茂樹など多くの哲学者を育てた。心身二元論も物質的一元論も排し、立ち現れ一元論を主張。著書に『物と心』(東京大学出版会/ちくま学芸文庫)、『流れのよどみ』(産業図書)、『時間と存在』(青土社)など多数。

ただ、同じ世界に対するふたつの記述があると考えるわけです。

同じ世界というところで、両者の関係が担保されてますけれども、物理現象は物理現象の因果関係を持つし、心理現象は心理現象の因果関係を持つ。たとえば、「稲垣さんはなぜここに来られたのですか?」と訊かれたとき、「おれの脳の大脳皮質に電気パルスが走ったから……」とか物理的に説明したらだめなわけです。そんなことを訊いているわけではない。「なぜここに来られたのですか?」と訊かれたら、「大澤と対談するためです」と答えなくてはならない。それが訊きたかったことなのです。

社会的事実の存在論

稲垣――私は、その重ね描きが二重なのか三重なのか四重なのかに興味があります。
私が社会学者の大澤さんにお訊きしたいことのひとつに、社会的実在（social reality）とは何かということがある。心脳問題でいえば、脳は物質ですが、脳から人間の意識が創発すれば、それは心の問題になる。しかし、誰かの心がまた別の人の心とからみあって社会ができれば、そこでまた新しい段階に入って、社会的実在が誕生します。このとき重ね描きは三重の重ね描きになるのではないですか。

大澤――僕の考えはちょっと違います。大森荘蔵の立場からすれば、重ね描きは必ず二重でなければならないのです。なぜかといえば、たとえばコミュニケーションもひとつの社会的現象ですが、「稲垣さんはどうしてここにいらしたんですか」と訊かれたら、「大澤と対談するためだよ」と答えることができます。これは社会現象の問題でもありますが、心の問題でもある。「対談はおもしろいですから」とか言って、社会現象について理由や因果関係を立てることができる。

しかし、稲垣さんが同じ質問に対して、「脳内のセロトニンが一ミリグラム増えたので」と答えたら奇妙です。つまり重ね描きの物理的な層と心の層は因果関係を持てない。存在論的なステータスが違うからです。

さらにいえば、信仰の問題も同じです。もし「神に見られていると思えば、私はここでおちおち快楽にふけるわけにもゆくまいと思う」と言えるとしたら、信仰と心のありように因果関係があることになります。スピリチュアルな問題と僕がここで考えていることのあいだに理由を設定できる。だから両者は重ね描きの同じ層にあることになる。

もちろん物理現象と心の現象のあいだに一見因果関係があるような記述はなく

はありません。「脳の影響で悲しいんです」ということがありますね。しかしこれは、近似的な言いかたとしては許されますが、哲学的な厳密さはまったくない。因果関係は脳内の化学物質や電気刺激どうしでは立てられますが、厳密な意味では、心の問題との因果関係はゼロです。まさに身分が違うのです。

しかし私の心の状態と社会的な問題や信仰の問題は、おたがいに相互作用を持つ。一方が他方の理由になったり原因になったりする。したがって、これらは一枚の絵のなかに入っていると考えなければならず、だから絵は二枚でないといけない。

重要なのは、重ね描きのうちの一枚の絵は、一枚の絵で完結しているということです。もう一枚の絵を見ないとわからないのではまずい。

おもてにモナリザ[17]が描いてあって、裏にカンディンスキー[18]の抽象画があるとき、両方合わせて、モナリザ・カンディンスキーがすばらしいと見てはいけない。モナリザはモナリザ、カンディンスキーの絵はカンディンスキーの絵なのです。そしてそこには二枚の絵しかない。

稲垣——因果関係にはひとつの原因に対してひとつの結果というだけではなく、一度に多数の原因に対してひとつの結果という場合もあります。また一方向性、すなわち原因から結果という方向性だけでなく、ミクロには双方向、つまり小さ

【17】**モナリザ**　ルネサンス期の画家にして万能の天才レオナルド・ダ・ヴィンチ（一四五二―一五一九）の代表作。謎めいた微笑を浮かべた女性の肖像画。モデルについては諸説あり、いまだに決着がついていない。

【18】**カンディンスキー**　ワシリー・カンディンスキー。一八六六―一九四四。ロシア出身の画家。その作品はきわめて前衛的・抽象的。

なループ状の因果関係があると考えています。

それはそうとして、大森の重ね書き理論には、社会的リアリティは入ってこないのですか？

大澤——社会のリアリティは別の角度から、つまり心の問題のひとつの応用部門として入ってきます。哲学的には、他者問題とか他我認識というかたちです。

逆にいえば、脳によって他者問題を説明しようとしても説明にならないんです。「なぜあなたは他者にも意識があると確信を持つのですか？」と訊かれて、「他者にも脳があって、前頭葉が活発に動いていて」などと、どんなに自然科学の知識を増やしても、「そういう説明を訊いているのではありません」ということになる。でも他者の意識の問題は、心の理論とはつながっていなくてはならない。たとえば、僕と稲垣さんの考えが違うという社会的事実は、僕の心のなかに現れている。心は社会性こみの存在なのです。

稲垣——私が多層的な世界に心惹かれるのは、そもそもはカール・ポパー[19]の影響なのですが、ポパーはいわゆる「三世界論」を唱えた。すなわち物質的世界である世界1、心の世界である世界2、そして客観的知識の世界である世界3が存在し、それらの世界は別の世界に還元することはできず、また、たがいに相互作用をしているというのです。

【19】**カール・ポパー** 一九〇二—一九九二。オーストリア生まれの科学哲学者。科学と疑似科学の境界設定において反証主義を提唱したことで有名。全体主義、とりわけソヴィエト型社会主義への徹底的な批判でも知られる。三世界論は脳科学者エクルズとの共著『自我と脳』（一九七七年／邦訳、思索社、一九八六年）で説明されている。

大澤——なるほど、稲垣さんの考えはポパーから来ているのですね。

稲垣——ポパーからヒントは得ましたが、ポパーでは科学哲学がモデルなので他者問題などは入らないのです。ですからその理論には解釈学転回が必要で、世界の意味の理解という主体の心の作用に置き換えるのです。ジョン・サール[20]などの英語圏の言語哲学も加味しています。物質の存在を否定する人はいまはいないと思いますが、物質的な世界に影響を及ぼし変えていく、そういう力を持つものをリアルだ、すなわち実在的だと考える。たとえばポパーは、世界3に数学や科学理論だけでなく社会制度なども含めています。社会的リアリティの自律性や物質世界に影響を及ぼす力を認めるのです。

さらに私はもうひとつリアルな世界を考えていて、それはスピリチュアルな意味の世界です。歴史を見ると、宗教は人類のなかにあって、巨大な仏像をつくったとか、ミケランジェロが「天地創造」の絵を描いたとか、偉大な業績がありま す。それはスピリチュアルな意味が目に見える世界に力として出現し、人々を感動させているわけで、スピリチュアルな意味の世界はリアルだ、と考え、これを世界4と名づけたのです。

したがって世界はひとつしかないけれど、人間はそれが世界1、世界2、世界3、世界4と階層をなしたものとして見ることができる。私の心はそのように世

【20】**ジョン・サール** 一九三二年生まれ。アメリカの哲学者。専門は言語哲学・心の哲学。オースティンを継承した言語行為論や、チューリングテストを批判するための思考実験「中国語の部屋」などで名高い。著書に『言語行為』(邦訳、勁草書房)、『志向性——心の哲学』(邦訳、誠信書房)、『心・脳・科学』(邦訳、岩波書店)など。

界を解釈している。ですから私の実在論は、宗教‐科学的実在論といえるかもしれません。

大澤――わからなくはありません。話を簡単にするためにスピリチュアルな世界は少し措いて、稲垣さんとポパーが共通する物質世界と心の世界、さらに社会的な世界を考えてみると、社会的な事実は個々人の意志や欲望で簡単に変化するものではなく、それ独自の法則性のようなものがあり、それがまた個々人の心に影響を与えますから、そのような多層世界論にも一本の論理性はあるでしょう。

しかし、少なくとも大森荘蔵の重ね描きの理論では、世界2と世界3（さらには世界4）をわけてはいけないのです。ふたつの絵の上に、三番目、四番目の絵を重ねてしまうと、大森荘蔵の理論の持っているラディカルさが消えてしまうからです。

どうしてふたつしか絵がないのか、僕なりにもう少し詳しく説明しますと、たとえば心の問題を考えているときは、僕は世界のなかにいて、僕が「痛い」と感じるとき、端的に僕が痛いんですよ。世界との関係で「痛い」という事実が起きる。それに対して同じ現象を脳科学的に見れば、たとえば「C線維が興奮している」といった説明になる。「痛い」のはいわば他人事になって、それを外から眺めているような説明になる。つまり世界のなかに僕はいない。

ということは、世界のなかにいて、そこから世界を記述するスタイルと、あたかも世界の内側にいないかのように、つまり外から見るように記述するスタイルと、ふたつの記述方法がある。そして内と外とふたつしか原理的にありえない。

稲垣――「あたかも世界の内側にいないかのように」とおっしゃいましたが、内側にいるのだから、いないかのようには記述できないのではないですか。単に私じゃない他人ということとの比喩ですか。

大澤――たとえば宇宙のビッグバンを考えるとき、ビッグバンとあなたの関係を言う必要はありません。というか、そんなことを言ってはいけないのです。物理学の世界では、あなたが存在しなくても起きていることについて書かなければならない。しかし「悲しい」とか「痛い」というのは、僕がいなければ起きない。私の存在と必然的に結びついているわけです。

ただおっしゃるとおり、究極的にはわれわれは世界に内属しているわけですから、世界の外部からの記述は、自分の世界内属性をカッコに入れ、作為的に無視することを含意する。これは、極論すれば一種のごまかしですから、最終的には維持できないポイントに達して、たとえば量子力学の観測問題などが、世界外部性が破綻する地点かもしれません。が、これはかなりテクニカルな応用問題ですから、まず第一次近似としては、世界に内属する者としての記述と外部からの世界の記述のふたつがある、というところから考えるべきかと思います。

稲垣――脳科学というジャンルには、ウォルター・フリーマン【21】や津田一郎【22】さん、郡司幸夫【23】さんといったおもしろい人たちがいます。彼らのグループは脳のニューロンの一本一本ではなくいわばその複雑な束、集団運動から生じている脳内の情報空間でのカオス的遍歴とカオス・アトラクターという考え方を重視して心の創発を説明しています。この理論は私の視点からいえば、エネルギーの出し入れではなく情報の出し入れ（意味の伝達）による心の働きの説明であって、四世界論とマッチしているのです。また津田さんには非常におもしろい議論があります。彼は世界の内側にいながら同時に外側にいるかのように考えられるというのです。単純な小話でいうと、

「きみは自分の顔を自分では見られないと思うだろう?」

「それは正しいじゃないか。鏡でも見なきゃ、自分の顔なんか見られない」

「そうかい?　よく見てみたまえ。きみは自分の鼻を自分の目で見られるはずだぜ」

鼻の低い人にはつらい話で笑い話のようですが、たしかに自分の顔の一部を見られる。だから、人間は内側にいながら、あたかも外側から自分を見ているように見られるというのが、津田さんの第一テーゼで、これを人間のリアリティと見

【21】**ウォルター・フリーマン**　ウォルター・J・フリーマン三世。一九二七―二〇一六。生物学者・脳科学者・哲学者。ニューロダイナミクスの提唱者。ロボトミー手術で有名な（ないし悪名高い）ウォルター・J・フリーマン二世の息子。著書に『脳はいかにして心を創るのか』（邦訳、産業図書）など。

【22】**津田一郎**　一九五三年生まれ。複雑系数理科学者・数理脳科学者。北海道大学教授を長く務め、二〇一七年退官。著書に『カオス的脳観』（サイエンス社）、『心はすべて数学である』（文藝春秋）など。

【23】**郡司幸夫**　郡司ペギオ幸夫とも。一九五九年生まれ。数理生物学者。現在、早稲田大学理工学術院基幹理工学部・研究科教授。著書に『いきものとなまものの哲学』（青土社）、『生命壱号』（青土社）など。

ることからスタートする。
　私はそれに妙に納得し、人間存在の構造の一部だろうと直感したのです。もちろんゼロ歳でそんな認識を持つことはありえないし、ある程度の教育を受けたレベルでは常識になるので、どの時点でそんな能力を持つのかわかりませんが、世界の外側に出て見ることと内側から見ることは、人間が身体を持つかぎりそんなに厳格に峻別するようなことかな、という感覚が私にはあります。

大澤――津田さんがどういう意味でおっしゃっているかにもよるのですが、たとえば僕たちは自分の世界について自分なりのモデルを持っていて、そのモデルのなかに自分自身も入っているわけです。重要なのは、そのモデルのなかの私、つまり「私について私の世界のなかで私の心が描いている像」と、私自身とは別だということです。

　ウィトゲンシュタイン【24】の有名な言葉があります。私の経験をすべて記述して『私が見出した世界』という本を書くとき、そこに唯一登場しないのは私という主体であるというのです。【25】もちろん「私についての像」は登場します。何月何日に対談をした私、そのとき楽しかった私、肝心なことを言い忘れた私……たくさんの私が出てくるでしょうが、それらは「私についての私の像」であって、私そのものではなく、この本のなかには究極的には登場しないのです。

【24】**ウィトゲンシュタイン**　ルートヴィヒ・ウィトゲンシュタイン。一八八九―一九五一。オーストリア・ウィーン出身。ハイデガーとともに二〇世紀最大の哲学者と呼ばれる。著書に『論理哲学論考』『哲学探究』など。ただし生前出版された哲学的著作は『論理哲学論考』だけであり、残りは講義録や講義用のノート、草稿を弟子が編集したものである。

【25】五・六三一　……「私が見出した世界」という本を私が書くとすれば、そこでは私の身体についても報告が為され、また、どの部分が私の意志に従いどの部分が従わないか等が語られなければならないだろう。これはすなわち主体を孤立させる方法、というよりむしろある重要な意味において主体が存在しないことを示す方法である。つまり、この本の中で論じることのできない唯一のもの、それが主体なのである。（ウィトゲンシュタイン『論理哲学論考』野矢茂樹訳、岩波文庫より引用）

いずれにしても、私が世界を見ているということが重要です。それは心の問題になる。それに対して、物理世界は私が見ていなくてもあるということが重要です。

もちろんよくよく考えれば、物理的な世界だって、観測問題だ、量子力学だ、なんてことを持ちださなくても、どこかで見ている私が前提にはなっています。たとえば「超ミクロな現象のなかでは量子的な現象が起きまして」というとき、どうして「超ミクロ」かといえば、自分を基準に考えているからです。「大昔」と思うのは、自分の人生の長さと比べれば、一五五億年くらい前の話は大昔になるでしょう。だから自分の物差しでものを見ているといえばそうなのですが、それをわざわざ指摘するのは揚げ足とりというべきでしょう。

「私と汝」

稲垣――「物理世界は私が見ていなくてもある」というテーゼがまさに従来の実在論のスタートです。

「世界を見ている私」ということでいうと、大澤さんがとりあげていた西田幾多郎[26]の「私と汝」という論文がありますね。「自己が自己において自己を見る」

【26】**西田幾多郎** 一八七〇―一九四五。哲学者。西洋の近代哲学

というトートロジカルな議論がえんえんとつづいて、何を言っているのかよくわからない論文ではあるのですが、私なりに解釈すると、「自己が自己において自己を見る」というのを「XがYにおいてZを見る」と置いたとき、XもYもZも自己ではあるのだけれど、それぞれの次元がちょっと違うのではないかと思うのです。

私の西田解釈の下敷きになっているのは、『十牛図[27]』という禅の一〇枚の図で、自己の探究を表しているとかいろんな解釈はありますが、第八図ですべてが消え失せて、ただ真っ白の円だけが残る。それが自己を探究して無であることを悟った境地で、悟ったのちに日常に回帰するのが九番目と一〇番目の図だという。

そこで「自己（X）が自己（Y）において自己（Z）を見る」というときの一番目の自己（X）を私、二番目の自己（Y）を絶対無の場所、三番目の自己（Z）を真の自己と解釈してみます。すると「私が絶対無の場所において真の自己を見る」ということになる。

西田が「私が絶対無の場所において真の自己を見る」と言っているとすれば、それはきわめて禅的な自覚の構造を示しているといえるかもしれませんが、キリスト教の立場から「絶対無の場所」を考えればどうなるか。

キリスト教には「受肉」という考えかたがあります。神さまは見えない。しか

と日本の仏教思想、とりわけ禅の「無」の思想を融合し、いわゆる京都学派の祖となった。「絶対矛盾的自己同一」や「逆対応」など独自の思想で名高い。著書に『善の研究』（岩波文庫）、『西田幾多郎全集』（全一九巻、岩波書店）、『西田幾多郎哲学論集』（Ⅰ〜Ⅲ、岩波文庫）などがある。「私と汝」は『全集』第六巻および『論集』Ⅰに収録。

【27】 **十牛図** 禅仏教において、悟りに至る段階を円形に描かれた一〇の絵と偈で示したもの。①尋牛（牧童が牛を探し求めている図）、②見跡（牧童が牛の足跡を見つける）、③見牛（牛を見つける）、④得牛（牛を捕まえるが、まだ牛は暴れている）、⑤牧牛（牛を飼い慣らす）、⑥騎牛帰家（牛に乗って家へ帰る）、⑦忘牛存人（牛はいなくなり牧童がのんびり暮らしている）、⑧人牛倶忘（牛も人もいなくなり真っ白の図）、⑨返本還源（力強い樹木に花が咲いている図）、⑩入鄽垂手（人に交わり導く様子）、の十段階。牛は仏性（仏の性質）をあらわし、仏性を得ることで悟りにいたり、さらに自在の境地を得て、人々を導くまでを示しているとされる。

し神はイエスとして受肉した。それゆえイエスは神であり同時に人であるという信仰になる。もちろん私は肉体をそなえたイエス・キリストに出会ってはいません。パウロも肉身をそなえたイエスには出会っていない。しかしパウロは回心した。

大澤——出会ってはいないのだけれど、ある意味で出会った。ダマスコ（ダマスカス）途上でイエスの呼びかけを聞いた有名な逸話がありますね（使徒言行録9・3–8）。

稲垣——そう。私はそれを、「私」が絶対有の場所としてのキリストに会って、「自己を見た」ということではないかと思うのです。パウロの書簡もそういう言いかたをしていると思う。自分は自分の罪によっていったん死に、新しく生まれ変わった。私のなかに生きているのはキリストなのです。[28]

だから、キリストは私のなかにある真の自己であり、パウロはキリストに出会って真の自己を見た。それがまさに「自己（私）が自己（キリスト）において自己（真の自己）を見る」という構造になっている。人間の自己はこんな複雑で人格の尊厳の意味はまさにここにあると考えています。

大澤さんが『社会システムの生成』のなかで、ヤボク河畔でのヤコブの格闘[29]の話について「顔と顔を合わせて神を見た」（創世記32・25–31）ことをとりあげてい

【28】……罪に対して死んだわたしたちが、どうして、なおも罪の中に生きることができるでしょう。……わたしたちは洗礼によってキリストと共に葬られ、その死にあずかるものとなりました。それは、キリストが御父の栄光によって死者の中から復活させられたように、わたしたちも新しい命に生きるためなのです。……わたしたちの古い自分がキリストと共に十字架につけられたのは、罪に支配された体が滅ぼされ、もはや罪の奴隷にならないためであると知っています。……わたしたちは、キリスト

たので、そんなことを連想したわけです。

近代へのステップ

大澤――たいへんに刺激的な解釈です。と当時に、究極的にめざすところは同じかもしれなくても、稲垣さんと僕のあいだには、同じ山を南から登る人と北から登る人の違いのようなものがあると思う。稲垣さんにはやはりキリスト者の視点がある。僕はそうではない。ただ僕は、宗教の持っている意味のある核、あるいは合理的な核というものを、非キリスト者の立場から考えてみたいのです。

僕の立場は仏教についても同じです。ただ仏教はキリスト教より楽な点もあって、というのも、仏教はもともと一種の哲学的な世界観のようなところがあるので、「ここはいい、ここはだめじゃないかな?」と、割合気楽にふりわけられる印象がある。

キリスト教はひとつのコスモロジーという以前に、信仰という強固なコミットメントがあるので、扱いがむずかしい。しかし――正直それほどたくさんの宗教をよく知ってるわけではありませんが――宗教の持つ合理的な核をとりだそうとするとき、やはりキリスト教が一番おもしろい。それはキリスト教そのもののお

と共に死んだのなら、キリストと共に生きることにもなると信じます。（ローマの信徒への手紙6・2、4、6、8節）

【29】ヤコブの格闘　……ヤコブは独り後に残った。そのとき、何者かが夜明けまでヤコブと格闘した。ところが、その人はヤコブに勝てないとみて、ヤコブの腿の関節を打ったので、格闘をしているうちに腿の関節がはずれた。「もう去らせてくれ。夜が明けてしまうから」とその人は言ったが、ヤコブは答えた。「いいえ、祝福してくださるまでは離しません。」「お前の名は何というのか」とその人が尋ね、「ヤコブです」と答えると、その人は言った。「お前の名はもうヤコブではなく、これからはイスラエルと呼ばれる。お前は神と人と闘って勝ったからだ。」「どうか、あなたのお名前を教えてください」とヤコブが尋ねると、「どうして、わたしの名を尋ねるのか」と言って、ヤコブをその場で祝福した。ヤコブは、「わたしは顔と顔とを合わせて神を見たのに、なお生きている」と言って、その場所をペヌエル（神の顔）と名付けた。（創世記32・25–31）

もしろさもあるし、他の宗教と比べたとき、現代社会を一番強く規定してる宗教は明らかにキリスト教だということもある。

稲垣――さきほども言ったように、一六～七世紀が人類にとってクリティカルな時代なんです。もちろんそれ以前からキリスト教はありますが、科学の誕生や主権論、民主主義と、あらゆる場面で大きな転換がありました。これはキリスト教徒であろうとなかろうと問題にすべき哲学的な課題だと思います。ただ西洋で起きたことですから、たとえば仏教が直接からむ余地はなかったかもしれない。

大澤――僕も社会学者として、現代でも使っている基本的な考えかたや社会制度のポイントはその時代にあるといつも思っています。

逆にいえば、それより前だといかにも過去という感じになる。中世の神学なども、それはそれで合理性はありますが、今日のわれわれとはコスモロジーが違いすぎて、たとえば中世の神学者のトマス・アクィナス【30】がタイムスリップか何かでここに出てきてくれたとしても、現代の学者と議論するまでにいたらないような気がします。ところが、その一六～七世紀くらいの時代になると、科学的な説に関しても、またデカルトやスピノザ【31】が論じた哲学的な問題であっても、いまわれわれと対談したとして、十分に噛み合うのではないか、というような気分がする。

ブローデルに「長い一六世紀」という概念があります。一五世紀後半から一七

【30】**トマス・アクィナス** 一二二五頃―一二七四。中世ヨーロッパを代表する神学者・哲学者。カトリックの教会博士で聖人。神を存在そのものとする「存在（エッセ）」の形而上学をはじめ、聖書の注解、自然法や政治論に至るまで幅広い業績を残した。著書は『神学大全』『対異教徒大全』『存在と本質について』『自然の諸原理について』など多数。

世紀前半までの二〇〇年くらいをひとつの時代とみなして「長い一六世紀」というわけですが、この時代にじわじわと西洋の社会が変化して、資本主義が準備され、近代へのステップを踏んだというわけですが、この説の前提になっている時代感覚は、多くの歴史の専門家が持っている。この時代は同時に、キリスト教の宗教改革の時代でもある。おそらく当事者はそれぞれの領域で勝手にやっているつもりだったかもしれませんが、実は、個々の変動は無関係ではなく、ひとつの大きな変化のなかで起きたことではないか。そこで何が起きたのかがわかれば、現在のわれわれが何者かもわかってくるのではないかと思うのです。

【31】**スピノザ**　バールーフ・デ・スピノザ。一六三二―一六七七。オランダのユダヤ系哲学者。「神即自然」として非人格的な汎神論を唱え、決定論を支持して自由意志を否定した。このため無神論者と呼ばれ、ユダヤ教・キリスト教双方から非難された。著書は『エチカ』『神学・政治論』など。

第三者の審級と神

稲垣――そういえば大澤さんは、ヤコブ物語で「第三者の審級」を論じていらっしゃった。「第三者の審級」は大澤さんの社会学の鍵概念で、いろんな場面で使われ、『日本史のなぞ』で日本における革命を論じるときにも登場していました。

現在西洋社会に「ポスト・クリスチャン・ワールド」という言葉がありますが、要は、キリスト教が非常に世俗化して、かつての勢いはない。しかしキリスト教における神の概念が、革命とか近代科学の発展といったものに関与しているとするならば、人間のシステムの内側であり、かつ外側とでもいうべき場に、自己でも他者でもない他者、あるいは他者性を持った第三者の審級を、リアルなものとして仮定しておられると考えていいのでしょうか。

大澤――これは僕の宗教へのスタンスが最も現れる点です。第三者の審級はかなり広い概念ではありますが、その最も基本的なイメージはもちろん神です。そこに社会学者としての僕の狙いがあって、ニクラス・ルーマン[32]が使っている言葉を使えば、第三者の審級の存立のメカニズムを説明することは、「超越論的なものの経験的構成」を説明することなんですよ。

「超越論的」というのはいかにも哲学的な言いかたで、別の訳語でいえば「先験的」。「先験的」とは文字どおり「経験に先立つ」「経験より前にある」ということです。だから第三者の審級は、哲学以前の直観においては「神」だったりするわけですが、僕としては、それがどうやってわれわれの経験のなかから創発されるのかを一生懸命考えているのです。第三者の審級をはじめから前提にすれば、完全に宗教的な議論になるところを、その経験的な構成について考えようとしているところが、僕の無神論的なところです。

また、ここは社会学的にもポイントであって、神や、神ではないが神に類するいろんなリアリティが、人間の世界のなかで重要な機能を果たしてることは認め

【32】**ニクラス・ルーマン**　一九二八―一九九八。ドイツの社会学者。社会システム論の提唱者。邦訳のある著書は『法社会学』（岩波書店）、『社会システム理論』（上下、恒星社厚生閣）など多数。

つつ、それがどうやってわれわれの心の経験から生まれてくるかを考えるのは、社会学で秩序問題と呼ばれる重要な問題に直結しているのです。

稲垣——秩序といえば、大澤さんはご著書（『社会システムの生成』）のなかでヤコブ物語を出して（一四六頁）、

> つまり、こうして複雑性が縮減され、そのことに応じてシステムの内部に秩序がもたらされるのだった。例えば、神を受け入れたヤコブは神の規範（律法）に従わなくてはならない。こうしてわれわれは社会システムを可能にする最小限の条件を摘出したのだ。それは第三者の審級の設立だ。……

と言っておられる。ヤコブ物語のこの箇所は旧約聖書の有名な箇所ということもあって、私にはこの説明はすっとわかるし、すごくおもしろいと思いますが、この話を持ってこなくても説明にはさしつかえないということですか。

大澤——そのとおりです。聖書の持つ記述の厚みの凄さもあるし、ヤコブ物語のこの箇所は非常に印象的なところで、イスラエルという共同性のアイデンティティに関係ある場面なので、抽象的なモデルよりもずっとわかりやすい例として、ここでは使ったのですが、僕の論文集にも収録されていると思いますが、聖書と

は関係ない人類学的な例を使ったこともあります。

稲垣――「複雑性が縮減され、そのことに応じてシステムの内部に秩序がもたらされるのだ」というのは、先ほども話に出た複雑性の発想でよくわかります。社会システムにある種の規範性が入らないと社会システムはもたない。しかし「例えば、神を受け入れたヤコブは神の規範（律法）に従わなくてはならない。こうしてわれわれは社会システムを可能にする最小限の条件」という箇所は、旧約聖書の物語だからこそヤコブが神との約束を遵守する人間になる（規範性を持つ）というのはわかりやすいけれど、文化人類学とか別の例を持ってきたとき、すんなりと説得力をもって入っていけるような物語構成は可能なのでしょうか。

ヤコブ物語は、アブラハム、イサク、ヤコブ【33】という創世記のひとつの流れのなかにあるわけです。もっと大きくいえば、イスラエル民族の歴史を綴った旧約聖書の物語は、神との契約が中心にあるので、「規範とはこういうものだ」「人間は規範を守らなければならない」という規範性に対してコンセンサスを持ちやすい。しかし、そういう長く重い歴史性を持たない場合、規範性を持たない社会システムに規範性が入るのは、どういうメカニズムによるのでしょうか。どういう説明が可能なのでしょうか。

大澤――この問題は、厳密にいえば、自然科学のように実験することもできない

【33】**アブラハム、イサク、ヤコブ**　創世記によると、アブラハムは神の呼びかけに応えて、妻のサラや甥のロトなどとともにハラン（北シリアの都市）を旅立ち、各地を放浪のすえ、約束の地（カナン）にたどりついた。イサクはその嫡子。ヤコブはイサクの子、アブラハムの孫であり、ヤコブの一二人の息子がイスラエル一二部族の祖となったとされる。

し、経験的な参照事例も究極的にはありません。ヤコブの物語にしても、すでに規範を持つ社会があって、同時にその社会に、自分たちのアイデンティティの起源などを語っている神話や説話があるので、そこから逆照射した遠近法的な錯覚に基づく説明にすぎないともいえます。聖書にかぎらず、みんなそうです。

僕がやりたいのは神話や伝承の研究ではなくて、それをひとつの手がかりにした規範発生の論理の探究なのですが、神話や伝承に論理そのものが語られているわけではないので、儀礼や神話のなかに論理の痕跡を見つけだして再構成するという、ちょっと危うい作業をやっている。その素材として旧約聖書を使うこともあるということです。

規範と法則

稲垣——聖書的伝統のない広く一般的な文化や民族を考えたとき、規範性をどう考えればいいかという点について、たとえば規範性を自然科学の「法則（ロウ）」をモデルにして考えてもいいのではないかとも思うのですね。さきほど自然科学と対比して、「ロウ（law）」と「規範」や「法則」の話をしましたが、規範は当該の社会や民族の構成員はみんなわかっていなくてはいけないという点で一般性があるし、文化や民族の違いで細かいところは違っているように見えても、核となる規範はそんなに違わないように思います。十戒の「殺すなかれ」などはそうでしょう。だから社会の法則として、というか、法則をモデルとして規範を考えることもできるのではないでしょうか。

大澤――規範も法則も英語でいうと「ロウ（law）」になってしまいますが、僕は、自然科学的な法則と社会的な規範の意味での法は、かなり根本的に違うメカニズムを持っているのではないかと思っているのです。

ソール・クリプキ[34]という分析哲学者が『ウィトゲンシュタインのパラドックス』（黒崎宏訳、産業図書）という本で、規範とか規則について考察したことがあります。ウィトゲンシュタインが二〜三行で書いたことを一冊の本で詳しく言うとこうなるといった本ですが、自然現象における法則性と、規範・規則がいかに違うかについて、かなり徹底的に書いている。

自然法則と規範が似ているということを主張する人たちが目をつけていることは、どちらも現象にレギュラリティを与えるという点です。駅のプラットホームにきちんと列になって並ぶとか、車が左側通行しているとか、68＋57には誰もが125と答えるとか、といった規範や規則に関わる社会現象も、地球はいつも同じ時間をかけて太陽のまわりを一周するとか、光の速度は一定だとかといった物

【34】**ソール・クリプキ** 一九四〇年生まれ。アメリカの哲学者・論理学者。高校時代に様相論理の完全性を証明した天才であり、可能世界意味論の提唱、指示の因果説など哲学的業績は膨大である。あまりに優秀だったためハーバード大学の学部卒業とともにフェローとなり、そのため修士号や博士号は持っていない（ネブラスカ大学そのほか多数の大学から名誉博士号は授与されている）。著書に『名指しと必然性』（邦訳、産業図書）など。（デイヴィドソン『合理性の諸問題』（邦訳、春秋社）の著者インタビューも参照）

理現象も、その点では似ているように思われる。

しかし、規範性のポイントは、レギュラリティにあるわけではありません。規範性のポイントは、「承認」、他者からの承認と、それに対応した「期待」が持てるという点にある。たとえば稲垣さんと対談の約束をしているので、稲垣さんは今日ここに来るだろうという期待を持つのは正当だと言えます。九九・九九%、稲垣さんは来る。しかし稲垣さんが約束の日を明日と勘違いしていて今日来ないという可能性は、たとえそれが万にひとつだとしても、ある。レギュラリティは、逸脱の確率が高ければ壊れますが、規範性については違います。レギュラリティを壊す出来事があっても、いささかも崩れることなく、同じ期待をもつことは正当だとされる。

つまり規範の場合、期待が外れる可能性があっても、事実に抗するかたちで維持されます。物理現象の法則の場合、予想される規則に反することがあるがなお維持されるなどということはありません。だから物理現象の法則性と社会現象の規範性は、まったく関係ないとまではいえませんが、大きく違うということは押さえておかなくてはならない。

稲垣――大きく違うのはわかります。ただ、「地球が一年かけて太陽のまわりを一周する」ようなレギュラリティは典型的な単純系ですが、私が複雑系やポスト複雑系を重視しているのはそこから得られる哲学が社会的な規範性と類比的になると考えたからです。つまり根本のところで「システムの外部性を考慮しないでは当該システムは整合的に説明できない」というレベルの言いまわしと「第三者の審級」のあいだに類比があるなと感じたわけです。しかしこれは「自己」を問う複雑さには、たぶん適用できない。というのはその場合に人の「人格」を問わなければならないからです。

ある人が来る、来ないといったことに期待を持つかどうかは、その人の人格への信頼といったものに左右されるでしょう。素行が悪くて評判の人だったら、あまり期待しないに違いない。つまり規範の拘束性は人格への信頼の度合いによるが、自然法則はそもそも非人格的なものが対象だから、それが問題にならないということではないですか。

大澤――というよりも、規範の根柢には人格があって、人格抜きの規範はないと思います。もっと原理的なところで考えるならば、規範があるから信頼しているわけではおそらくない。逆です。われわれは人を信頼し、それを自覚化したときに、規範があると考えるのです。

しょっちゅう約束を破る人を信頼できないのはたしかで、僕の友だちにもそういう人がいますが、しかし僕がもっと驚くことは、人間は割に根拠なく他人を信頼するということです。「きみは一〇〇回約束を守ったから信頼してもいい」なんてことは言わない。大体、一回目から約束を信じる。もちろん期待が外れることもありますが、「信頼する」のほうがデファクト・スタンダードになっている。ゲーム理論の研究者が人間の戦略的行動を考察するけれど、あんな理論に比べたら、現実の人間は圧倒的に相手を信頼している。この信頼がある意味で驚異なのです。

これが実は、僕の「第三者の審級」へのコミットメントという問題と関係がある。われわれは、これは社会の道徳だからとか、法律に書かれているから、というので人を信頼するのではなく、信頼があとで対自化されたときに、契約であったり法律であったり、文書化されなくても暗黙の社会的ルールだと感じたりする。われわれが人にコミットするのはそれ以前です。この「人への信頼」という不思議なメカニズムをどう説明するのかという問題から、第三者の審級の話が出てくる。

科学に目的は必要ないか？

大澤——だからこれは本来、物理現象の予測可能性とはかなり違うのですが、逆説的ながら、物理現象を研究する人も、複雑な秩序などを考えるようになると、そのあたりが微妙になってくる場合があります。

システム論に内部観測という概念があります。日本では、先ほども名前が出た郡司幸夫さんとか松野孝一郎[35]さんとかが使っていて、一時期はやりましたし、いまでも内部観測学会は存在します。内部観測とは何かというと、説明しようとする現象は物理現象なのに、たとえば粒子と粒子の相互作用を、粒子どうしがおたがいを観測しあっているようなイメージで理解することができる。これはあたかも目的があるかのように見える物理現象の説明に非常にいい。別に擬人化しているわけではありません。しかし何か相互作用があるとして、粒子がたがいに相手を観測し、こちらがこう反応するとこっちに戻ってくるなどと測定しあっているかのように考えていくと、事柄の本質が見えてくる。

あんまりいい比喩ではないかもしれませんが、進化論の場合、本来は、ランダムに変異する生物のなかで運よく生きのびたものの子孫がいま生きているだけですが、利己的な遺伝子が自分のコピー遺伝子の数を最大化するといった目的論に従っているかのように記述しても、事実がうまく説明できますよね。それとちょっと似ていて、粒子がたがいに観測しあっているかのように説明するとうまく説明できる。つまり物理現象であっても、あたかも規範にしたがっているかのよう

【35】 **松野孝一郎** 一九四〇年生まれ。長岡技術科学大学名誉教授。内部観測理論の提唱者。著書に『内部観測とは何か』(青土社)ほか。

【36】 **ドーキンス** リチャード・ドーキンス。一九四一年生まれ。イギリスの動物行動学者・進化生物学者。進化の単位を種や個体ではなく遺伝子とする利己的遺伝子論を提唱。巧みな比喩や表現で進化論を説明することにも定評があり、幅広い人気を博している。また無神論者としても有名。著書に『利己的な遺伝子』(邦訳、紀伊國屋書店)、『遺伝子の川』(邦訳、草思社)、『神は妄想である』(邦訳、早川書房)など多数。

【37】 **グールド** スティーブン・ジェイ・グールド。一九四一―二〇〇二。アメリカの進化生物学者・科学史家。ドーキンスの自然選択の遺伝子選択説を批判し、選択の単位を遺伝子とするのは行きすぎた還元主義だと批判、大論争となった。また進化の適応主義(生物の形質は適応のために存在するとする考えかた)に批判的で、外適応という概念を提唱。これは

に説明できる現象があるわけです。

稲垣――なるほど、科学のほうも人格は関係しないけれど、ある種のメタファーを使っているわけですね。内部観測というふうに「観測」といえば「誰か」が観測しているわけですが、それで何となくわかった気がしてくる。

　進化論もよく考えるとメタファーが入っている。自然選択というけれど、これは「自然が選択している」ということであって「神さまが選択しているのではない」というので、一九世紀にはとんでもない議論になりましたが、考えてみれば、あたかも自然が選択しているような、自然そのものの擬人化みたいなメタファーではないかとも思えてくる。

大澤――そのメタファーが本質的なメタファーなのか便宜上のメタファーにすぎないのかという問題があるから微妙ですね。進化論についていえば、少なくとも公式見解では、目的論的なメタファーはなくてもいいメタファーと考えなければならないと思います。

　もちろん進化論もいろいろむずかしくて、ドーキンス[36]のライバルのグールド[37]に「スパンドレル論[38]」という有名な議論があります。いかにも目的的に選択しているかのような現象があっても、目的と言ってしまえば神学的な議論になって、自然科学には乗らなくなるので、どうやって選択に近い生物的な現象を進化論の枠

生物の形質の多くはもともと他の適応の副産物にすぎず、それ自体は適応と関係なかったが、たまたま別の機能に流用されたにすぎないとする。著書に『ワンダフル・ライフ』（邦訳、ハヤカワ文庫NF）、『個体発生と系統発生』（工作舎）など多数。

【38】**スパンドレル論**　グールドが「外適応」を説明するために用いた譬喩。教会建築において、スパンドレル（教会の重い天井を支えるため、柱や壁の上方がアーチ状にひろがって三角形を形成した部分。三角小間）に美しい装飾がなされているのは、はじめから装飾が目的だったわけではなく、建築の必要上生じた空間がたんに装飾に流用されたにすぎないということ。進化が予想外の方向へ進むことをも示唆する。

組みで説明するかという苦しい努力の賜物です。

稲垣——さきほども申しあげましたが、目的因を説明から排除することが、どうしてそんな重大な目的になってしまうのか私には納得がいかないのですね。もちろん科学とはそういうものであって、目的を持ちこんだら科学にならないのは常識なんですけれど。方法論的自然主義は科学というジャンルの約束事だから守らなければならない。しかしだからといって、そこから存在論的自然主義を引き出すのはやはり越権行為でしょう。

大澤——狭い意味で「科学」というと何だか学問の一部分のように聞こえますが、「科学」を非常に広い意味で考えれば、ある時代からの真理そのものです。何を真理と考えるかについて、われわれの時代が持っているシステムなのです。アリストテレスの考える世界には目的因がある。物にも目的があるのです。物が目的因を持っていることに、自明な納得感を持てるのであれば、それでもいい。

稲垣——納得感ですか。

大澤——納得感ですね。現在のわれわれの感覚では目的因では納得できない。たとえばニュートンがリンゴが落ちるのを見たとき、目的因で考えると、「リンゴもついにこらえきれなくなったのか。もうちょっと気合い入れろよ」と説明できるかもしれない。もしくは、

「リンゴの目的因としては地面に向かっているんだ。やっと本来の自覚にめざめたか！」

というふうにも説明できるかもしれない。

そういう説明で納得がいくのであればそれでいいのですが、現代のわれわれの合理性はそうなっていない。

また、「トムとジェリー」という世界的に有名なアニメがあります。トムがネコで、ジェリーがネズミ。この二匹がいつもいたずらしたり追いかけっこしたりしているのですが、トムはときどき近所のブルドッグに追いかけられる。トムは必死で逃げるあまり、崖に気づかずそのまま走りつづけ、もう足下に地面がないのに、あんまり一生懸命逃げているから気がつかなくて、空中でしばらく走りつづけて、「はっ」と気づき、「ああ、地面がないんだ、落ちなきゃ」って感じで悲しげに落ちていく。

つまりこのとき自分の目的因を自覚していないから、気がつかないでしばらく落ちなかったんだという説明になっている。ファンタジーとしてはいいかもしれませんが、事柄の説明にはならないんです。

稲垣――そりゃ、そうですね（笑）。

大澤――もちろん人間は心を持っているので、ある程度のことまでは目的で説明すればいいし、日常の実践ではそうせざるをえませんが、人間的な現象も物理的現象もひっくるめてひとつの真理の体系に収めようとすれば、目的を持っているように見える現象とか、自由意志とか、そういうことにもさらなる合理的な説明を与えざるをえなくなる。だから目的の居場所はあまりないのです。

壮大な体系としては進化論よりさらに前ですが、ヘーゲル哲学もそうだと思います。ヘーゲル[39]は歴史を絶対精神の自己展開と考えた。精神の成長過程のようなかたちで世界の歴史が生みだされるので、一見目的論的に見えるのですが、僕はヘーゲルの狙いは逆だったように思う。つまり目的のように見える現象をどう説明するかがポイントだった。

たとえばヘーゲルの歴史哲学には「理性のずる賢さ[40]」という有名な概念があります。普通は、歴史を支配する理性があり、理性の目的のもとに歴史現象が起きると解釈される。「このあたりで市民革命だ」「そろそろ資本主義の誕生だ」というぐあいですね。しかしヘーゲルがやろうとしたのはそんな素朴なことではなくて、なぜ理性によって歴史が支配されているように見えるのかということです。目的があって歴史が説明されるのではなく、目的があるかのように見える歴史のメカニズムを説明するための努力だと思うのです。

【39】**ヘーゲル**　ゲオルク・ヴィルヘルム・フリードリヒ・ヘーゲル。一七七〇－一八三一。ドイツ観念論哲学の大成者。世界の歴史を絶対精神（≒神）の必然的な自己展開の過程と見る。その歴史の段階的発展説や発展の法則としての弁証法は、マルクスなどにも大きな影響を与えた。著書に『精神現象学』『(大）論理学』『エンチクロペディー』『法哲学』。そのほか講義録として『宗教哲学講義』や『歴史哲学講義』など。

【40】**理性のずる賢さ**　理性の狡知、理性の策略などともいう。絶対精神の自己展開である歴史において、絶対精神の目的が、人間の思惑とは関わりなく、人間の行動によって実現してしまうこと。いいかえれば、絶対精神が人間を手段として、みずからの目的を実現すること。

人間の信頼は神の像を描く？

稲垣――歴史のメカニズムといえば、さきほど人間原理の話が出ましたが、まさに宇宙の歴史に目的があるという議論の現代科学版ですね。最も基本的な物質の素粒子などのレベルで解釈して宇宙の四つの力すなわち電磁力、重力、強い力、弱い力の結合定数《カップリング・コンスタント》がそれこそ○・○○○……と「○」が何十もつくような数にファイン・チューニングされているから有機体ができ、そのほかもろもろの条件も成立して、この宇宙、特に人間が現れた。

　こういう議論に対して、現代科学を研究した人の普通の理性は、やはり「ただの偶然だよ」というのか、それとも偶然と考えるほうが科学的ではないとして一挙に飛躍して「これは神さまのおぼしめしだよ」というのか。どうなんでしょうか。

大澤――あまりにも奇跡的なことが起きているので、ふしぎになってくるのですね。さきほど言ったように、現代の「超ひも理論」なんかではマルチユニバースで考えればいいので、別に心配しなくてもいいのですが、ちょっと違う角度から考えることもできます。

仮に百歩譲って、神さまが結合定数を決めてくれたのだとします。それで何か説明できたことになるのでしょうか。僕は、それは何も説明していないという感じがします。本当は説明されていないのに、そう言われると安心しちゃうというメカニズムが人間にはあるようなのです。

これは橋爪（大三郎）さんがおかしいと言っていた話ですが、

「なんでお父さんは男なの？」

って子どもがお母さんに訊いた。

「お父さんが女だったら困るでしょ」

ってお母さんが答えたら、

「あ、そうか」

と子どもは納得したというのですね。

考えてみると、何の説明にもなっていない。だけど、そう言い換えられたときに納得した気分になる。

それと同じで、「この奇跡的な定数は何なのか」と言って、「神のおぼしめしだ」と答えても、神のおぼしめし自体が奇跡的な突拍子もない話なので、本当はそれも同じような謎として「どうしてだろう」と考えなければいけないのに、そう言われた瞬間、何となく説明された気分になる。もちろん何の説明にもなっていないのです。

それよりも僕らが不安になるような現象に対して、説明にはなっていないけれど不安を消去するメカニズムを人間は持っていることが興味深くて、これは、人間はむしろ人間を信頼しているということだと思うのです。その人間への信頼を神に投影しているのです。

「どうして今日、先生は来てくれたの？」

と訊いたとして、

「先生はそういうふうに来たかったんですよ」

と答えたら、何の説明にもなっていないけれど、その先生に対する圧倒的な信頼感があれば、それで「あ、そうか」と納得する。この他者への信頼をもうちょっと抽象的な人格とか、特別なものに投影できれば、神さま的な説明になるのではないでしょうか。

稲垣――まあ、それはフォイエルバッハ[41]やフロイト[42]流の説明としてわからなくはないです。日常生活では、これまでのつきあいからすれば、まあまあ信頼できるやつだというレベルで、われわれの普段の社会的な習慣は成り立っているということでしょう。

【41】**フォイエルバッハ**　ルートヴィヒ・アンドレアス・フォイエルバッハ。一八〇四―一八七二。ドイツの哲学者。ヘーゲル哲学を継承しつつ、唯物論を採用。神は人間がつくりだしたものであり、人間の感情や願望の投影にすぎないとする。著書に『キリスト教の本質』（邦訳、岩波文庫）がある。

【42】**フロイト**　ジークムント・フロイト。一八五六―一九三九。オーストリアの心理学者・精神科医。精神分析学の創始者。宗教は、エディプス・コンプレックス（愛情の対象である母をめぐって、子どもにとっては絶対的存在である父を排除したいという思いと、罰を受けるという不安の葛藤）を解消する試みであり、神とは抽象化され高められた「父」であり、超自我（内面化された父親の禁止命令）の形象であるとする。著書は『トーテムとタブー』（邦訳、フロイト著作集3、人文書院）、『モーセと一神教』（邦訳、ちくま学芸文庫）など多数。

動物の逸脱

大澤――さらに学問的な話をすれば、僕の社会学の先生の見田宗介、つまり真木悠介が昔、動物社会学をベースにし、社会生物学なんかも総合して、『自我の起源――愛とエゴイズムの動物社会学』（岩波現代文庫）という本を書きました。コンパクトな本ですが、非常な名著でして、それ以来、僕も動物社会と人間にすごく興味をもって調べたり、考えたりしてきた。そうすると、自分が社会学者だからそう思うのでなく、客観的に見ても、人間の人間らしさの一番はやはり社会性なのです。

ヒトを近縁種と比較します。といっても、ホモ・サピエンスになる前のアウストラロピテクスとかホモ・エレクトゥスとか、ネアンデルタール人なんかはみんな絶滅しているので、チンパンジーやボノボになるのですが、人間の赤ちゃんとチンパンジーとボノボの知能検査をして比べていくと、かなりのところまでは接戦なんです。ところがある瞬間に、人間の赤ちゃんだけがずばぬけてよくできるものが現れる。それはすべて他人が関わること、社会性に関係する能力なのです。たとえば、何かまねをさせること。「これをまねてごらん」「こういうふうにやってごらん」としてみせても、チンパンジーは人間の赤ちゃんに比べてものすごく苦手です。逆に、同じ数だけボタンを押すとか、そんなことだったら、京都大学霊長類研究所のアイちゃん【43】だって簡単にやります。京大生よりも押すのは速いくらいです。

他人が関わる課題に直面した瞬間、ヒトの赤ちゃんは圧倒的になる。だから、人間の人間らしさの大半は社会的なものとの関係で出てくるのだと僕は思う。逆にいえば、人間の社会と人間以外の社会とはどこに違いがあって、どうして人間だけがそれを得たのか。もちろん立派な理由があるのかどうかわかりませんけれども。

稲垣——他の動物の社会と人間の社会との違いといえば、やはり「目的」ではないですか。他の動物の社会だと、目的があるとしても、おそらく生殖して子孫を増やすことだけでしょう。人間はそれだけでは収まらない。生殖を超えて、新しいヴィジョン、新しい目的を持つように条件づけられている。

大澤——それはたしかにそうです。生物の基本的な論理が遺伝子の継承と増殖にあるとすれば、遺伝子レベルであたかも目的があるかのように仮定するのはいいとして、それ以外の目的を少なくとも人間は追求している。「子どもをつくる気がありません」なんて言っても「おまえ、遺伝子を裏切ってるぞ」なんて誰も言

【43】**アイちゃん** 一九七六年、西アフリカ生まれのチンパンジー。一歳のときに京大霊長類研究所に入所。名前は劇画『愛と誠』の愛にちなんでつけられた。五歳で図形を使って品物の名前や色を答え、七歳で一から六までの数字を使って数の概念を表し、一三歳ではアルファベットで人やチンパンジーの名前を表現するなどどんどん能力を発揮。記憶課題も人間並みの成績。天才のようだが、実は努力家で、あきらめない性格だとのこと。(京都大学霊長類研究所チンパンジー・アイHPのメンバー紹介を参照)

わない。そんなの普通だと思っている人もいるかもしれない。

ただ人間以外の生物が生殖以外の目的を持っていないかどうかについては、慎重に見たほうがいいと思います。もちろん人間は圧倒的ですが、人間ではない種でも、特に哺乳類のレベルでは、遺伝子のテレオノミー[44]（目的論説）を逸脱している現象が見られます。

実際、チンパンジーやボノボにはそんな例が山ほどある。たとえば、チンパンジーのオスの人生——といっていいかどうかわかりませんが——の目的は、群れの序列のトップに立つことです。チンパンジーの場合、序列がはっきりしていて、しかも固定的ではないのでめざしがいがある。もちろん九割方は序列トップになるのは生殖のためなんです。強いやつはモテる。というか、他の弱いやつにセックスさせないので、圧倒的に子どもをつくりやすくなる。だから、そもそもは遺伝子のテレオノミーなのですが、チンパンジーもだんだん本末転倒になってくる。

自分が序列一位になるためには、仲間に支持されなければいけません。実力伯仲の二位がいたりすると、一位を守るためにはそいつをどう扱うかが重要になる。するとヘーゲルのいう「主人と奴隷のパラドックス」[45]みたいなことが起こって、二位のやつがおれを認めてくれるから、おれは一位でいられるというので、二位のやつに譲歩して、セックスするのを認めてやったりする。セックスを独占でき

【44】**テレオノミー**　「目的学」とか「目的論説」と訳される。目的論（テレオロジー）に由来し、生物の行動や形態は、進化の過程で必要であった役割を果たすために形成されたとする考えかた。

【45】**主人と奴隷のパラドックス**　ヘーゲルの『精神現象学』に出てくる議論。支配しているはずの主人の立場は、実は奴隷との関係に依存したものにすぎず、労働を通

ないなら何のために一位なのかという話なんですが、しかしチンパンジーのなかでは序列トップのオスはステイタスというか、少し自己目的化しているんですね。

ボノボはもっとそうで、ボノボは性行動がさかんなことで有名ですが、ボノボの性行動の九〇%以上は生殖に関係がない。ホモセクシュアルもいっぱいある。特にメスとメスの同性愛は非常に多いです。いや、同性愛というべきかどうかわかりませんが、少なくとも人間から見たらレズビアンに見える。生殖に直接関係ない理由でセックスもどきを頻繁に行っている。彼らに性的少数者なんてものはない。人間からみれば、ボノボの全個体が、性的少数者で、ここまでがノーマル、ここからがアブノーマルなんていう境界線はない。

したがって人間ではない動物のレベルでも、生殖や繁殖にとどまらない独特の目的らしきものがあるのです。ただ、それをどう説明するかがむずかしく、生物学者が苦労する(笑)。

いずれにせよ、稲垣さんが指摘されたように、遺伝子のテレオノミーからは独立の「目的」という現象が実に豊かになるのが人間という種の特徴です。ただ、これは、今日の対談で何度も申したように、説明要因ではなく、説明されるべき現象です。人間という種は目的をもつ、ということを公理のように前提にしてしまったら、最も肝心なことを説明せずに済ましてしまう。なぜ、どのようにして、

して奴隷はある意味で主人を支配しており、主人は自分の自律性を失っているので、ある意味、奴隷に従属しているという。

人間という種には、とりわけその集合的な現象において、そのような多様な目的というものが出てくるのか、それこそが説明されなくてはなりません。

人間らしさと美

稲垣――人間という種が持つ多様な目的を説明する、これは魅力ある科学ですね。確かにそのときに「目的」を公理のように前提にしてしまったら問題でしょう。ただ学問（科学）的説明というものの性格上、あるものを「前提」とせざるをえないのがふつうでしょう。物理学を前提にして生物学が、生物学を前提にして心理学が、心理学を前提にして社会科学が……というような大まかな順序はあると思います。これら諸科学がすべて同じ方法論に基づいてはいないので、どうしても科学的説明というのは部分的なものにとどまります。

こうしてさまざまなレベルで「目的」が混入してきますが、究極の目的ということであれば、ギリシアだと真・善・美とか、そういう話になるでしょう。大澤さんもさっき美に触れられましたが、科学の最先端だときれいなフォーマリズムをつくるとか、数学的に美しいということがある。だから、目的とはある種の美的な感覚に関わるのかもしれない。

大澤――カントはいろんなかたちで美を定義していますが、一番有名な定義はさきほど言った「目的なき合目的性」でして、たとえば「山がきれいだな」と思ったら、何か理由があってきれいなわけではないけれど、まるで目的があるかのようなふさわしい感じがある。それをカントは美の定義にしているのです。

稲垣――そうですね。確かに美の感覚も人間に特有ですね。「山がきれいだな」という感覚はその背後にある「自然のフラクタル構造だ」と説明することもできれば、そこに何となく神々しさを感じている場合もある。そしてどちらも人間に力を与える。

大澤――ただ西洋の美学だと、もうひとつ崇高《サブライム》というカテゴリーを別に立てるんですね。エドマンド・バーク【46】が最初に論じて、その主題はカントが継承しました。しかし、カントはやはり、崇高よりも美のほうにずっと強い興味を持っていて、崇高については十分に考え抜いていない感じがします。崇高はちょっと調和を崩している感じなんです。ナイアガラの滝を見て崇高な感じがするのは、調和がとれてすばらしいというよりも、すごすぎて調和を崩している圧倒感です。それが崇高という感じをもたらす。美的な対象がもつ「合目的性」を破壊している感じが、崇高をもたらしている。

宗教論に、とくに一神教に関係があるのは、むしろ崇高のほうではないかと思

【46】**エドマンド・バーク** 一七二九―一七九七。イギリスの思想家・政治家。一七九〇年に出版した『フランス革命の省察』（邦訳、みすず書房ほか）で、フランス革命を批判、理性への過剰な信頼や社会契約説を懐疑し、共同体の伝統や慣習のなかに生きる叡智を重視して保守主義の父と呼ばれる。また『崇高と美の観念の起源』（邦訳、みすず書房）では、美と対照的に、恐怖や不安に特徴づけられるものとして崇高を分析した。

います。美であんまり感激するのは、ちょっと偶像崇拝っぽい感じがする。
いずれにしても、美のところにひとつの目的性があって、さらに崇高までいくと、調和を越えた別の目的があるような感覚がする。それでカントは崇高を実践理性の問題とからめて考えてしまったのかもしれません。

稲垣――崇高性は自然を超える人間の道徳の峻厳さが投影されてるのだというなら、いかにもカントらしい。
カントは道徳の基礎づけは実践理性だといい、それはギリシア哲学的な最高善によって保証されるという。しかしそれは基本的にはキリスト教の神の言い換えです。ただ、キリスト教の神の真理性をめぐって宗教戦争にまで至った一七世紀の歴史を踏まえているので、実践理性の導入にはやはり必然性があったのでしょう。

大澤――だから、カントの『判断力批判』はおもしろい。ただ、書かれたのが一九世紀になる前ですから、もしカントが二〇世紀にいたら美についてどう考えたかと思うことがある。
カントは、芸術は完全に自然の美に従属しているという感覚を強く持っています。カントのいう美のモデルは、芸術ではなく、自然現象です。しかし一九世紀の終わりくらいから、絵画はリアリズムから解放され、二〇世紀初頭になると、リアリズムなんかほぼ関係ないといった流れになる。美が、いわば、自然から独立するわけです。はたしてカントが抽象絵画を見て、目的なき合目的性の定義でどう評価するのか、想像するだけでも興味がつきません（笑）。

第3章

近代の呪縛と現代日本の責任

日本のナショナリズムと靖国神社

大澤——近代的な現象は大概そうですが、ナショナリズムもヨーロッパ発です。ヨーロッパの（新大陸の）植民地において早い時期にナショナリズムが出てくるのですが、広い意味でのヨーロッパ世界には違いありません。一方、日本では、明治維新がどのように起こったかという歴史研究はたくさんありますが、世界の標準フォーマットとしてのナショナリズムが日本ではどうなっているかの研究はあまり見あたらない。だから僕はそこにフォーカスして、日本のナショナリズムを世界標準の一般的なメカニズムから考えてみたい。

　ただ、ナショナリズムがヨーロッパ発であるがゆえに、これまた他のいろいろな近代的現象と同様に、ヨーロッパに一番向いているのもたしかです。ヨーロッパの人たちが自分たちの環境のなかで無意識のうちに生みだしてきたものなので、ヨーロッパ仕様になっている。逆にいうと、日本のナショナリズムはヨーロッパの無意識の前提が使えないために、どうしても標準的なものとは異なってくる。稲垣さんが問題にされる靖国問題などもそのことと関係があるのではないかと思います。戦争に負けたことが靖国問題をいっそう複雑化してしまったことは事実

【1】**靖国神社**　明治二年（一八六九年）に明治維新の戊辰戦争の新政府側の戦没者を追悼するために建てられた東京招魂社が、明治一二年（一八七九年）に靖国神社と改称したもの。戊辰戦争、西南戦争、日清・日露戦争、第二次世界大戦などの戦没者、さらに戊辰戦争以前に暗殺された坂本竜馬、

です。しかし靖国神社【1】ははじめから普通の無名戦士の墓とは違う。

稲垣――靖国神社と無名戦士の墓はまったく違いますね。その意味が全然違うのです。靖国神社は死者の霊を祭神として祀る神社で、きわめて日本に特有の宗教施設ですが、無名戦士の墓は遺骨を埋葬する「墓」ですから宗教施設ではありません。どこの国でも戦争犠牲者を追悼する場として設けられています。どちらもナショナリズム喚起の場所になりえるでしょう。ただ靖国の場合は近代日本のスタートにあたって勃発した戊辰戦争によって命を落とした人、それも勝者側の人の霊だけが祀られた特殊な神社です。宗教感情とナショナリズムが絡まった複雑な施設です。

大澤――逆にいうと、日本はいま近代社会に適合する追悼施設という意味での、普通の無名戦士の墓を持たない国になっている。そこから稲垣さんの提案する新しい国立追悼施設という話にもつながっていく。

稲垣――無名戦士の墓はひとつのナショナリズムの象徴であって、普遍的に見られる現象だというのが興味深いのです。靖国神社が東京九段にあり、その斜向かいには千鳥ケ淵戦没者墓苑【2】がある。千鳥ケ淵はまさに戦後、無名戦士の墓としてつくられたのですが、全然一般的にならない。すでに国立追悼施設はここにあるのです。何も新しくつくらなくても。

維新で活躍しながら病死した高杉晋作、偽官軍として処刑されたが名誉回復した相楽総三なども維新殉難者として、計二四六万六〇〇〇以上の霊を祀っているとされる。ひめゆり学徒隊の女学生など女性の合祀者もある。東条英機・広田弘毅など東京裁判で死刑になったA級戦犯（判決前に死亡した松岡洋右や、判決後獄死した平沼騏一郎らも含めて）を一九七八年に合祀していたことが広く知られるようになり、問題となっている。

【2】**千鳥ケ淵戦没者墓苑**　第二次世界大戦において海外で死亡した日本人（軍人・軍属だけでなく民間人も含む）のうち、身元不明者および遺族不明で引き取り手のない遺骨を安置する施設。一九五九年に創設。毎年五月に、皇族・閣僚・遺族代表が参列して拝礼式が行われ、二〇一七年は五月二九日に、常陸宮・同妃、菅官房長官、大島衆院議長、遺族代表二四〇名など約六一〇人が参列。秋にも秋期慰霊祭が営まれ、二〇一六年は一〇月一八日に三笠宮寛仁親王妃、衛藤総理補佐官、仏独などの大使が参列した。（環境省ＨＰや千鳥ケ淵戦没者墓苑奉仕会ＨＰを参照）

大澤――知る人ぞ知る施設のようになっていますね。

稲垣――いったいなぜなのか。なぜ日本のナショナリズムはその特殊性にこだわるのか。無名戦士の墓といえば、イギリスではウェストミンスター大聖堂にありますが、床に埋めこまれ、まわりを花に縁どられた、実に立派な墓碑でした[3]。

千鳥ケ淵が一般的にならないのは、やはり靖国神社と天皇制が深く関係しているからではないかと思うのです。日本が鎖国しているなら靖国に固執して「日本のナショナリズムは特殊だ」と言って国内を説得して終わりかもしれませんが、いまのグローバルな時代に「異質な他者」との接触を回避して日本の特殊性に固執することはできようもない。そういう状況のなかで、日本のナショナリズムを〝普通のナショナリズム〟にするにはどうしたらいいと思いますか。

大澤――世界的に見れば典型的なナショナリズムの時代はとっくに終わっていて、トランスナショナルなアイデンティティを持ったり、ローカルなコミュニティも必要だとか、ナショナルなものをどう相対化するかというのがトレンドです。ところが日本の場合、ナショナルのレベル自体がいびつだったり脆弱だったりする。ナショナリズムだけではありません。思想や政治や文化のあらゆる点で、世界史的なコンテキストで考えたら、すでに乗りこえられていなければならないはずの対象が、日本では「まずそれを獲得しなくては」という周回遅れの状態にある。

【3】イギリスの国家的な戦没者追悼施設には、ロンドン市ホワイトホール街のセノタフ（一九二〇年、ジョージ五世が除幕）とウェストミンスター大聖堂内の無名戦士の墓（同一九二〇年設置）がある。前者は、第一次大戦、第二次大戦、パレスチナ紛争、フォークランド紛争、湾岸戦争などの戦没者（兵士のほか警察官や消防士も含まれるが、一般市民は含まれない）を追悼するための無宗教の巨大な碑である（セノタフとはギリシア語で「空の墓」の意味）。後者はもともと、第一次大戦の身元のわからない戦没者を追悼するため、代表としてフランスから持ち帰られた一体の遺体を埋葬したもの。なお、イギリス国教会に属するウェストミンスター大聖堂は、壁のなかや床の下に遺体を埋葬するタイプの国家的な墓地でもあり、エリザベス一世など歴代の王や、ニュートン、シェイクスピアなどの国家的人物もここに眠っている。無名戦士の墓は、埋葬された床の

ナショナリズムについていえば、多様な視点から考えなくてはいけませんが、まず敗戦の問題があると思います。

稲垣――敗戦とおっしゃるのは、一九四五年ですか。

大澤――ええ。日本は敗戦をうまく受けとめられておらず、いまだに「戦後レジームの……」という言いかたが意味を持っていたりする。

たとえば加藤典洋さん[4]が一九九七年に『敗戦後論』（講談社）という本を書いて、論壇はたいへん盛りあがった。どちらかというと、ネガティブな反応が多かったように思いますが、加藤さんの問題提起は左翼にとっても右翼にとっても機微に触れる議論だったのです。それから一六年たって二〇一三年に、ずっと若い白井聡[5]さんが『永続敗戦論――戦後日本の核心』（太田出版）を発表した。僕はこの二冊は思想的なレベルの高いものとして評価していますけれど、考えてみれば、戦後七〇年以上たっても「戦後」という時代区分が成り立つこと自体が異常です。

逆にいえば、それはまだほんとうの意味での戦後になっていないということなのです。日本人は、大半が実際には戦後生まれになっても、なお敗戦の反響の渦中を生きている。何かトラウマ的な挫折があって、それをうまく処理しきれないまま七〇年がすぎてしまった。そのわかりやすい象徴が、「靖国神社に対して、どういうふうにわれわれは接したらいいのかがよくわからない」という状態だと

上に大きな墓碑が設置されている。

【4】**加藤典洋** 一九四八年生まれ。文芸評論家。著書に『アメリカの影』（河出書房新社／講談社文芸文庫）、『日本風景論』（講談社文芸文庫）、『戦後的思考』（講談社）など多数。

【5】**白井聡** 一九七七年生まれ。政治学者・思想史家。著書に『未完のレーニン』（講談社）、『「戦後」の墓碑銘』（金曜日）など。

思います。

稲垣――戦後処理については、日本は、同じ敗戦国としてドイツとよく比較されますが、隣国からの歴史的評価はかなり違います。結局、自分たちの手で戦後を処理することが日本はできなかったと思うのですが、その理由を考えてきました。

靖国神社に行くと遊就館という博物館がある。そこは靖国史観とでもいうべきひとつの歴史観を提示していて、太平洋戦争（ないし大東亜戦争）は、欧米列強のアジアへの侵略や植民地化に対して、アジアの盟主としての日本が敢然と立ちあがったいわば〝正義の戦争〟だ、というのです。

一九四五年に負けたとき、日本国民が敗戦をしっかり受けとめて、「この歴史観はまちがっていたのではないか」という対話なり議論が、政治的に異なる陣営のあいだで徹底的に行われていればよかった。しかし、そうはならなかった。あるいは、そんな議論は弱かった。原爆などという人類史上で前代未聞の爆弾を二発も落とされて、まだ議論が巻き起こらない。それがなぜなのか、私にとって大きな疑問なのですが、大澤さんはどうお考えになりますか。

大澤――おっしゃるとおり、それは日本近代史の最大の謎のひとつです。過去の話とはいえ、せいぜいわれわれの親くらいの世代の話ですから、そんなに昔のことではない。しかし、よくわからない。その理由はおそらく、戦争の当事者も納得した仕方でそれを乗り越えることができなかったからだと思うのです。

高校や中学の日本史の授業の話をしていて、こういう経験をした人によく出会います。授業が旧石器時代くらいからはじまって、縄文時代や弥生時代、平安時代を勉強して、江戸時代からぎりぎり明治維新、そして日露戦争や大正デモクラシーくらいまでは行くのですが、戦争や戦後までは進めなかったという。それで「歴史は長すぎますね」とか言われるのですが、僕はそれは嘘だと思う。

そんなことを言いだしたら、数学だって理科だってたくさん教えることはある。しかし「やることがたくさんありすぎたから、うちの高校では積分を教えられなかったんですよ」なんてことにはならない。

結局、日本の教育者たちはみんな現代史を無意識のうちに避けているのです。教える側も近現代史をどう説明したらいいかわからないので、無意識のうちにあとのばしにしてしまい、「ああ、三学期になっちゃったね」と言っているだけ。つまり教える側も、あるいは、その上の世代も、日本の近現代をうまく処理できていないのです。僕は戦争に負けるというのがいかに面倒なことか、つくづく考えさせられました。

稲垣――いっそのこと現代からはじめて、逆にたどったほうがいい（笑）。

それはともかくとして、明治維新以降、日本は戦争に三回くらい勝った。ほぼ一〇年おきに、日清戦争（一八九四—一八九五）、日露戦争（一九〇四—一九〇五）、そして第一次世界大戦（一九一四—一九一八）です。第一次大戦は印象が薄いかもしれませんが、ドイツが植民地にしていた南洋諸島を占領するなど、案外いろいろ行動している。あの極東の小さな新興国がどんどん強力になっていくことに世界も驚いた。日露戦争に勝ったときには、白人に勝ったというので、本当に衝撃を与えたと思います。

しかし、どんどん勝ってきたわけですから、国の上層部も、また次の戦争へ向かう意欲があったはずです。現代日本のような平和主義とは全然違っていた。

大澤——もちろん僕も、日本は第二次大戦に負けなければ平和主義にはならなかったと思いますが、それ以上に気になるのが、日本人はいったい何のために戦争したのかがわかっていないのではないかということです。誰もうまく言えない。はっきりいって、当時戦争をやっている本人だって、何のための戦争かよくわかっていなかったのではないでしょうか。

軍部の独走・暴走だという話もよく聞きますが、独断でやったというより上層部や世間を忖度しているところがあって、「やっても問題なかろう」と考えていたと思うのです。

稲垣——そうですよね、何のために戦争しているのか。しかも陸軍と海軍でも少しずつ考えかたが違う。

大澤――上層部も「やっちゃったんならしようがないか」くらいのもので、いや、実際にはとんでもないことなんですけれどね。

稲垣――まったくとんでもない。その「しようがない」という発想が、いまだにくりかえし出てくる。

大澤――僕が思うに、満州国の建国も客観的に見ればとんでもないのだけれど、満州国までは戦略的な計算が多少あったと思います。対ロシア防衛というか対ソ連防衛です。日中戦争【6】のほうが計算外だった。しかも当事者はおそらくすぐ終わると思っていた。ところが、「いったんはじめたらとまらなくなった」という状態に陥っていく。

稲垣――しかし満州事変の立役者の石原莞爾《いしわらかんじ》は【7】一九二〇年代から対米戦争を考えていて、その準備として中国をわがものとし、中国をいわば原材料供給地として「アメリカと一戦やるんだ」と威勢のいいことを言っていたのではないでしょうか(「戦争を以て戦争を養う」石原『戦争史大観』より)。

大澤――それはそのとおりですが、石原は日中戦争には反対でしたし、そこまで短期的に考えていたわけではないと思います。

稲垣――じゃ政治家は、長期的な視点で、日本の歩むべき方向性を見ていたのか。

【6】**日中戦争** 日本では一般的に、一九三七年の盧溝橋事件を発端とし、一九四五年の終戦までつづいた日本と中華民国との戦争を指す。なお、いつを起点とするかについては、一九三一年の柳条湖事件ないし満州事変を起点とする見方などもある。

【7】**石原莞爾** 一八八九―一九四九。日本陸軍の軍人で、退役時は中将。参謀として満州に赴任し、一九三一年には謀略をもって満州を占領(満州事変)、翌年、満州国を建国。しかし満州国の経営方針の違いや日中戦争の不拡大を主張したことなどで東条英機ら他の陸軍幹部と対立、幾度もの左遷のすえ一九四一年に予備役編入となる。一九四〇年刊行の『世界最終戦論』で、日本を中心とする東亜連盟とアメリカ合衆国の最終戦争は不可避とした。石原の構想は一九二九年にはすでにあり、これに基づいて満州事変を起こしたとされる。

知識人はどうだったのか。第一次大戦以後、戦争とは単に軍事力だけではなくいわゆる総力戦だ、という意識が出てきていました。だから第一次大戦以後、満州事変までの平和な十数年間の国内の動きは重要です。大正デモクラシーの時代であり民本主義を唱えた吉野作造【8】などの活躍が記憶されるべきだと思っています。私が関心をもっている賀川豊彦も民衆に向けてのベストセラー『死線を越えて』を出しましたし、吉野作造とも交流がありました。当時の国内資本主義の進展のなかでの労働者の窮乏に対し、賀川は鈴木文治と一緒に神戸で友愛会を設立し労働運動に身を挺しました。関東大震災（一九二三年）の折には神戸からいちはやく東京に駆け付け救援活動、セツルメント設立、たすけあいによる生活立てなおしのための協同組合運動などを民衆に指導しました。

とはいえ石原莞爾も含め、当時の軍部の指導層には、日本は決して東洋の小国ではなく世界に互して戦える大国であり、半周遅れの近代化だけれども自分たちは強いという自負があったには違いない。

大澤――それはおっしゃるとおりです。つまりヨーロッパのまねをした。

ただ、本家ヨーロッパではそういうやりかたは時代遅れになりかけていた。一九世紀までは戦争は政治の手段でした。ヨーロッパ内でも戦争をするし、非ヨーロッパは搾取すべき領域にすぎず、どうやって植民地化し経営するかというだけ

【8】**吉野作造**　一八七八－一九三三。政治学者・思想家。民本主義を説き、政治の目的は民衆の利益・幸福にあるとして、政治の運用を民意に基づくものにすべく普通選挙と政党内閣制を主張した。「民主主義」としなかったのは、主権のありかを問わないためだという。民本主義を説いた論文に「憲政の本義を説いて其有終の美を済すの途を論ず」（一九一六年）など。

の話で、ヨーロッパ以外の人々の人権なんて問題にもならなかった。日本もそれを見て「先進国はそれでいいのだ」と思い、自分たちもやってみようとした。

歴史的にいえば、日本は東アジアのなかでもどちらかといえば後進国でしたが、いちはやく西欧化に向かいましたから、もともと自分が東アジアの中華文明の辺境、あるいは外部であったことを忘れてしまうくらいでした。その流れのなかで朝鮮半島を植民地化したし、想像力のたくましい石原莞爾などは「日本はアジア全体の盟主になって、最後の日米決戦で勝負だ」という、ひとつのコスモロジーとすら呼べるものをつくりあげた。

一方ヨーロッパでは、一九世紀の終わり、ないし二〇世紀のはじめごろから流れが変わってきた。決定的だったのは第一次世界大戦です。これで「侵略戦争を政治の手段として使うのはもうダメだ」となった。にもかかわらず、第一次世界大戦の激戦に参加しなかった日本は、その変化を実感できず、「もうダメだ」と思われている手段がまだ使えると思って実行し、いわば、厳しく叱られてしまったわけです。

日本にしてみれば、中国への侵略は先進国ならやってもいい当然の搾取であり、ヨーロッパがアジア諸地域を植民地化したのと同じにすぎない。「ヨーロッパも同じことをやっているのに、なぜおれたちだけ怒られるのか」と理不尽を感じたでしょう。しかしヨーロッパからすれば、もうダメだといっているやりかたをいまだに勇んでやっている日本は困ったやつにしか見えない。

だから日中戦争に関していうと、むしろ惰性というべきで、何らかの大義とか特定の理由があったとは思えないのです。だから負けたときに「何がいけなかったのか」と問うこと自体がむずかしい。

さらにもうひとつ大きな問題があって、戦争に負けたというとき、誰に負けたのか。みんなアメリカに負けたとは思っていますが、中国に負けたとは思っていない。しかし、中国は戦勝国のひとつです。加えて、朝鮮半島については、自国の一部でしたから、頭に浮かびもしない。でも朝鮮半島の視点からすれば、日本の敗戦によって植民地状態から独立したわけですから、日本に勝ったという感覚があるわけです。日本から見れば、別に独立戦争があったわけでもなし、朝鮮半島に負けたなんて気分はかけらもない。そこに認識と感覚の不一致があるのです。

天皇イデオロギーとありえた日本

稲垣――もっとも三・一独立運動[9]というのが一九一九年にありました。

日本に関していえば、幕末から明治維新以降にかけて、尊王攘夷から尊王開国

【9】**三・一独立運動**　一九一九年三月に日本統治下の韓国で起きた独立運動。第一次世界大戦後の民族自決の機運に乗って、パリ講和会議で独立宣言を行おうとした韓国の民族指導者三三人が逮捕されたことに端を発し、韓国各地で民衆が太極旗を振り、独立万歳を叫びながら示威行進を行った。朝鮮総督府は軍および警察力をもって弾圧したが、運動は約三か月つづいた。死者数千人、負傷者一万五〇〇〇人、五万人近くが逮捕されたという。後述の提岩里事件もこの運動の余波といえる（二三七頁本文参照）。

この運動のあと韓国内の独立運動は鎮静化したが、中国の上海に、金九や李承晩らによる独立運動組織・大韓民国臨時政府が結成された（のち重慶に移動）。ただし日本軍と具体的に戦ったことはなく、国際的に地位が承認されたこともない。一九四五年の日本の敗戦後、連合国の軍政を経て、一九四八年に韓国および北朝鮮が成立したが、

に至り、ヨーロッパやアメリカと貿易をし技術移入をして国を富ませるというかたちでの近代化は、当時の日本のコンセンサスになっていたと思うのですが、その流れを導いた思想は何だったのでしょうか。その流れが七〇年くらいして広島・長崎の惨禍に帰結したに違いないのですけれど。

　欧米に追いつくために天皇を中心にした近代国民国家を築く、その特殊性はやはりもう一度、日本思想の問題としてきちんと吟味されるべきだと思います。明治維新に次ぐ対外的な日本の危機に対して昭和維新などと唱えられて、軍部だけでなく思想界が加担していったわけですから。

　私が日本におけるキリスト教の歴史などを見て思うのは、開国以来、いろんな思想がどんどん入ってきたけれども、そのうち「日本＝天皇」というイデオロギーに収斂して、それを中心に急激な知識の吸収と富国強兵に向かったということです。その結果、キリスト教だけではなく新興宗教も弾圧された。有名なのは大本事件【10】で、大本教は本当にひどい弾圧を受けている。

　信教の自由といえば、現在の日本国憲法は二〇条で「信教の自由は、何人に対してもこれを保障する」として無条件で保障していますが、明治二二年公布の大日本帝国憲法の場合、二八条は「日本臣民ハ安寧秩序ヲ妨ケス及臣民タルノ義務ニ背カサル限ニ於テ信教ノ自由ヲ有ス」と条件つきになっている。

この大韓民国臨時政府と韓国の連続性が主張されることもある。

【10】**大本事件**　大本（俗に大本教ともいう）は、開祖・出口なお（一八三七―一九一八）が神憑りとなり自動書記（お筆先）で神の言葉を書き綴ったことから誕生した神道系の新興宗教。審神者としてカリスマ的宗教者・出口王仁三郎（一八七一―一九四八）が加わったことで教勢を拡大。大正、昭和と二度にわたって弾圧されたが、とりわけ昭和一〇年からの弾圧は、三〇〇万ともいわれる膨大な信徒や、王仁三郎が右翼の大物らと結成し、軍人の賛同も多かった昭和神聖会が問題視され、反乱のおそれがあるとして警察が急襲、四〇〇人弱を治安維持法違反および不敬罪の疑いで検挙、うち六一人が起訴され、そのうち一六人は拷問で死亡した。書物は販売禁止に、メディアも邪教として非難をやめず、信者たちは非国民として迫害され、教団施設はすべて破壊、土地も接収され、大本の活動は不可能になった。裁判の第二審で治安維持法については全員無罪、不敬罪については一部有罪とされたが、敗戦の大赦礼でこれも消滅。土地も戦後返還された。

ここでの「信教の自由」「臣民の義務」について、明治憲法翌年に出た教育勅語をめぐってキリスト教界は内村鑑三の不敬事件【11】（一八九一年＝明治二四年）以来、内村を援護して戦う姿勢があったのですが、それはやはり不十分でした。たとえば植村正久【12】は「吾人は新教徒として、万王の王たるキリストの肖像にすら礼拝することを好まず、何故に人類の影像を拝すべきの道理ありや」と『福音週報』に書くのですが、ただちに当局から発禁処分を食らいます。ヨーロッパ近代で出た抵抗権は日本ではネットワーク化されることはなく潰されたのです。

その前の、大体明治七年ころからはじまったといわれる自由民権運動の時代は、かなり自由な議論が可能だったように思います。とすると、天皇を中心とした国づくりに日本の方向性が憲法として定まったところで、流れが決まったのかなと思う。憲法起草時の伊藤博文の有名な言葉「我国にあって基軸とすべきは独り皇室あるのみ」が思い起こされます（三谷太一郎『日本の近代とは何であったか』岩波新書、二〇一七年、第四章参照）。

日本の特殊性といってしまえばそれまでですが、欧米へのコンプレックスがあって、知識層・指導層のなかに、国民をひとつにまとめて、欧米に早く追いつかなくてはならないという意識がよほど強かったのでしょうか。別に大国にならなくても、たとえば中程度の国でもよかったのではないか。

【11】**内村鑑三の不敬事件** 一八九一年一月九日、キリスト教思想家・内村鑑三（一八六一―一九三〇）が第一高等中学校（現・東京大学教養学部）の教員だったとき、前年に発布された教育勅語の奉読式で、勅語の天皇宸筆に最敬礼しなかったことが不敬だとして教員仲間や生徒から批判され問題になった事件。同年二月に内村は同校を退職した。

【12】**植村正久** 一八五八―一九二五。キリスト教神学者・牧師。カルヴァンの流れを汲む日本のプロテスタントの指導者で、東京神学大学の前身のひとつ東京神学社を設立。根本主義や聖書無謬説などを批判した。

【13】……この小国のけっして侮るべからざる国であることがわかります。この国の面積と人口とはとてもわが日本国に及びませんが、しかし富の程度にいたりましてははるかに日本以上であります。その一例を挙げますれば日本国の二十分の一の人口を有するデンマーク国は日本の二分の一の外国貿易をもつのであります。すなわちデンマーク人一人の外国貿易の高は日本人一人の十倍に当るのであり

確か、内村鑑三もそんなことを言っている。デンマークについて、小さな国だが、平和で、みんなが幸福を享受していると高く評価しています。[13]日本も東洋のなかで小国なり中くらいの国をめざしていれば、それなりに幸福な日本の歴史があったかもしれないと思う。しかし同時に、当時はいわゆる帝国主義的な弱肉強食の時代だったから、そんなことを言っている場合ではなかったのかもしれない。とはいえ、そのあとも石橋湛山[14]のような人は小国主義[15]を主張しつづけたわけですから、「小国でもモラルによって立つ日本」という課題は今日でも引き継ぐべきテーマでしょう。

大澤——過去の日本がどうすればよかったかを考えるのはむずかしいです。明治のはじめにはまだ不平等条約もありましたから、それを改正するためにも、日本を少しでもヨーロッパのスタンダードに近づけようとするのは仕方がなかった。

また小国というなら、現在でも日本は実際問題として小さな国なんですね。「小国ながらも存在感のある国になるべきだ」と一般論としてはよくいわれますが、具体的にどうすればそうなれるのかを考えても、結局何もない。

たとえばデンマークと日本が一番違うのは、デンマークはヨーロッパの国だということです。西洋列強のなかにあっても、ヨーロッパの兄弟愛のようなものに支えられている。

ます。もってその富の程度がわかります。ある人のいいまするに、デンマーク人はたぶん世界のなかでもっとも富んだる民であるだろうとのことであります。すなわちデンマーク人一人の有する富はドイツ人または英国人または米国人一人の有する富よりも多いのであります。実に驚くべきことではありませんか。（内村鑑三「デンマルク国の話——信仰と樹木とをもって国を救いし話」初出・『聖書之研究』第一三六号、一九一一年。内村鑑三『後世への最大遺物・デンマルク国の話』岩波文庫より）

【14】**石橋湛山**　一八八四―一九七三。政治家・ジャーナリスト。一九一一年に東洋経済新報社に入社、ジャーナリストとして民主主義を唱え、台湾・満州・朝鮮半島などの大陸の権益を放棄し貿易立国を説く小日本主義を主張、戦中は戦争の長期化を批判する論を展開、終戦後の一九四五年には靖国神社廃止論を説いた。その後、政界に進出し、一九四六年の第一次吉田内閣では大蔵大臣。一九四七年に公職追放にあうも、一九五四年の第一次鳩山内閣では通産大臣。一九五六年には第五五代総理大臣に就任したが、病気のためわずか

それに対して日本は辺境の国です。ヨーロッパに対して極東という辺境にあるだけではなくて、東アジアにおいても、日本は中華文明の中心にいたわけではなく、中華秩序の外にある「化外の地」。二重の辺境なんですよ。

たまたま近代化したときにスタートダッシュがよかったので、「自分たちはもともと東アジア一番の先進国だった」ような気分になっていますが、実際にはハンディキャップばかりです。だから近代化においては、ある意味では、明治政府のとった方向性しかなかった気がします。

近代の天皇制に関していえば、ヨーロッパにおけるキリスト教の機能的等価物として、導入されたわけですね。伊藤博文などの明治維新のリーダーたちは、すぐに、ヨーロッパでキリスト教が果たしている特別な働きに気づいて、日本にもそれに対応するものが必要だと考えた。プロイセンの公法学者のグナイストは、「仏教」を国教化したらよいとアドバイスしたそうですが、多分、仏教はキリスト教の等価物にはならなかったでしょう。しかし、結局、天皇制とキリスト教では内容が違いすぎて、ほんとうの意味では「等価」には機能しなかった、ということだと思います。

稲垣――ちなみに石橋湛山は自覚的な仏教徒でした。

文化面に目を転じてみたいと思います。日本は近代科学をすばやく吸収して、

六五日で退陣した。

【15】**小国主義** 吾輩は我が国が大日本主義を棄つることは、何らの不利をわが国に醸さない、否ただに醸さないのみならず、かえって大なる利益を、われに与うるものなるを断言する。朝鮮・台湾・樺太・満州という如き、わずかばかりの土地を棄つることにより広大なる支那の全土を我が友とし、進んで東洋の全体、否、世界の弱小国全体を我が道徳的支持者とすることは、いかばかりの利益であるか計り知れない。もしその時においてなお、米国が横暴であり、あるいは英国が騎慢であって、東洋の諸民族ないしは世界の弱小国民を虐ぐるが如きことあらば、我が国は宜しくその虐げらるる者の盟主となって、英米を膺懲すべし。この場合においては、区々たる平常の軍備を擁するとも、自由解放の世界的盟主として、背後に東洋ないし全世界の心からの支持を有する我が国は、断じてその戦に破るることはない。……（石橋湛山記念財団HPの石橋湛山語録「重箱を集むる愚」より引用）

いちはやく世界のトップレベルに追いついていています。医学研究でも、北里柴三郎【16】は一九〇〇年の少し前に、血清療法の発見やペスト菌の発見、破傷風菌の培養と赫々たる業績をあげている。野口英世【17】もいるし、物理学では日本で最初のノーベル賞をとった湯川秀樹【18】もいる。他のアジア諸国に比べて圧倒的でした。そういう意味での日本人の能力は、ヨーロッパから来た科学や技術の吸収力についてでは本当にすばらしい。ただ、もうひとつの部分といいますか、「和魂洋才」というときの「和魂」。これがどうもしっかりしない印象なのです。

もちろん洋才といっても、すべてがヨーロッパから来たということではなく、日本にもそれなりの基礎があってはじめて可能だったのだと思いますが、ヨーロッパから吸収した科学や技術に釣りあうくらい和魂がしっかりしていれば、あんなぶざまな戦争にはならなかったのではないか。和魂と洋才がひどくアンバランスだったのではないかと思う。そしてそのアンバランスが悲劇的結末を招いたのではないか、とも思う。それほど科学や技術が発展していなければそれなりの小国で健全にバランスがとれていたかもしれない。

たとえばワシントン海軍軍縮条約（一九二二年）で、各国の保有する軍艦の総排水量をアメリカとイギリスを一〇とすると日本は六と決められて（フランスとイタリアは三・五）、日本が不満を持って、「七にしてくれ」と主張するが認めら

【16】**北里柴三郎**　一八五三―一九三一。医師・細菌学者。本文のとおり血清療法の発見や破傷風菌の培養、ペスト菌の発見など赫々たる業績をあげた。学問上の見解の違いで恩師の説を批判し、恩師や東大医学部と対立したはてに北里大学の母体である北里研究所を創設。また慶應義塾大学医学部を創設し、初代学部長に就任。日本医師会初代会長でもある。

【17】**野口英世**　一八七六―一九二八。細菌学者。アメリカのロックフェラー研究所の研究員として蛇の毒についての基礎研究や梅毒スピロヘータの純粋培養などの業績をあげた。一方でのちに誤りとされた研究も多い。黄熱病の研究中、自身も罹患し死去。貧しい家に生まれ、火傷で左手が不自由ながら、努力で成功を収めた立志伝中の人物として偉人伝の定番である。

【18】**湯川秀樹**　一九〇七―一九八一。理論物理学者。原子核を構成する陽子や中性子を結合させる「強い力（核力）」を媒介する粒子「中間子」の存在を予言したことで、日本人初のノーベル賞を受賞した。

れず、結局、一九三四年に条約を破棄し、戦争の方向に向かっていく。しかし考えてみれば軍艦の建造というのは大した造船技術で、日本国民の科学技術の能力は凄かったというほかない。その一方で、自分の能力を日本はうまくコントロールできたとは思えない。科学技術の〝暴走〟は、今日でもいえる大問題なのです。

だから、能力をコントロールするための魂というか精神がなぜダメだったのかということを問わなければいけないのです。哲学や思想については東洋にもかなりのものがあった。高度な儒教も仏教もあった。そのあたりのアンバランスがめぐりめぐって原爆や敗戦につながった。

もし日本が、軍艦の割合が六割でも、あるいはそれ以下でも我慢でき、経済圏についても、植民地を求めて海外に進出しなくてもいいような小国、あるいは中くらいの国であれば、あれほどひどい状況にはならなかったと思う。中くらいなら中くらいの国なりにバランスがとれて、無謀なことをする必要はなかったという気がするのです。

天地公共の実理

大澤――僕は「和魂洋才」という基本方針自体に無理があったと思います。たしかに明治以降、日本は和魂にこだわりがあるように見せることもありますが、本当に和魂にこだわっていたら、近代化は絶対に無理です。科学技術やエンジニアリングだけヨーロッパのものを持ってきて、それを使う人間は和魂だというわけにはいかない。科学技術と精神は全体としてセットになっている。実際のところ日本がヨーロッパに惹かれたのは、「洋才」にだけ惹かれたわけではなく、「洋魂」にも惹かれたのだと思います。

日本が世界で尊敬される立場になろうとするとき、たとえば「日本は儒教がすばらしいね」というだけで尊敬されるでしょうか。絶対に無理です。

だから「和魂」と口では言いつつ、実は、和魂は打ち捨てているのです。もっとも長い歴史と伝統のうちに、和魂で体がつくられているので、捨てようとしても簡単に消せるわけではない。しかし開国した日本はどうしようもなくヨーロッパの精神——もちろんそこにはキリスト教も含まれますが——に惹かれていた。だからヨーロッパのまねをして制度や法律をつくったり、文化を導入したりした。ただ、それらはみんな中途半端だった。さきほど稲垣さんが触れた信教の自由だって、ヨーロッパにとってそれがどんなに重要であるかぴんと来ていないので、中途半端な導入の仕方をしてしまった。「和魂洋才」といいながら「和魂も洋魂もほどほど」になっている。

別の例を出すならば、なぜ日本のほうが中国より早く近代化できたかというと、中国のほうは中華魂が強かったからです。日本の和魂は比較的やわだった。だから西洋化するのに抵抗が弱かった。

これはいまだにそうです。中国はヨーロッパふうの政治システムとなじみが悪くて、ヨーロッパから見れば非民主的な方法で政治を行っている。でも考えてみれば、この政治体制は中国の伝統的なやりかたに近い。いわば共産党王朝になっていて、皇帝たる党主席が次世代の皇帝にふさわしい人に地位を禅譲しているんです。現在の共産党政権も、中国の伝統的な「天」や「皇帝」のシステムのちょっとした変形です。もちろんそれは、今日の世界標準になっている政治的な価値観から見ると、必ずしも高く評価されるものではないのですが。

だから日本がもし和魂に凄くこだわっていれば、近代化はうまくいかなかったに違いない。実際には少し洋魂のまねをしたけれど、あまりうまくいかなかったわけです。手づまりなんです。

にもかかわらず明治維新から七〜八〇年たった二〇世紀の序盤くらいのところで、世界の第一線に並んだような感覚をいだいた。戦争を三つも勝った。石原莞爾も誇大妄想っぽいところがありますが、人間、気持ちが大きくなるものです。もちろん石原莞爾クラスになると、それなりの想像力があるので、今日のわれわれが読むだけの価値がある構想が出てくる。われわれの学問に近いところでは、京都学派の哲学が出てきた。こちらもそれなりのレベルがある。日本人もなかなかのものだという自負心が湧いてきます。それで「近代の超克」[19]なんてことを言いはじめた。

稲垣――「近代の超克」という思想は、まさに第一次大戦のあとにヨーロッパに登場してきたものですね。ヨーロッパという理性の誇りを持っていた諸国民が、なぜこんな無茶苦茶なやりかたで殺しあって、廃墟と膨大な死者の山を築いてしまったのか。ヨーロッパ近代には欠陥があって、克服しなければならないのではないか。ヨーロッパの知識人はこうみずからに問うた。では日本の知識人はどう考えたのか。ヨーロッパ近代を超克するのは、日本においてはやはりアジア主義ではないか。そういう考えが出てきた。

だから私は、和魂なりアジア主義というものをもう少し丁寧に見てみたい。当時の人たちが見れば、それなりによいものがあったはずです。

土着の神道に対して仏教も六世紀ころには伝来した。儒教も五〜六世紀には伝来していたでしょう。仏教にはもともと哲学として深い内容があり、特に鎌倉新仏教の興隆は仏教の宗教改革にもたとえられるくらいで、庶民のなかにも高度な救済観を浸透させたと思います。一六世紀にはキリスト教伝来でキリシタンも登

【19】**近代の超克**　戦争中の一九四二年（昭和一七年）七月に開催され、『文学界』の同年九・一〇月号に掲載された座談会および座談会参加者の論文特集のタイトル。参加者は西谷啓治、吉満義彦、下村寅太郎、小林秀雄、亀井勝一郎、林房雄など、哲学者・評論家・物理学者・詩人ら一三人。西欧近代の克服、すなわち民主制、資本主義、自由主義、西欧の世界支配の克服を論ずる。

場し、かなりバラエティに富んだ思想状況が日本に生まれた。それらが重層的に積み重なって、江戸時代の終わりくらいまでに、広い意味で和魂と呼べるものになったと思う。

たとえば近代の超克を担うことになった和辻哲郎[20]。彼は、それなりにデカルトからハイデガーまでの解釈学など当時の最先端の哲学を吸収し、その研究を通して「風土」論のような面白い発想で日本を位置付けました。その彼が日中戦争勃発の直後に「いまや西洋人に追いついた日本人はヨーロッパ一流文明に代わる世界史的任務を課せられている」などと戦争肯定を思想面で書いている。ヨーロッパ個人主義を超克すると称して「間柄主義」を提唱し、共同体の重要性を主張しています。もちろんそれはいいのですが、その共同性も実は、私の視点からいえば、同質者の集団いわば「ムラ社会」の倫理学的基礎づけとなってしまっています。「異質な他者」を含むという発想はない。また「公共性」の必要性も言及しています。それ自身確かに卓見なのですが、私の視点から見ると実に巧妙で、日本思想史を踏まえたうえで、その「公共」とは「公」と同じことだと主張し、なんと最終的には天皇への忠誠にいってしまう(『倫理学』下)。これはある種の公共哲学ではありますが、「公」「公共」を区別する私のめざすものとは全然違う。

私が公共哲学を研究していて出会った人に、幕末期の横《よこ》井《い》小楠《しょうなん》[21]がいます。肥

【20】**和辻哲郎** 一八八〇―一九六〇。哲学者・倫理学者。西洋哲学と日本思想を綜合的に研究し、『ニイチェ研究』『倫理学』『古寺巡礼』など幅広い著作をものした。また『風土』は気候・風土と文化・思想の関係を探究したもの。間柄主義は『倫理学』に見られる思想で、人間を独立した個人でもなく、共同体に埋没するものでもなく、その両者が相互浸透し、相互に規定された「間柄的存在」と見るものである。

【21】**横井小楠** 一八〇九―一八六九。肥後出身の儒者。藩政改革を試みて挫折、福井藩の松平春嶽に招聘され政治顧問となり、幕政改革に尽力した。のち明治政府に出仕したが、「開国して日本をキリスト教化しようとしている」という根拠なき嫌疑をかけられ暗殺された。朱子学をベースにしながら、「公議のもとに公論をもって公共の政治を行う」ため、身分差

後（熊本）出身の儒者で、大塚退野《おおつかたいや》に学び、非常に開明的な儒教を展開する。彼の「大義」は主君に仕えるなんて狭いものではなく、四海全体にひらかれたもので、天の大義に適えば欧米諸国と対等に貿易もしてよいが、侵略をめざしてやってくるならば断固戦うという。当時、極東の一隅でここまで練られた思想があったのは驚くべきことだと思います。また彼の「天地公共の実理」という言葉が、私の公共哲学の発想にあって、決して「パブリック・フィロソフィ」という西欧から輸入した概念の翻訳ではない。「天地公共の実理」をはじめとする良質な儒教の伝統との対話のなかで、日本にとってよいものを生かし、もちろん欧米のよいものと照らしあわせつつ、双方を豊かにする思想性をめざしたいと思ってきた。

　しかし、日本の戦後はどうなのか。和辻的なものの反動としての戦後リベラリズム、またその反動としての日本回帰。多くの試みがありました。しかし戦後すでに七〇年がたって、われわれは何らかの原理《プリンシプル》を見つけることもできず、ふらふらしているという印象しかない。それでも私は、和魂を否定するのではなくて、その重層性に着目し、もしかしたら多元主義のよい面を生かしながら、日本ならではのものが生まれるかもしれないという希望を持っています。そのあたり大澤さんに何かいいアイデアがないか教えていただけたらと思っているのです。

のない議論と禅譲による権力の委譲を理想とし、アメリカの共和制を「公共の天理」の実現とみなした。開国については、「有道の国は通信を許し、無道の国は拒絶するの二ツなり。有道・無道を分かたず一切拒絶するは天地公共の実理に暗くして、遂に信義を万国に失ふに至るもの必然の理なり」と語っている。

カントはなぜ現代でも意味があるのか

大澤――おっしゃることはよくわかります。ひとつ注意したいのは、僕たちが思想について、いてアカデミックに研究するときは、文献を読んで、そこに書いてあるものについて考えますが、実は思想は、その文献が書かれたときに人々が直面している実際上の問題――生きる上での問題であったり、政治上の問題であったりする――のなかから生まれてきているので、それらの問題との対応がなければ、本当の意味では根づかないのです。

江戸時代において儒学や国学はかなり独創的な展開を見せますが、これもやはり近世の状況と深く結びついていると思うのです。

仏教にも非常にレベルの高い思想が登場する時期があります。でも、江戸時代にはさっぱりです。鎌倉仏教の場合は鎌倉時代の状況を前提とし、その必要に応えるかたちで、たとば浄土思想なり禅なりが登場する。

であれば、現在のわれわれが思想を評価するには、われわれがいま直面してる問題――プライベートな状況もあるかもしれないし、政治的な問題もあるかもしれませんが――のなかで、その思想がどう生きるかが基準にならざるをえない。

ヨーロッパの思想であっても、中世のスコラ哲学のようなものは、おそらくいまの状況にすぐ使えるものではないでしょう。でも、それが展開を重ねながら近代哲学になり、その近代哲学の理念やエトスが、若干劣化させられながらも、現実の政治形態に反映しているので、西洋では伝統思想に立ちかえることで、現在直面してる問題に答えうるのです。

日本についていえば、本居宣長[22]を読んで現在の日本の問題に応えるのはおそらく無理でしょう。しかしカントを読めば、それが現代日本の問題であっても、何かヒントを得られるかもしれない。

それでも僕は、日本のなかに何かあるに違いないと思えばこそ、『日本史のなぞ』（朝日新書）のような本を書いていますが、そのときはかなりアクロバティックな探究の仕方をしているのです。比喩的にいえば「歴史の無意識を探る」といいますか、過去においてその時代の人々が意識的に対応しようとしたものは、現在の僕たちが直面しているものとはだいぶ違うけれど、彼らが気づかずに構築している原理のなかに、現代の僕たちの参考になるものや、現在の僕たちのうちにしらずしらず継承されているものがあるかもしれないので、それを見つけだそうとするのです。

稲垣――まったく賛成です。われわれがいま生活しているなかでぶつかっている

【22】**本居宣長**　一七三〇－一八〇一。江戸時代の国学者。『古事記』の注釈書である『古事記伝』を執筆し、『古事記』の価値を知らしめた。儒教など中国由来の思想を批判し、日本古来の精神「やまとごころ」を重視、国学を大いに発展させた。著書は『玉くしげ』『直毘霊』『源氏物語玉の小櫛』等多数。

基本的問題から、思想や哲学を議論していくべきだということですね。いまのお話のなかで興味深いのは、本居宣長よりもカントのほうが現代のわれわれにフィットするということです。非常に重要だと思うのですが、では、なぜそうなのか。

カント（一七二七―一八〇四）と本居宣長（一七三〇―一八〇一）はほぼ同時代人です。でも、カントはいまでもおもしろく、得るものがある。宣長は古代のことをいろいろ議論しているけれど、いまわれわれの前にある科学技術や民主主義や資本主義といったものについて考えるとき、宣長から何かヒントを得るのはむずかしい。

ということは、われわれの日々の生活は、西欧近代が生みだした大きな文化のなかにどっぷりと浸かっているということです。特に科学技術が生みだした影響力は、それが先進国も発展途上国もない。だから日本にいるわれわれも、ヨーロッパ近代についてわれわれなりに整理し、摂取できるものは摂取し、よいものは日本のなかで伸ばして、創造性と対話の積み重ねで、重層的な何かを東アジアでつくれればいい。

もちろん西洋近代が生みだしたもののなかには、よいものもあるし悪いものもある。そのあたりの取捨選択をどのようにしていくべきかは考えどころです。民主主義もへたをすればポピュリズムという方向に扇動されるし、資本主義もそのまま放置すれば格差社会を生みだしていく。科学技術も生命科学の最前線では生物種としてのヒトの意味を操作して変化させていくし、倫理的な問題を続出させることになる。

イチローはいかに野球を変えたか

大澤——ヨーロッパも本当は行きづまっています。強い言いかたをすれば、第一次世界大戦のあとにヨーロッパはいったん終わったともいえる。（シュペングラーの）『西洋の没落』が典型ですが、第一次大戦から第二次大戦までのいわゆる戦間期に、ヨーロッパ、特にドイツ語圏では、終末とか没落とか死とかをテーマとする思想的な書物がたくさん出ます。じつは、『存在と時間』もそういう本の系列に属します。だいたい同じ頃、日本でも「近代の超克」という話が出た。その後、第二次世界大戦によって、ヨーロッパは、いわばもう一度リセットボタンを押したのです。

しかし、現在、やはり行きづまってしまった。「ヨーロッパが順調なのでまねしよう」といえる状況では決してない。「EUが世界の理想のモデルになるかもしれない」といった期待が一時期ありましたが、そう簡単にいかないことは日々明らかになっています。ヨーロッパのある部分を移植して、新大陸で力をつけて世界のリーダーにのしあがったアメリカも、トランプ大統領は誕生するし、経済格差も拡大し、社会問題にも事欠かない。ここ数年だけを見てもこのありさまですが、二〇世紀の終わりくらいからのもう少しだけ長いスパンで見ても、ヨーロッパは自己反省してやりなおさなければいけない時期に入っている。

だから、われわれがヨーロッパのやりかたを摂取しなければどうにもならないのは確かだとしても、ヨーロッパもうまく行っていないことを考えれば、僕たちの歴史的伝統のなかにあるものを活用するチャンスでもある。ただ、それには相当な想像力が必要です。僕が「こうすればいい」と思うイメージは、実はイチロー[23]なんですよ。

稲垣――イチロー？　どういうことですか？

大澤――野球は、日本の伝統芸能でも日本固有のスポーツでもなくて、アメリカ発祥のインターナショナルなスポーツです。その野球でイチローがなぜあれほど成功したか。それは、イチローがある意味で野球というスポーツの定義を変えてしまったからです。

アメリカ野球の基本は、ピッチャーとバッターの対決です。ピッチャーは速い球と切れのいい変化球を、バッターは豪腕を持っている。そしてふたりでホーム

【23】**イチロー**　一九七三年生まれ。野球選手（外野手）。本名、鈴木一朗。日本プロ野球と大リーグ通算安打の世界記録、および最多試合出場の世界記録保持者である。日本プロ野球では首位打者七回（七年連続）、最多安打五回（五年連続）など多くの記録を打ち立て、大リーグでも首位打者二回、盗塁王一回のほか、シーズン二六二安打の世界記録など多くの記録を樹立している。

ランを打つか三振をとるかという勝負をしている。もちろんヒットも二塁打や外野フライもありますが、たとえばレフト前ヒットを打った場合、一応はバッターの勝ちとされますが、アメリカ野球の感覚としては完全な勝ちとはいえない。

ところがイチローは、そういう野球をやらなかった。

バッターがサードゴロを打つ。普通の感覚だと「勝負あり」。ピッチャーとバッターの勝負でバッターが負けたのです。サードやファーストはボールを処理するだけ。

ところがイチローの場合、ボールがグラウンドに転がりはじめた瞬間から勝負がスタートする。サードがもたもたしていると、イチローが先に一塁に着いてしまうかもしれない。球場全体が緊張しはじめる。「ちょっとでもファンブルしたらセーフだぞ」と手に汗握る。つまりイチローは野球の新しい楽しみかたを教えることで、野球を変えてしまったのです。

そのうえで僕はこう思う。もちろんイチローには凄い才能と血のにじむ努力があったのでしょう。しかし彼のような人がアメリカから自然発生することがありえただろうか。僕にはありそうに思えない。イチローは意識していないかもしれませんが、あれは日本だから生まれた野球のスタイルではないだろうか。

イチローも自分の身体的な特徴をどう生かせばいいのか、いろいろ考えたのだと思います。みんなあまり気がついていませんが、イチローのおかげで「ヒットを何本打ったか」を気にするようになったのです。それまでは打率は気にしても、ヒット数はどうでもよかった。もちろん最多安打という記録は昔からありますが、イチローが出てくるまでは重要な記録ではなかった[24]。

ところがイチローは、打率でなくヒットの本数に重点を置いた。なぜかというと、そのほうが楽しいからです。

いま打率が三割五分だとします。高打率ではあるが、次の打席では六割五分失敗するということでもある。期待値としては、打席に立てば立つほど打率を下げる可能性が高くなる。だからシーズンの終わりになると、「打席に立ちたくないな」と思ってしまう。実際に優勝が決まったあとの消化試合だと、首位打者争いをしている選手が試合を欠場することはよくある。しかしヒット数が目標ならば、たくさん打席に立てば立つほど有利になるので、前向きになれる。

結果だけを見ると、ヒット数と打率の高さには正の相関関係があるから同じようなものだけれど、ヒット数をめざして野球をする人と、打率をめざして野球をやる人は、考えかたそのものが違う。

イチローはこうして野球の考えかたを変えたのです。しかも本場アメリカで評価されているのだから、インターナショナルに普遍性が認められている。いって

【24】一九九四年にオリックス時代のイチローが日本野球史上初の年間二〇〇本安打を達成したことから、最多安打を個人タイトルとして表彰することになった。

みればイチローはアメリカの考えかたをも変えた。それと同じような創造性を、われわれが世界の政治、あるいは経済や文化の領域において発揮できれば、これこそ真の意味での和魂洋才になると思うのですね。

日本の政治が機能しない理由

稲垣――それはおもしろい（笑）。私がそこから連想するのは、日本の戦後の高度経済成長を支えたものに、「ものづくり」があるということです。手先が器用で、ゼロコンマ何ミリの穴を目分量で正確に空けられるような、世界のトップレベルの個人技能を持っていたりする。イチローもその一例だと思いますが、日本の長い歴史と伝統のなかで培われてきたものに、世界標準で評価されつつ世界に貢献できる日本の得意技がまだまだあると確信しています。

たとえば私の学問のスタートは理論物理学の素粒子論ですが、湯川秀樹以来この分野には有能な人たちがつぎつぎと現れている。最近亡くなった南部陽一郎[25]さんもそうですが、理論物理学はアイデアの勝負で、朝永振一郎[26]さんの「繰りこみ理論」も独創的なアイデアの賜物です。そんなおもしろいアイデアを次々と日本発で世界に発信できているのは凄いことです。

【25】**南部陽一郎**　一九二一―二〇一五。日本出身、アメリカの物理学者。ひも理論の提唱者のひとり。また色の量子力学やヒッグス機構のアイデアの考案者。自発的対称性の破れの発見で、二〇〇八年にノーベル賞を受賞。

【26】**朝永振一郎**　一九〇六―一九七九。物理学者。超多時間理論、繰りこみ理論、場の量子論、中間結合論など原理から方法論にわたる多くの業績がある。一九六五年にノーベル賞を受賞。

大澤――おっしゃるとおりだと思います。ただ、その価値を自分自身がちゃんと自覚して、他者に訴えているのかは疑問です。日本はたしかに「ものづくり」が得意で、そこには日本の文化に深く結びついた意味があると思いますが、「それがなぜすばらしいのか」という意味を、ひとつの普遍的な概念として訴える手段が必要なのです。そうでなければ誇りが持てない。自分自身をリスペクトできないし、他人にリスペクトさせることもむずかしくなる。

稲垣――わかります。ただ私が思うのは、「ものづくり」はすばらしいし、技術水準の高さに比例するのか、経済でも日本は優秀でした。過去形でいわなくてはならないのが残念ですが、長らくＧＤＰでは世界第二位を維持し（二〇一六年は三位）、二〇〇〇年にはひとりあたりのＧＤＰでも二位を記録した（二〇一六年は二二位）。経済一流、政治二流とずっといわれていた。いまは経済二流、政治三流です。何でこうなってしまったのか。とりわけ政治がよろしくない。

　他の国に比べれば、日本の政治は民主主義がきちんと機能しているという人もいますが、私は全然そう思わない。統治と自治はよく対比されますが、トップダウン式（上から下）で治める統治と、ボトムアップ式（下から上）に民衆から積みあげていく自治のふたつのうち、自治がものすごく弱い。ヨーロッパに比べても圧倒的に弱い。お隣の韓国と比べても、韓国では民衆の力が強くて、大統領を弾劾で罷免させてしまうくらいなのに、日本では勢いがほとんどない。

日本は小さな島国で、同質性《ホモジーニアス》の高い社会ですから、波風を立てない文化が根づいているのかもしれませんが、今日のようにグローバル化した社会では阿吽の呼吸というわけにもいきません。他者、それも「異質な他者」とのコミュニケーションをクリアにこなせる思想性はどうしても必要です。和辻のような公共性ではだめで、「ムラ社会」をも含めたその相互扶助の精神を「異質な他者」にまでバージョンアップした「新しい公共」がこれからの課題です。

日本は中国のような大国にはならなくてもよい。中規模の国家でよい。それでも、憲法九条もそのひとつですが、きわめて独創的な政治哲学なり何なりを生みだす地力はあると思うのですが。

大澤――経済がどんなに得意でも、国際社会ではあまり尊敬されないんですね。日本人自身も、経済一流というだけでは自分のことを立派だと思いきれないところがあると思います。

経済で成功するというのは、現に与えられている資本主義社会の競争のなかで比較的よい成績を収めるというだけのことですが、政治は集合的な意思決定の問題ですから、ひとつの世界観を提示し、説得しなければなりません。「われわれはこうすべきだ」と言い、その理由を提示するためには高度な思想性も必要になる。

日本はやはり戦争に負けてからまったく自信をなくしているのだと思います。日本の政治決定は、基本的には「アメリカが決定するまで自分は決めない」というスタンス。アメリカの決定と整合性がとれる決定、あるいはアメリカにとって有利な決定をするという構造になっている。本当に情けない話です。

先日、韓国で大統領選挙がありました。その前にはフランスで大統領選挙がありました。投票率は七〇％とか七五％もある。日本には大統領選挙はありませんが、前回（二〇一四年）の衆議院総選挙[27]は五二～三％です（今回の総選挙[28]も五三～四％）。みんな政治に関心がないというのはそのとおりなのですが、僕にいわせれば、「関心がなくなるのも仕方がない」。なぜなら、どうせ大事なことはアメリカが決めて、アメリカが決めたあとに残された小さな選択の幅のなかでしか日本は何も決められないのですから。これはつまらないし、投票する意味もない。

日米関係は重要ですが、これから一〇〇年も、あるいはそれ以上も、いまのような日米関係がつづくわけではないでしょう。われわれが現時点で憲法や東アジアの平和を考えるときに、当面の戦術として日米関係を重視するのもいいですが、いつまでもアメリカの基地が永続的に沖縄にあることを前提にして、長期の平和戦略を考えてもしようがない。だから僕は、アメリカというパラメーターをメイ

【27】**前回の衆議院総選挙**　二〇一四年一一月二一日の衆議院解散に伴い、同年一二月二日に公示され、同一四日に実施された第四七回衆議院議員総選挙のこと。定数四七五議席のうち自民党が二九一議席、公明党が三五議席を占め、与党だけで全体の三分の二以上を確保した。投票率は五二・六六％で戦後最低だった（総務省ＨＰによる）。

【28】**今回の総選挙**　二〇一七年九月二八日、任期満了を待たず、臨時国会冒頭で衆議院が解散されたのを受けて、同年一〇月一〇日に公示され、同二二日に実施された第四八回衆議院議員総選挙のこと。当初、都知事選・都議会議員選に圧勝し、人気抜群と思われた東京都知事の小池百合子氏が新党「希望の党」の結成を発表、民進党ほかの勢力を糾合する動きを見せたことで波乱が予感されたが、リベラル派議員の排除を明言したことで失速、リベラル派は枝野幸男氏を中心に「立憲民主党」を結成、共産党・社民党らとの野党共闘も実現せず、蓋を開けてみれば、定数四六五議席（前回より一〇議席減）のうち自民党が二八四議席、公明党が二九議席を占め、今回も

ンに置くことなく、主要な問題をどこまで解決できるかを考えることが、政治的発想の訓練になると思っているのです。

抽象的な「正義の原理」の探究となると、哲学的な思考の訓練をしておかないとむずかしいですが、北朝鮮の核やミサイル開発[29]の脅威とか、尖閣問題[30]や竹島問題、北方領土[31]の問題など、日本はいろいろ具体的な外交上の問題をかかえています。そういう問題にクリエイティヴに対応し、解決の糸口を見出すことの積み重ねのなかで、結果的に日本の長期にわたる平和戦略とそれを支える世界観といいますか、哲学のようなものもできあがってくるのではないでしょうか。もっとも、いまのところは、そんなにむずかしそうではない、ささいな問題でさえも解決できませんけれど。

沖縄問題の解決に向けて

稲垣――アメリカの基地問題ひとつとっても、日本の国土の一%くらいの面積しかない沖縄に、基地の全体の七四%が集中している。沖縄の人が負担が大きすぎるから基地を減らしてくれと要望するのであれば、当然本土が引き受けるのでないと、正義は貫徹されません。

与党だけで全体の三分の二以上を確保した。投票率は五三・六八%で、低水準ではあるが前回を上まわり、投票日が台風襲来の悪天候だったことを考えれば、まずまずの数字という意見もある。

【29】**北朝鮮の核やミサイル開発**　北朝鮮（朝鮮民主主義人民共和国）は一九九四年に国際原子力機関からの脱退を宣言して以来、核兵器の開発を公言、二〇〇六年に最初の核実験を行い、これまでに六度の実験を重ねている。特に二〇一六年の核実験では水爆実験に成功と発表。また核弾頭を搭載できる長距離弾道ミサイルの開発も進めており、二〇一七年一一月二九日には、高度四五〇〇キロに達する大陸間弾道弾とおぼしきミサイルを発射、北朝鮮は核戦力の完成と発表した。

【30】**尖閣問題**　尖閣諸島は石垣島の北約一七〇キロの東シナ海にある群島。日本と中国（および台湾）が領有権を主張。中国側の名称は釣魚島。日本は明治時代、現地調査を行い、無主地であることを確認の上、一八九五年に領土に編入したとする。以降、第二次大戦後のサンフランシスコ平和条約

しかし私も本土の人間ではありますが、「それでは引き受けましょう」という話にはならない。その理由は結局、日本が政治的に自立できないからだと思うのです。政治とは隣人との関わりからはじまるのであり、抽象的に正義論を議論していてもだめで、自分の不利益でも引き受けるモラルの問題を伴います。自己と他者との関係をいわば「島国根性」を捨てて身をもって関わろうと努力する。想像力をもって他者の痛みを引き受けようとすることでしょう。だから米軍基地がもし本当に必要と考えるならば、まずそれを本土に持ってくるという議論をきちんとして、そのとき自分たちの国をどうすればいいのか十分に考えて、それでようやく政治が政治らしくなるのかもしれません。

大澤――そのとおりだと思います。沖縄出身の経済学者に松島泰勝[32]さんという人がいます。龍谷大学の先生で、島嶼経済が専門ですけれど、彼は実は琉球独立論者なんですよ。

もちろん昔から琉球独立論はありましたが、それは床屋談義というか、飲み屋で酔っ払ったおじさんが、酒の威勢にまかせてぶちあげるような他愛ないもので、事実上、何の意味もなかった。しかしここ最近、あまりにも基地問題がひどくなっているので、ちゃんとした知識人のなかにも、一定の学問的な裏づけをもって独立論を考える人がいるようになってきた。沖縄より小さな国も実際ありますし、

でも日本の領土とされ、一時米国施政下に置かれたが、一九七一年の沖縄返還と同時に日本へ返還された。一方、中国は、尖閣諸島は明の時代の文献に記述があり、自国の固有の領土と主張、日清戦争（一八九五年終結）で日本に奪われたとしている。

【31】**北方領土**　一九四五年八月の終わりから九月のはじめにかけて、日本がポツダム宣言受諾後に、ソビエト軍が上陸し占領した根室沖東方の択捉、国後、色丹、歯舞の島々。現在もロシアが実効支配している。日本は日本固有の領土として返還を求めつづけている。

【32】**松島泰勝**　一九六三年、沖縄県石垣市生まれ。経済学者。専門は島嶼経済論。「NPO法人ゆいまーる琉球の自治」代表。二〇一〇年、琉球自治共和国連邦独立宣言を行う。著書に『沖縄島嶼経済史』（藤原書店）、『琉球の「自治」』（藤原書店）など。

独立国となることのリアリティを具体的に考えはじめているんです。

その松島さんがシンポジウムでご一緒したときにおっしゃっていた。「自分は本土から基地反対のために来る運動家をまったく信用していない」。なぜかといえば、「基地反対といって沖縄に来る人で、その基地をわが県に持ってこいと言った人はひとりもいない」からです。

結局、もし沖縄の基地を減らすのであれば、本土の県のどこかが積極的に受け入れるか、日本における基地を縮小するか、どちらかしかないのです。

民主党政権の初期、鳩山由紀夫[33]さんが普天間基地について、選挙のときは「最低でも県外（移設）」と言っていたのに、総理大臣になって紆余曲折のすえ、結局、辺野古に移転するという既定方針に回帰したことがありました。あのとき僕は長いエッセイ[34]を書いて、電子書籍のかたちでダウンロードできるようにした。

僕がまず言ったのは、ケンガイ移設というときの「ケン」は「アガタ」の「県」が普通だが、「スフィア」という意味の「圏」だってある、ということです。すなわち「圏外移設」。簡単にいえば、日本のどこかへ持っていくのではなく、基地を減らす方向で考えようというのが基本的な主張でした。ただ、それができるくらいならはじめから苦労しない、と言われるでしょうし、実際、そのような批判もされました。

【33】**鳩山由紀夫**　一九四七年生まれ。政治家。一九八六年に自民党田中派から出馬し、衆議院初当選。その後、新党さきがけを経て、一九九六年、日本民主党を結成。二〇〇九年の総選挙で民主党が大勝すると、民主党代表として第九三代総理大臣に就任。沖縄の米軍普天間基地の移設問題では、「最低でも県外」を主張、鳩山政権はアメリカと交渉したが、どうにもならず、徳之島への分散移設案も挫折、結局二〇一〇年五月、普天間基地の移設先は従来どおり名護市辺野古とする日米両政府の共同声明が出された。同年六月二日、総理を辞任。

【34】**長いエッセイ**　大澤真幸『緊急提言　普天間基地圏外移設案』（朝日出版社、二〇一〇年）のこと。

実は、その電子書籍にはもうひとつ論点があって、僕にとっては、そちらの方が重要だったのです。

あのとき基地を徳之島に移すという話があった。徳之島は地理的には沖縄のすぐ近くだけれど、鹿児島県に属していますから県外移設になる。それで鳩山首相が徳之島に基地を移せないかという話をしたら、徳之島が断固拒絶したのです。徳之島が「ＮＯ！」と言うこと自体は悪くないのですが、そのとき本当にすべきだったのは、沖縄の知事や市町村長らと徳之島の首長たちが連帯することだったのです。

つまり彼らはおたがいの利害が対立すると思っていた。沖縄は「徳之島に行け」と言い、徳之島は「沖縄に残せ」と言いあった。しかし考えてみれば、徳之島は自分のところに基地が来るのがそれほどいやなのです。その苦しさは、これまで、そして、いまも沖縄が担っている苦しさなんですよ。

とすれば、徳之島も沖縄も「われわれは同じ苦しみのなかにあるんだ」と気がつかなくてはならなかった。だから、徳之島と沖縄が「圏外移設首長連合」をつくるべきである、と僕は提案したのです。

そのぐらいの想像力を発揮するプロセスのなかで、はじめて僕たちの政治的な能力が培われる。アメリカが何か行動したとき、「その行動と整合性がとれる範囲で、どれが一番利益がある選択肢か」なんてつまらない行動原理以上のことができるようになるのではないでしょうか。

もちろん徳之島と沖縄は歴史的に仲が悪いという話を聞いたこともあります。徳之島をはじめとする奄美群島は、一五世紀の琉球王国の成立と前後して侵略を受けるようになり、与論島、沖永良部島、徳之島、喜界島と、どんどん琉球の領土にされた。[35]石垣島なども同様で、それまでは琉球王国の影響下にあってもほとんど独立していたのが、一六世紀には完全に支配下に入れられてしまう。

つまり沖縄を一枚岩と思ってはいけないのです。沖縄はよく、いわゆる琉球処分によって薩摩藩に侵略されたことを問題にします。たしかに日本本土との関係ではそうですが、琉球王国自身もさらなる弱小国に対しては似たようなひどいことをしているので、沖縄自体がまわりの島々と十分連帯しきれないところがある。

でも逆にいうと、沖縄や南方の島々が、そういう歴史的な遺恨を乗りこえて連帯できたら凄い力になるし、それができなければ、沖縄と本土の連帯なんかなおいっそうできるわけがない。南方諸島が自らの連帯を実現したとき、彼らの本土批判もよりいっそう説得力のあるものになるでしょう。

【35】その後の奄美群島は、薩摩藩の琉球処分（一六〇九年）によって薩摩の直轄地となり、廃藩置県（一八七一年）ののちは鹿児島県の一部として、沖縄本島とはずっと行政的に別であった。太平洋戦争で米国に占領されたが（一九四五年）、わずかに空襲されただけで上陸もされず地上戦もなかったうえ、一九五二年にはやばやと本土復帰を果たすなど、沖縄本島とはまったく異なる歴史をたどっている。

立ちすくむ韓国との関係

大澤――そのほかにも、日本のまわりには創造的に解決できそうな問題がたくさんあります。むずかしいものはさておき、比較的楽そうなものをひとつ言うと、今度、新しい韓国の大統領【36】が誕生しました。新大統領は日本との関係は厳しめにすると言っていますが、そうせざるをえない状況がある。

日韓関係はずっとぎくしゃくした関係がつづいていて、慰安婦問題なども朴槿恵大統領のときに少し前進し、いよいよ解決かと思ったら、またあと戻りしていて、めんどうなことになっています。

そんな日韓関係をどう改善するかなかなかむずかしいのですが、まず従軍慰安婦問題はちょっと脇に置いておきましょう。日本人は従軍慰安婦問題だけを凄く重視しますが、韓国からすれば竹島問題【37】がそれに劣らず重要です。僕は金大中大統領が南北対話をはじめた翌年に韓国へ行ってヒヤリングをし、韓国の人にとって竹島問題がいかに重要かを痛感しました。

というのも竹島は韓国にとっては象徴的な意味があり、日本に朝鮮半島を植民地化された屈辱の歴史の最初の一歩と考えられているのです。そのため竹島にか

【36】**新しい韓国の大統領**　二〇一七年三月一〇日、韓国第一八代大統領の朴槿恵（パク・クネ）氏が大統領弾劾訴追によって罷免されたのを受け、同年五月一九日に行われた大統領選挙で、「共に民主党」の文在寅（ムン・ジェイン）氏が第一九代韓国大統領に選ばれた。同氏は弁護士で、かつては第一六代大統領・盧武鉉（ノ・ムヒョン）氏の側近を務めており、政治的には左派で、北朝鮮との宥和派、対日強硬派と見られている。

【37】**竹島問題**　竹島（韓国名は独島（ドクト））は、日本の隠岐島と韓国の鬱陵島のあいだにある、ふたつの島を中心とした群島であり、日本と韓国が領有権を争っている。日本では、江戸時代から漁民や町民が竹島に渡海し漁業や猟を行っており、韓国併合（一九一

ける情熱は圧倒的に韓国のほうが大きい。幸い、竹島は誰も住んでいないのですから、韓国のものでいいのです。そのうえで、漁業権などの問題はあるでしょうが、別の条約で定め、日韓の双方に実質的に不利益が出ないようにする方法はいくらでも可能です。

考えてみれば、日本人は北方領土返還を主張しています。「ロシアが返さないのはけしからん」と言う。しかし北方領土には人が住んでいるのだから、ロシアだって返還は困難でしょう。その北方領土でさえもいずれ日本に戻ってくるというのが、日本人の想定であるとすれば、人の住んでない竹島くらい、韓国に譲る度量は見せてもいいのではないか。日本人が無人の竹島も譲れないのだとすれば、人が住んでいる北方領土が戻ってくるわけはないと思わなくてはならない。

これは単に日本と韓国のあいだのひとつの問題ではありません。僕が本当に言いたいのは、こういう解決のプロセスによって、国民国家《ネーションステイト》を超えていくきっかけにしたいということです。たとえば、竹島を象徴的には韓国の領有としつつも、漁業権の問題等についての実務的な解決を通じて、事実上は、日韓のどちらにも排他的には帰属しない場所のように扱うことができるようになれば、私たちは、領土主権国家という概念をほんの少しですが相対化したことになるわけです。

ＥＵも理念的な究極の狙いとしては国民国家をいかに超えるかという点にある。

〇年）より前の一九〇五年、明治政府は正式に島根県に編入した。第二次大戦後、サンフランシスコ平和条約の草案を受けて、韓国は竹島は韓国に返還されるべきと要望したが、米国のディーン・ラスク極東担当国務次官補は一九五一年、竹島が過去に韓国の領土であったことを否定し、引き渡しを拒否した。一九五二年、韓国の李承晩大統領は「海洋主権宣言」を行い、「李承晩ライン」と呼ばれる線引きで自国の漁業管轄圏を主張、その範囲内にある竹島を武力によって占拠したため、爾来、竹島は韓国の実効支配下にある。

日本と韓国の主張は根本的に食い違っており、韓国側は、竹島は韓国が歴史的に「于山島」と呼んできた自国の島であり、島根県編入は韓国侵略のさきがけとみなす。日本側は、韓国が歴史的に「于山島」と呼んできた島は、韓国・鬱陵島の北東のすぐそばにある竹嶼のことであって、竹島のことではそもそもなく、島根県編入はたんに以前からの領有を確認したにすぎないとする。

グローバルな世界では、経済も文化も国境を越えた活動になっているので、政治システムとしてのネーションステイトと折りあいがよくない。二一世紀の中盤ぐらいにはネーションステイトにしか公式の主権がないという状態を変えなくてはいけません。

でも、「ネーションステイトを超える」なんて、いくら抽象的に言ってもしようがない。だから領土問題のなかで解決しやすそうなものからとり組んで、その過程でネーションステイトを少しずつ相対化していくとき、その先に二一世紀型の政治システムが徐々に見えてくると思うのです。

意外に思われるかもしれませんが、いい意味でも悪い意味でも、日本がわりと得意なのは紛争処理です。紛争を避ける知恵というべきかもしれません。だからこそ何ごとも「なあなあ」になって、それがかえって問題になることも多いのですが、少なくとも村の政治レベルではかなりうまくやってきた。

稲垣――なるほど、領土主権国家の相対化、おもしろいですね。しかも日本の伝統の村の政治レベルでの相互扶助の感覚ですね。いまそれをヴァージョンアップするときに来ているのですね。ローカルからグローバルへと。

大澤――その代わり弊害もあります。紛争処理のためにはどうしても、自分の立場に固執する人間を排除しなくてはならない場面がある。つまりは「村八分」。

そういうネガティブな面もありますが、たいへん紛争を嫌う歴史的伝統があるので、そのためのくふうの積み重ねが日本にはあります。

そういう伝統を創造的に生かすことができれば、経済が得意なだけではなく、外交も得意といえるようになるかもしれません。

稲垣——いや、それにしても大澤さんの竹島問題解決のアイデアはすばらしい。「独島《ドクト》」には確かに人も住んでいないし、竹島が日本と韓国との屈辱的関係の象徴だというのであれば、固執するよりも思いきって手放して、別のよいものを韓国との交流でたがいにつかみとるほうが、大人の解決というものです。石橋湛山が生きていたらきっと同じようなことを言ったのではないでしょうか。

私が気になるのは、日本社会ではいわゆる在日の人々への差別がいまだに根強い。そのことが象徴するように、大澤さんがおっしゃった方策を実行しようとしても、日本国内の右のグループが猛烈に反撥するでしょうから、簡単にはいかないのではないかということです。しかし二一世紀の世界のなかで、日本がよい意味で東アジア共同体に近いものをめざすのであれば、アイデアとしてはおもしろい。

韓国は人口の三〇%くらいがキリスト教徒なのですが、日本との関係になると、キリスト教徒の人も日本を赦せないらしいのです。それは従軍慰安婦問題などもなくはないけれど、「謝罪」の問題が大きいという。

日本の人は「謝罪なんて日本の首相が何度もやっているじゃないか」と思うかもしれませんが、韓国のある知人に言わせると、国そのものとしての謝罪がないという。つまり国会の衆参両院の議決によって本格的に韓国への謝罪をしたことがない。

一九九五年に村山談話【38】が出ましたが、あくまでも談話です。たまたま社会党の党首だった村山富市氏が首相になったから、ああいうかたちになっただけ。そのあと、それを踏襲して、小泉純一郎首相の談話などもありましたが、国会で衆参両院が可決して、「日本の侵略はまちがっていた」と謝罪したことは、確かに一度もない。いまの国会を見ていても、そんなことはできそうにない。ではどうすればよいのか。そう考えると、日韓関係はたいそうむずかしい。

大澤——日本人は本当は悪いと思っていないですから……。

稲垣——そこが問題でしょ？

大澤——そうなんです。それが大問題なんです。日本人は朝鮮半島を植民地化したことも、中国に侵略したことも、東南アジアに侵略したことも、それほど悪いことだと思っていない。だから何が悪いかをはっきりさせなくてはならない。悪いことであると気がつかなくてはいけないのです。

【38】**村山談話**　一九九五年、自社さ連立政権で第八一代内閣総理大臣となった村山富市氏が「戦後50周年の終戦記念日にあたって」と題して発表した談話。敗戦から復興を果たし、良好な国際関係を築いたことを喜び、戦後処理や友好関係発展への一層の努力を述べたうえで、「わが国は、遠くない過去の一時期、国策を誤り、戦争への道を歩んで国民を存亡の危機に陥れ、植民地支配と侵略によって、多くの国々、とりわけアジア諸国の人々に対して多大の損害と苦痛を与えました。私は、未来に誤ち無からしめんとするが故に、疑うべくもないこの歴史の事実を謙虚に受け止め、ここにあらためて痛切な反省の意を表し、心からのお詫びの気持ちを表明いたします。また、この歴史がもたらした内外すべての犠牲者に深い哀悼の念を捧げます」として、過去の侵略や植民地支配を認め、謝罪したもの。（引用部分は外務省ＨＰ総理大臣談話の村山総理大臣のコーナーより）

【39】**提岩里教会**　提岩里教会事

稲垣――これはひとつの事例です。一九八五年に、私は韓国の提岩里《チェアムリ》教会【39】に行ったことがあります。この地域は一九一九年の三・一独立運動のとき、日本への抵抗運動を起こした。そのため、抵抗した村の若者はぜんぶ水原《スウウオン》という土地にある提岩里教会に集められた。そうすると日本の官憲は、外から石油をかけて燃やしてしまった。ぜんぶで三〇人くらいだったでしょうか、成人男子はみんな焼き殺されてしまった。

残り少ない事件の生き証人に会うために私が訪れたとき、その事件で夫を殺され、子どもふたりをかかえて残された奥さん、田同禮《チョン・ドンネ》という人が、九〇歳でご存命でした。毎年三月一日になると当時の韓国国内のテレビのニュースで報道された人です。その人にインタビューをさせていただいた。その人はキリスト者で、毎日、焼き討ちのあった一二時半にその場所に来て、お祈りをつづけている。彼女は「私は日本を赦します」と言ってくださったのですけれど、そういう逸話は韓国にはまだまだある。

この現実を知ったとき、私は謝罪とはそんなに単純ではないし、和解もそんなに単純ではないことを思い知ったのです。ちなみに戦後になって、日本のキリスト者有志と提岩里教会との交流が始まりました。和解のメッセージを携えての人と人の行き来です。徐々に日本からの「謝罪」を受け入れていくようになりまし

件の起こった場所。一九一九年、三・一独立運動の余韻さめやらぬなか、提岩里やその近隣の住民たちのデモや暴動がつづいた。大規模な検挙活動によって他の地域のデモの首謀者が逮捕されていたのに対し、提岩里の首謀者はいまだ逮捕されていなかった。四月一三日、陸軍の有田俊夫中尉指揮の部隊が治安維持のため派遣され、提岩里に到着。有田中尉は、提岩里の住民のうち成人男子に教会の礼拝堂に集まるように指示し、自分は外に出ると、部隊に命じて礼拝堂のなかへ一斉射撃をさせた。さらに礼拝堂のまわりに藁や石油をまいて火をつけた。礼拝堂のなかにはまだ生存者がいて、逃げようとしたが、建物外に出るところをほぼ射殺された（逃げられた人もいる）。また住民の妻数名も殺されたとされる。その後部隊は、天道教徒を殺すために古洲里に行き、六人を殺した。殺害された住民の数は合計二九名。有田俊夫中尉は軍法会議にかけられたが、同年八月二一日、殺人と放火について無罪判決が下りた。当時の朝鮮軍司令官・宇都宮太郎はその日記で、虐殺放火を認めることは日本の不利になるので否定することに決めたと綴っているという。

た。植民地統治や戦争の悲惨さを憶えつづける必要性を私も学んできました。ただこれは民間の市民どうしのささやかな出来事にすぎません。国家レベルとなると簡単にはいきません。

とにかくいたるところに植民地統治の傷跡があり、いわゆる「同化」政策など民族の誇りを否定されたということもあり、韓国の人々の庶民のレベルの怨念は強いですし、再生産されていく。中国ほどでないとしても反日教育もあります。これを変化させるのは並大抵のことではない。しかし日本の保守系の政治家はそのあたりに思いがおよばないとしか考えられない発言や行動をする。そのギャップを感じました。

怒る中国・韓国と怒らないアメリカ

大澤――僕はこう思うのです。中国や韓国から批判されると、日本人、とりわけ保守系の人は腹が立ってくる。でも考えてみると、韓国や中国が文句を言ってくるのは、ある意味、こちらを認めているということです。

日本の首相が靖国神社に参拝する。中国が文句を言う。僕はそれは当然だと思う。東京裁判にいろいろ問題があることはたしかでしょう。しかし戦争によってあれほどの災禍が引き起こされた以上は、誰かが政治的な責任を負わなくてはならない。ところが日本には、ヒトラーのようなはっきりした指導者、ナチスのような明確な組織がない。大政翼賛体制で、いつのまにかそのときの空気で流れが決まっていくから、誰が主導したのかわからない。仕方がないから、とにかくA級戦犯に政治的な責任をとってもらうことにした。

そのことによって日本の民衆は免罪された。日本の民衆も被害者だったということにし、A級戦犯の処罰で日本は責任を果たしたことにして、日本が再スタートを切るための環境をつくったわけです。

したがって、もしA級戦犯が悪くなかったことにしたら、戦後再スタートを切るための前提になった基本的な約束を破ることになる。だから、中国は日本の政治家の靖国参拝に文句を言うのです。

ここまではみんな言っていることですが、実は、誰も言わないけれど、考えてみるとおかしなことがある。日本の首相が靖国神社へ行くと中国や韓国が怒る。でも本当は、アメリカだって怒らなければならない。

稲垣——当然そうですね。いわゆる戦後和解の問題ですが、中国ではこれは譲れない点でしょう。戦争終結時の蔣介石の重慶での「以徳報怨」（怨みに報いるに徳をもってせよ）の演説以来、「戦争指導者と一般市民との線引き」を基本にしてきましたから。アメリカの場合はまた冷戦の開始があったので微妙です……。

大澤——ところが、アメリカは怒らないでしょうか。なぜか。僕が思うに、アメリカは日本を一人前と見ていないからではないでしょうか。「子どものやることだ」と、そこまでは言わないでしょうけれども、対等のパートナーと見ていないわけです。

中国はこちらと対等につきあおうとしているので、こちらが約束を破ると怒る。だから中国はむしろ日本を尊重しているのです。韓国が怒るのも同じです。彼らは、こちらを尊重したいと思っているのですから、われわれもそれに応じなければいけない。

日本の近代史において朝鮮を併合したこと、台湾を植民地にしたこと、大陸に侵略したことは、明らかにまちがった選択だったと僕たちがまず認めなくてはいけない。でも、そうすると、日本人のナショナル・アイデンティティに結構な負荷がかかるらしくて、苦しくてできない。

客観的に状況を見れば、中国や韓国にはそれぞれまたあちらの事情がある。もちろんそれはわれわれが考えなくてもいいことですが、たとえば朝鮮半島の人たちが日本に対してとかく攻撃的になるのは、ひどい植民地支配があったというだけではありません。日本は台湾も植民地化したのに、台湾は親日的です。その反応の違いは日本の植民地支配のやりかたが違ったからというのではなくて、日本が植民地化したときのそれぞれの文化的・文明的・政治的状況の違いなんです。

はっきりいって台湾は、日本が植民地化したときまだ未開の段階、文明以前の段階にありました。それに対して朝鮮半島は、長いあいだ、自分たちは東アジアにおける先進国であると思っていたはずです。とりわけ李氏朝鮮は、中国が清という満州族の王朝——中華秩序でいえば、蛮族の王朝——だったこともあって、明を継ぐ中華文明の正当な継承者は自分たちだという自負の感覚もあった。先進国なんですよ。

ところが、日本は西欧的な近代化に先に成功したので、朝鮮半島を未開地域であるかのように侵略し、勝手に近代化した。朝鮮から見れば、あまりにも屈辱的な話です。

台湾については、日本にとってはもうひとつ幸運があった。日本が去ったあと国民党政権ができた。そして、もっとひどいことになった。[40] 現状を批判するときには、本当かどうかは別として、「過去のほうがよかった」と言いたくなるものです。過去を理想化し、それとの対比で現在を批判するわけです。そのため日本による統治は、国民党政権と比べて「よかった」ということになったのです。でも、それは先方の事情なのであって、それを抜きにすれば、日本がまちがった選択をしたことはたしかです。

【40】**もっとひどいことになった** 一九四五年の日本の敗戦後、台湾を領土に編入した国民党政府は、一〇月に軍と役人を台湾に上陸させたが、国民党軍の略奪暴行は目に余るものがあり、またそれまで台湾にいた人々（本省人）は役所の重職から閉めだされ、汚職もひどく、ついに本省人の蜂起にいたった（二・二八事件）。国民党政府はこれを徹底的に弾圧し、知識人や共産主義者など数万人を処刑。この弾圧と独裁的体制はその後もつづき、台湾の人々は「犬が去って、豚が来た」と国民党政権を皮肉った。

謝罪のむずかしさ

大澤――ただ、日本という国家のレベルだけではなくて、われわれ個人レベルでも、謝罪することは案外むずかしい。いや、自分の足もとがしっかりしていて、余裕があって、プライドが保てるような状態で、「この部分についてだけは悪かった」というのであれば、謝罪はそんなにむずかしくないのです。ところが、自分が悪いと認めることが、自分のアイデンティティを全面的に否定し破壊してしまう可能性があるときは、非常にむずかしい。

日中戦争から太平洋戦争にいたる昭和の戦争は、国のすべてを賭けた総力戦。敗戦も妥協の余地なき無条件降伏でした。日本が持っていた基本的な価値観のほぼすべてが否定される負けかたです。天皇制は残してもらいましたが、戦前の基準からすれば、これも残っているか残っていないかよくわからない微妙な残しかたですから、結局、自分のよりどころをぜんぶ否定されたうえで、やりなおさなければいけないのが戦後日本だったのです。この場合、「悪かった」と謝罪するのは全面的な自己否定を含むので、かえってむずかしくなってしまうように思います。

【41】**安重根** 一八七九―一九一〇

稲垣――むずかしいのはよくわかります。歴史の見方が全然違うのですから。たとえば伊藤博文をハルビンで襲った安重根[41]は日本では暴漢ですが、韓国では愛国の義士です。

とにかく、日本の植民地化や侵略によって、中国も韓国も誇りある歴史を否定されたわけです。韓国には李王朝[42]がありましたが、韓国併合によって廃止されてしまった。彼らは、日本には皇室が残っているのが、ある意味うらやましいとも思っているのです。

大澤――そうなんですか。

稲垣――日本の天皇家は過去からずっと残っていて、おそらく今後も残りつづけるのだろうと思いますが、その一方で、日本がいつも政治二流とか政治三流と呼ばれる理由を考えたとき、天皇の問題が意識の深層にあると感じます。どうにも冷静な議論ができない、奇妙な状態です。

私は戦後生まれですから、好意にせよ嫌悪にせよ、個人的に天皇への気持ちなんて何もなさそうに思っていた。しかし歴史的、文化的にはもちろんそうではない。大澤さんの本を読んでいろいろ考えていて、やはり何かあることに気づきます。だとすると、どうやって日本型の民主主義をつくるかを考えるとき、天皇制を無視できない。

〇。大韓帝国の民族活動家。一九〇九年の一〇月六日に、ロシアの財務大臣と会談するためハルビン市（現・中国黒竜江省ハルビン市）を訪れていた枢密院議長・伊藤博文をハルビン駅で拳銃で殺害した。ロシア兵と警察にとり押さえられ、日本側に引きわたされ、旅順で裁判にかけられて、翌年二月一四日に死刑判決、三月二六日に処刑された。

【42】李王朝（李氏朝鮮）一三九一年に高麗の武将・李成桂（一三三五－一四〇六）が、王を廃してみずから即位し、中国・明から「朝鮮」の国号を賜ったことにはじまる。以降、明、清の冊封体制下にあったが、日清戦争の結果、清の冊封体制から独立し、大韓帝国を名乗る。第一～三次日韓協定によって漸次日本の支配下に置かれ、一九一〇年に韓国併合によって国家が消滅すると、李王家は日本の皇族に準ずる王公族とされて、第二代大韓皇帝（第二七代国王にあたる）・純宗（李坧）は、初代・李王（昌徳宮李王坧）、傍系の親族は李堈公など「公」を称したが、李一族は、一九四七年の日本国憲法施行時の王公族廃止によって身分を失った。

賀川豊彦は一九四五年に敗戦を迎えたとき、天皇が主権者でいいと言っています。もちろん当時はまだ帝国憲法があったからかもしれませんが、北欧などは王室があっても労働党が強いのだから、日本でもやれるはずだという。大正時代から労働者や農民の中に入りこんだ社会実践家であり、戦後の無産政党樹立の発起人にもなった賀川がそんなことを言う。（天皇退位論で有名な）南原繁【43】もこの点は同様で、当時の著名な民衆指導者と知識人の代表者、このふたりとも天皇制に反対ではない。どちらも天皇を無害な存在にしつつ、日本の独自性を生かした民主主義をどうつくるかを考えた。天皇制をヨーロッパの王制並みに相対化しようと努力した。日本では韓国のような大統領制は望めません。それでも、庶民がボトムアップで政治に参加し、主権者として国を動かしていき、責任感を発揮できるような天皇制が可能かということになる。そのためには私は、靖国神社問題のところでも出てきたように、島国日本で育まれた東アジアでも特殊ともいえる宗教性を、批判的に日本人自身が逃げないで冷静に吟味する必要があると思っているのです。これは賀川豊彦も南原繁もすでに言っていることです。グローバル化していく時代に、これをしなければ日本が政治的にも自立していくことはむずかしい。

【43】**南原繁**　一八八九―一九七四。政治学者。東京帝国大学教授、同総長を務めたのち、一九四六年より貴族院議員。サンフランシスコ平和条約締結時には全面講和論を主張して吉田茂と対立。また皇室典範の改正に際しては昭和天皇の退位を主張した。著書に『国家と宗教』『フィヒテの政治哲学』『現代の政治と思想』など多数。

【44】**森友・加計問題**　森友問題とは、大阪市の森友学園の小学校建設のため、財務省が国有地を不当に安く売却したのではないかという問題。過去に埋設されたゴミの撤去費用が低価格の理由だったが、それを考慮しても不当に安い価格だと会計検査院も指摘した。安倍首相の夫人が同小学校の名誉校長だったりしたため、首相サイドからの働きかけ、ないし官僚が首相の意向を忖度した、などの疑惑が持ちあがった。その後、首相周辺の働きかけを示す証拠もなく、事態は沈静化しつつあったが、本件の土地売買の経緯を記した決裁文書を、財務省近畿財務局が本省の指示で書き換えていたことが発覚、問題が再燃した。
　加計問題とは、学校法人加計学園が特別改革特区制度によって今

不可能なことは可能になるか？

大澤――稲垣さんが庶民がボトムアップで政治に参加するとおっしゃったことに対して、迂遠なようですが、ひとつ言及したいことがあるのです。

　安倍政権はこれまでずっと支持率が高かった。森友・加計問題【44】が出てきたときには、支持率が降下しましたが、また回復してきています。それ以前では、テロ防止法案（テロ等準備罪・共謀罪）のような大問題のときも大して支持率は落ちず、五〇％以上を維持していた。さらに前だと、さすがに国会議事堂前をはじめとして全国で大規模なデモがあった集団的自衛権問題のときには、支持率を下げましたが、それでも、致命的な水準にまでは落ちず、しかも、法案が通過後はすみやかに高い支持率が回復した。なぜ安倍内閣の支持率の話をしているかというと、ここに日本の政治のひとつの大きな特徴が現れていると思うからです。

稲垣――たしかに日本には保守的な国民性があります。そこは韓国とは全然違う。それにアベノミクス【45】という経済政策で、私は決して成功しているとは思いませんが、失業率も前より一見少ないし、求人倍率も高くなりました。みんな一応食べていける。だから、あまり高望みせず、わざわざ政治参加して怒りを表明するよ

治市の獣医学部の新規開設が認められた件で、同学園理事長・加計孝太郎氏が安倍首相の学生時代からの友人であったことから、何らかの便宜が図られたのでは、という疑惑。天下り斡旋問題で辞任した前文科事務次官・前川喜平氏が総理の意向があったと思うと発言。一方、今治市は大学誘致を二〇〇七年から進めており、前愛媛県知事・加戸守行氏は、加計学園を選んだのは、同学園の事務局長と愛媛県議が知りあいだったのが理由と証言。さらに今治が特別改革特区の前身である構造改革特区に認められたのは民主党政権時代で、当時、このプランを積極的に支援していた民主党議員がいたともいわれ、経緯には不明な点が多い。

【45】アベノミクス　二〇一二年に誕生した第二次安倍内閣以降、安倍晋三総理大臣が提唱する経済政策の通称。大胆な金融政策、機動的な財政政策、民間投資を喚起する成長戦略の三つをアベノミクス「三本の矢」と称する（首相官邸ＨＰを参照）。とりわけ黒田東彦氏を日本銀行総裁に据えての金融政策は異次元の金融緩和と呼ばれた。為替は比較的円安基調に落ちつき、日経平均株価は民主党・

うなことはしない。私のいうところの自治の力が凄く弱い。そこに私は危機感を覚えます。

大澤——僕は、これは興味深い問題だと思うのです。知識人の多くは安倍政権に反対だという。しかし支持率は高い。実はアメリカではもっと極端で、大統領選でのトランプの勝利はみんな予想外だったことはこれに関係している。知識人はみんなクリントン支持でした。知識人の視点で考えればトランプには何ひとつよいことがない。どの点においてもクリントンのほうが正しい。だからクリントンが勝たなくてはならないはずなのに、勝ったのはトランプだった。

　安倍政権はそこまでではないが、若干それに近いところがあります。知識人から見てよきものはそう多くはない。それなのに支持率が高い。すると知識人は「それはまちがっている」と言いがちですが、本当は「どうしてそうなるのか」を考えなくてはいけない。つまり知識人の見方に盲点があるかもしれない。

　思うに、安倍政権への支持の多くはシニシズムです。少なくとも初期の安倍政権の支持率の高さは、相当部分、民主党政権のおかげでした。

稲垣——民主党がだらしなかったから、その反動ということですか。

大澤——僕はもっと劇的な言いかたをしたいんです。民主党が政権を奪取したときの選挙は大いに盛りあがりました。そして政権交代した。そのとき、日本人は

野田政権時代の八〇〇〇円台から大きく上昇して、二〇一八年現在、二万円を超過。求人倍率はバブル期すらしのぐ約一・五倍に、正社員の求人倍率も一倍を超え、失業率も三%あたりにまで低下した。さらに相対的貧困率が低下し、とりわけ子どもの貧困率が大きく減少したとされる。一方で、日銀のインフレ目標二%にはいつまでたっても到達せず、実質賃金も伸び悩んでおり、景気回復の実感がないと評される。現在の人手不足を契機として、今後実質賃金が伸びていくのかどうかが注目されている。

何か決定的な変化を求めていた。しかし実は、何がどう変化したらよいのか、誰にもわかっていなかったのです。よくわからないけれども変化してほしかった。

いままでは考えられないような変化を民主党政権がなしとげてくれるかもしれない。政権が自民党から民主党に代わったことですら、いままでになかったことですから、そこにさらに決定的な何かが起きるのではなかろうか。

僕はこれをこう言っています。「いままで不可能だと思っていたことが可能になるかもしれない」「不可能が可能かもしれない」。僕の「不可能性の時代」という言葉にもひっかけているのですが、わくわくするような期待が一瞬あった。

ところが民主党政権のしたことは、「不可能なことは不可能である」と証明しただけなのです。それ自体はトートロジーで、あたりまえにすぎませんが、国民は「不可能なことが可能になる」ことを期待していたのに、です。

さきほどの沖縄基地問題もそうです。正直にいって、本土の日本人の大半は沖縄の基地問題に大した関心をもっていません。それでも民主党政権が普天間基地を県外移設することに成功していたら、「場合によっては不可能なことも可能になるのだ」と思ったはずです。あのとき、普天間基地の問題は、不可能性の象徴、不可能なものが可能になるかどうかが賭けられた試金石だったのです。でも、県外移設はできなかった。「やっぱり不可能なことは不可能だ」と証明しただけだった。不可能なことが可能であると証明しなければならなかった政権は、こうして人気を失った。

それでは、われわれは次に何を期待しているのでしょうか。「可能なことが可能である政権」です。それが安倍政権です。

「可能なことは可能である」というのと「不可能なことは不可能である」というのは、論理的には同じで、ただのトートロジーです。普通は可能なことしかできない政権は大した支持率を得られませんが、何といっても不可能なことを可能にしようとして大失敗した政権が直前にありますから、可能なことだけを可能な範囲でやっても「その割にはしっかりしている」と感じてもらえます。

つまり熱狂的に安倍政権が支持されているわけではない。だから、くだらないスキャンダルで簡単に支持率が下がる。いやスキャンダルでしか下がらない。政策によっては下がらないのです。可能なことだけやっていればよいのですから。安倍政権への支持は、非常にシニカルな支持なのです。しかし同時に、シニカルな支持は決してばかにしてはいけないものである。

【46】**原発事故**　二〇一一年三月一一日の東北沖地震（いわゆる東日本大震災）によって、福島第一原子力発電所が炉心融解を起こした最悪レベルの事故。ヨウ素131、セシウム134など大量の放射性物質を放出、また一号機と四号機の建屋は水蒸気爆発を起こして崩壊した。事故の原因は地震発生時の津波によって非常用電源を失い、核燃料の冷却ができなくなったこととされる。放射能汚染のため大勢の付近住民が避難を余儀なくされ、二〇一七年時点でも帰還できない人が大勢いるほか、破壊された原発の処理も終わっておらず現在進行形の事故である。

【47】**一〇〇〇兆円を超える政府債務**　政府の債務残高（国債・政府短期証券の発行残高と借入金を足したもの）は二〇一七年三月末時点で一〇七一兆五五九四億円であり、GDPの約二倍である。

【48】**いまの選挙制度**　日本では、衆議院議員選挙は小選挙区比例代表並立制を、参議院議員選挙では中選挙区制と非拘束名簿式の全国区比例代表制を併用している。

　小選挙区制はひとつの選挙区から議員をひとりだけ選ぶ制度であ

日本の政治的コンテクスト

稲垣――しかし、たとえば、日本には原発事故とその後の処理の問題があります。日米関係や沖縄の問題もある。さらにいえば、一〇〇〇兆円を超える政府債務[47]の問題もある。しかも債務はどんどん増えている。にもかかわらず、安倍政権はどれひとつ解決する意欲がないように思われる。それなのに安倍政権がシニカルにでも支持されるのはなぜでしょうか。他に代わる人やグループがないからなのか。みんな諦めてしまっているのか。いまの若者たちがまったく将来に期待が持てないほど追いこまれてしまっている証しなのか。そのあたりが非常に微妙です。

それにいまの選挙制度[48]も大きな問題です。二大政党制は日本に合っていないように思います。保守派と革新派の二大政党という発想はとれず、日本人の国民性として全体として保守だからです。多様な意見を吸いあげるには異なるイデオロギーを掲げるグループのあいだの多党制にして、ある程度の支持が集まったら、それらの政党のあいだで連合を組んでいくのがよい。自民と公明の生活保守だけの連立ばかりがうまくいって、他の政党の連立と協調はうまくいかない。それには選挙制度として中選挙区制や比例代表制を大々的にとり入れなければだめです。

り、中選挙区制は、ひとつの選挙区から複数の議員を選ぶもの。比例代表制は基本的には各政党の得票数の割合によって、各党に議員数を割り振る制度である。

小選挙区比例代表並立制は、全国三〇〇の小選挙区と一一の比例区からなり、両方に立候補できる重複立候補制をとる。比例区の名簿には同じ順位の人間が複数存在でき、小選挙区で当選すれば、比例代表の名簿からは外れる。小選挙区で落選した場合は、比例名簿での順位が同じであれば、惜敗率（当選者の得票に対して、その候補者が何％得票したかの割合）の高い人が優先して比例区で当選する。

非拘束名簿式の全国区比例代表制は、日本全体をひとつの選挙区とし、名簿では候補に順位をつけず、個人名でも政党名でも投票ができ、個人名と政党名の合計を政党の得票として、各党に議席を配分し、個人名の得票の多い人から議席を得る。

衆議院の選挙制度は、以前は中選挙区制だったが、金のかかる選挙や自民党内の派閥の解消、政権交代の可能性を高めることや将来の二大政党制を見据えて、一九九六年に導入された。

制度の構築も大事だけど、実は、それ以上にもっと大事なのはイデオロギーというか、単に政治レベルでなくて経済や道徳、科学や芸術、人生のとらえかたなど、総じて世界観的なレベルの思考が日本人に不足しているということです。長いあいだの鎖国のせいかどうかわかりませんが、個人を抑えて滅私奉公に終始し、上にたてつかない、波風を立てない、長いものにはまかれろ、という生きかたです。集団でがんばって経済成長をとげた時代はこれがよかったのですが、現代のグローバルな時代にはもはや通用しない。

それに憲法九条【49】の問題。集団的自衛権【50】を強引に法制化して実質的に実をとってしまった自民党政権である以上、いま九条改正などを政治課題にかかげても、米軍にさらに奉仕していく以外に国民生活全体の緊急の課題ではないはずだ。

大澤――稲垣さんがおっしゃったことは正解に近いと思う。僕なりに率直にいえば、こういう感じでしょう。

実は、ほとんどの人は憲法九条なんて別に興味がないのです。テロ等準備罪【51】（共謀罪）にしても大して興味はありません。「自分はテロする気はないから、テロ等準備罪ができたって全然困らない」という感じです。政府の借金も実際に大問題になるのは自分が死んだあとだろうから、ますますもって興味がない。

それではさすがに日本人はだらしがないと思うかもしれない。たしかにだらし

【49】**憲法九条**　日本国憲法は、その第九条で「日本国民は、正義と秩序を基調とする国際平和を誠実に希求し、国権の発動たる戦争と、武力による威嚇又は武力の行使は、国際紛争を解決する手段としては、永久にこれを放棄する。2　前項の目的を達するため、陸海空軍その他の戦力は、これを保持しない。国の交戦権は、これを認めない。」と定める。

【50】**集団的自衛権**　ある国が攻撃を受けたとき、直接攻撃を受けていない別の国が、ともに防衛・反撃することができるという権利。国連憲章五一条で国家の固有の権利として認められている。日本政

ないのですが、僕はこう思う。

集団的自衛権のとき、反対運動がそこそこ盛りあがりました。でも、あれほど盛りあがり、あれほどデモを動員しても、安倍内閣の支持率は大して下がらなかった。これは驚くべきことです。他の内閣のときは、そこまでしなくたって支持率はどんどん下がったのに、安倍政権は国会のまわりに何万人もの人が集まるような反対を受けても支持率が下がらなかった。国会議員からすれば、支持率が下がらないのは次の選挙も大丈夫ということですから、デモをされても全然怖くない。

そんなぐあいに、集団的自衛権や憲法九条の問題は、本当は凄く大きな問題ではありますが、日本人にとってあまり関心がない問題でもある。なぜかといえば、日本人にとって、世界の平和はアメリカが守ることになっているからです。日本の安保問題はそのおまけにすぎない。卑近なたとえでいえば、アメリカという世界の掃除をやってくれる人がいる。そんなとき「おれは掃除当番をやらないでいいのか」「たまには拭き掃除ぐらいすべきなのか」という程度の話なのです。

もし憲法九条が本当に世界全体の平和に関わるような問題であれば、そんなに軽く考えるわけにはいきません。しかし現実は、どうせアメリカが主人公。アメリカが、たとえば中国と駆け引きする。そのとき日本はバケツで水を汲んでいっ

府は従来、自衛のための必要最小限度の実力行使は許されるが、集団的自衛権は憲法上許されないとしていたが（一九七二年の政府見解）、二〇一四年、第二次安倍内閣は、集団的自衛権の行使も限定的に認められると見解を変更した。（国の存立を全うし、国民を守るための切れ目のない安全保障法制の整備について」平成26年7月1日国家安全保障会議決定閣議決定）

【51】テロ等準備罪　二〇一七年に組織犯罪処罰法を一部改正し、組織的犯罪集団が、同法の定める一定の重大犯罪を計画し、仲間の誰かがその犯罪の準備行為をすれば、その計画に参画した者も罪になると定めるもの。同法第六条の二を参照のこと。（法務省HP「教えて！テロ等準備罪」などを参照）

たほうがいいかどうかを考える程度のことです。これでは「どうでもいい」と思っても仕方がないでしょう。

客観的に見れば大事なのに、日本の政治的コンテクストのなかではちっとも大事な問題ではない。逆にいうと、集団的自衛権や憲法九条の問題を本気で提起したいのであれば、それが大事な問題であると思えるように提起しなければならない。

集団的自衛権の問題で左翼が失敗したのは、「それなら日本の安全と世界の平和はどうやって保つのか」という問いを提起できなかったことです。この問題に対して誰かわくわくするような価値観を出せていますか？　誰も出せていないですよね。

憲法九条が大事だというのはいいのですが、それでは日米安保条約[52]はどうするのか。どうせ日米安保条約は残すとみんな思っている。それで憲法九条が大事だと言われても説得力がないんです。

「日米安保条約に反対だというならば、どうやったら日本を安全にできるというのか。隣には核兵器まで持ち、大陸間弾道弾までつくっている国があるんだぞ」

そういわれたとき、どうすべきかを言えない。だから、ちまちました話にしか

【52】**日米安保条約**　「日本国とアメリカ合衆国との間の相互協力及び安全保障条約」（新安保条約）。一九五一年に、サンフランシスコ平和条約と同時に締結された「日本国とアメリカ合衆国との間の安全保障条約」（旧安保条約）に代わり、一九六〇年に岸（信介）内閣が締結した条約。旧条約に比べて双務的な内容を持ち、ひきつづき米軍の駐留を認め、日本の施政下の領域への武力攻撃に共同して

ならない。だから、この問題について安倍政権がどんな手を打っても、そんなに支持率は下がらないと思います。失業率を下げたことのほうがはるかに評価される。

対処することなどを定める。米軍の具体的地位は日米地位協定で定められている。条約は一年前に破棄するむね通告しなければ自動更新される。

対米従属の限界

稲垣——では大澤さんは、日本がアメリカの力を借りずに自立し、防衛の問題も含めて真剣に考えるようになれば、政治は活性化するかもしれないと思われるのでしょうか。そもそも「アメリカさん、引きさがってください」と言うためには、国民はどう動けばいいのか。

いまの安倍政権を支えているグループとしては、たとえば日本会議[53]が最近よく話題にのぼります。憲法改正を強く主張しているグループもあります。いずれにしても、「日本は天皇を中心とした神の国であるのが理想なんだ」という信念がかっちりあるように思う。だから、あんなに強い。民主的な方法で庶民をどんどん懐柔していく。

でも進歩的文化人や戦後リベラルといわれている人たちに、そんな信念はないとしか思えない。非常に悲しむべき状況ではないでしょうか。天皇は象徴天皇で

【53】**日本会議**　日本の保守主義団体。宗教系の日本を守る会と、学者・財界人らの日本を守る国民会議が一九九七年に合同して成立。皇室への尊崇、憲法改正、自虐史観の否定、ジェンダーフリーや夫婦別姓への反対などを掲げる。安倍政権の黒幕的な語られ方をすることもある。実際にどのくらいの影響力を持つのかは不明。

民主的に十分に機能しているのだから、それで十分です。

大澤——日本会議はコアな支持層としてはあるかもしれませんが、安倍政権の支持者の大多数が日本会議に賛成してるわけではまったくありません。むしろシニカルに「安倍さんもありかな」といった支持が多数だと思います。ただ、そういうシニカルな支持層をばかにしてはいけないのです。

稲垣——知識人たちが反省しなくてはいけないと思うのは、戦後リベラルなどといわれていた人たちは、本気で自立して日本のことを考えられる思想性、ないしイデオロギーを何も生みだしてこなかったことです。たとえば丸山眞男[54]などが活動していた時代には夢だけはあった気がします。しかし丸山も含めて、戦後啓蒙とか戦後リベラルが、どういう日本をめざし、どういう政治哲学を提出したか、どういう世界観を出したか、いまとなっては何も思い浮かばない。

大澤——戦後啓蒙の人たちが思っていた「よきもの」は、広い意味では「アメリカ的なもの」だったと思うのです。「すばらしい民主主義がアメリカ合衆国にある。だからアメリカの指導のもとで民主化するのは結構なことだ」と思っていた。したがって対米従属も深刻な問題にならなかった。

稲垣——たしかにそうですね。ただアメリカの民主主義は自由民主主義で、ヨーロッパを見れば社会民主主義も、自由民主主義と社会民主主義の中間のコーポラ

【54】**丸山眞男**　一九一四–一九九六。政治思想史学者。近代日本政治や天皇制を研究。戦後知識人・進歩的文化人の代表と目され、その学問は「丸山政治学」などと称される。著書に『日本政治史研究』（東京大学出版会）『現代政治の思想と行動』（未來社）など多数。

ティズム、つまり中間集団に基礎をおいた民主主義も、多極共存民主主義（consociational democracy）と呼ばれたタイプの民主主義もあった。民主主義は個人主義をもとにしたアメリカの民主主義だけでない。多様な意見を政治に生かしていくためには、日本文化と歴史を考慮しつつ民主主義や国民主権の意味を根本的に考えなければだめです。知識人もその点をほとんど指摘しない。何でもアメリカが手本だから、いまのような対米従属になる。

大澤――対米従属も、ここまで来ると弊害でしかない。アメリカにもついに「アメリカ・ファースト」と言う大統領が誕生しましたが、考えてみればジャパンなんか、ファーストどころか、セカンドでもサードでもなくて、五一番目くらいじゃないですか。つまりアメリカは日本なんてどうでもいいのです。それなのに、日本こそがアメリカ・ファーストで思考している。この非対称性がすさまじい。

アメリカだって長い目で見れば、沖縄に大軍を置きつづけることに、さしてメリットはないと思う。もちろん戦略上沖縄に基地があったほうがいいのは確かでしょうが、その戦略上の価値がいまどれほどのものか。コストに見合うメリットがあるとアメリカの観点から言えるのか。

冷戦中は、日本は重要な戦略的拠点でした。北はソ連、西は共産中国、朝鮮半島は南北に分割されて共産主義と対峙し、ベトナムでも戦争し、台湾と中国は海峡ひとつを隔ててにらみあっていた。

もちろん冷戦が終わっても中国やロシアはアメリカのライバルですが、もはや直接の武力紛争は想定していなくて、力の均衡でいいと思っているはずです。アメリカももうロシアや中国の体制を転換しようなんて思っていない。世界秩序さえ現状維持なら好きにやればいい。とすると、日本に軍隊を駐留させつづける必要性もぐんと下がっている。

日本から見ても、冷戦のときには西側陣営の一員として、その戦略の一部を担っていましたが、いまとなってはアメリカの味方をして中国やロシアと戦う理由も別にない。緊急性のある問題としては、北朝鮮がのどに刺さった骨みたいにありますが、それでも日本としては、かつてと比べてアメリカ軍の必要性は大きくない。そのあたりからもっと自主的な政治、自主的な外交をとり戻すくふうをはじめてもいいと思います。

虐げられる若者たち

稲垣——私は大学生以下の若い世代がいきいきとめざめて日本を変えていくようなヴィジョンを提起できればといつも思っているのですが、それというのも、年配の人と比べて、若い人はひどく元気がないように感じるからです。
たとえばウォーラーステインは、世界革命はこれまで二度、一八四八年と一九六八年の二度起こった、などという言いかたをしています。しかし革命的変化は日本では起こらない。革命という言葉は強すぎるにしても、ひとりひとりが自立し、自由にものが言え、食べていくことができるような社会をつくるために、自分たちが民主主義の最前線にいるんだ、というくらいの気概を持ってほしい。そうしたら、もっと政治に参加して世の中を変えていこうという気にもなりそうなものですが、実際の若い人からは諦めムードのほうを強く感じる。そこが気になるのです。

大澤――僕は、若い人が諦めているとしても当然だと思います。はっきりいって、年配世代が若い人のことを考えていない。これほど若い人のことを考えない国はめずらしいいし、最近になってその傾向はますます強くなっています。
ごく卑近な例でいうと、「NIMBY《ニンバイ》」という言葉があります。“Not In My Back Yard”の略ですが、「うちの裏庭ではやめてくれ」ということで、たとえば「家の近くに刑務所をつくられるのはいやだ」という。刑務所の必要性はみんな認めても、家の裏庭はいやなのです。刑務所のほかに原子力発電所とかゴミ処理場とか、そのあたりはまだ理解できますが、最近は「そんなことまで文句言うの？」というのが多い。「家の近くに保育園があるのがいやだ」とか、「小学校があると子どもたちがうるさいので、建ててもらっては困る」という。騒音扱いです。

しかし彼らも別に小学校が必要ないと思っているのではありません。自分の子か孫が小学生だったりすれば、「近くに学校ができてよかった」と言うに違いない。しかし現実は、自分たちはもういい歳で、息子や娘はとっくに成人し、独立して会社勤めをしていたりするから、「子どもの声がうるさい」という感覚のほうが先に立ってしまうのです。そのため、保育園や小学校が住宅地の近くに建てられなくて、子どもを持つ若い夫婦が難儀することになる。

稲垣――ひどい話ですよね。いまのような社会ができたのは、年配者、年寄りに責任がある。とりわけ団塊の世代に責任があると思うことも多い。

大澤――もうひとついうと、日本の教育費に占める公費負担の割合が非常に少ない――ＯＥＣＤ加盟国の中で最下位――のは、若い人のことを考えていないからです。高齢者福祉のほうがお金を使いやすい傾向にある。

大学生の奨学金なども実際はほとんどローンです。親からの仕送りも年々減少【55】していて、「これではとても東京で暮らせない」という金額だから、バイトせざるをえない。おかげでブラックバイトなんていう現象も起きます。それは要する

【55】**仕送りも年々減少**　東京地区私立大学教職員組合連合の調査によると、首都圏の私立大学・私立短大に進学した学生への仕送りの平均は、二〇一五年は八万六七

に、みんな自分が生きているあいだのことしか考えていないからです。

一方、高齢者の福祉が手厚くなるのは、必ずしも現在高齢者の人口が多いからだけではないのです。それもひとつの原因ではありますが、むしろ「みんないずれは高齢者になる」からです。

自分が小学生である時間はほんのわずかだし、自分の子どもでさえ小学生である時間はあっというまです。だから学校にたくさんお金を出しても、自分の子どもが学校を卒業してからは何の恩恵もこうむらないので、そこに税金を使ってほしくない。ついでに脚注的なことをつけ加えておけば、先ほど、日本の教育費の公費負担額が低いと言いましたが、私費分も含めれば、日本人が教育に使っているお金は必ずしも少なくない。ということは、自分の子のためならお金を使うつもりだが、他人の子ども、共同体の将来世代のためにはお金を使いたくないということです。しかし高齢者福祉であれば、誰にとってもいずれは関係あることだから、手厚くしてもらいたくなる。すべての人がいずれは高齢者になるからです。だから「老人福祉を重視します」「老人の医療費をただにします」と言うほうが選挙で得票できる。一人一票の選挙制度は平等でよいと思うかもしれませんが、もしすべての人が自分の利害、自分の人生のことだけを考えているとすると、必然的に、若い人や子どもに向けた政策よりも、高齢者の利益につながる政策のほ

〇〇円。過去最高だったのは一九九四年で一二万四九〇〇円。

うが、有利になる。そうなるので……。

稲垣——将来世代と福祉制度の関係で全世代を視野に入れて考えるのは国の基本の政策ですが、十分に考えていない。国内政治の最大の問題のはずです。にもかかわらず、いまの政治家は次の選挙のことしか視野にない。国民もそれを許している。とにかく若年世代は冷遇されている。いっそのこと若者に二票与えるとか。

大澤——そのとおり！　私は、一票を平均余命によって重みづけすればいいと思う。選挙権のあるなかで一番若い一八歳の一票が一番重い。若者の票のウェイトが大きければ、選挙で若者にアピールできなければ落選しますから、もう少しは若者のことを考えるようになるでしょう。

稲垣——おもしろいアイデアですね。一人一票という言いかたは平等の象徴のように聞こえるけれど、いまの日本のような社会ではきわめて不平等になる。私は個人と同時に中間集団が生活テーマ領域ごとに多様にできて、それらに主権を与えるという「領域主権」という考えかたを提起しているのですけれども、まさに若者が中間集団をつくってそこに大きな権限を与えて調整していくタイプの民主主義が必要になっている。

大澤——いま生きているそこそこ裕福な人が、自分が死んだあとの世代を心配して、「自分の子や孫はもう大学を卒業したけれども、ほかにもたくさん子どもがいるんだから学費を安くしてほしい。自分の年金はそんなに高くなくてもいい」となればいいのですが、日本ではそうならない。「自分が生きてるあいだに、もらえる利得はぜんぶもらっておこう」としか考えていないわけで、はっきりいって凄く悲しい状況です。

稲垣——本当に悲しいですね。人間は基本的に利己的でエゴイスト。それ以上の価値観を何も出せないでいる。

大澤——ええ。これでは尊敬されませんよね。

稲垣——エゴイズムの塊の年寄りの日本人をどうすればいいのか。もっとも「下流老人」などという言葉もあって、一律にいうことはできませんが、税制のありかたも含めて国民的議論にならなければおかしいですね。国政は憲法改正どころの話ではないはずですが……。

日本はナショナリズムが不足している

大澤——愚痴ばっかり言っても仕方がないのですが、この問題はナショナリズムとも関係があります。稲垣さんも本のなかでおっしゃっているように、近代に、宗教のかわりにナショナリズムが登場したという側面があって、ナショナリズムは霊性に関わっている。つまり自分が「日本人」とか「フランス人」というアイデンティティを持つ場合、自分は必ず死にますが、フランス人は死ぬことなくつづきます。だから「フランス人」という視点でものごとを考えるならば、自分の人生という限られた時間を超えて、より長いスパンで考えるためのよりどころになる。しかし正直にいうと、日本はナショナリズムが弱い。

稲垣――弱いんですか。どういう意味で……。

大澤――七〇年前の戦争に負けてからは、「ナショナリズムを強く主張すること自体よろしくない」ことになっていますから、「どうやって日本人になればいいかよくわからない」状態なのです。ナショナリズムが非常に弱くなっているために、逆説的に自分のことしか考えない人間をつくりだしている。

稲垣――その場合のナショナリズムというのはネーション（国民）としての一体感という意味ですね。それも確かに福祉政策という場面で必要なのですが、ただ同質的な国民ではなく多様性を持たせた国民、つまりは「少数の異質な他者」を配慮するということも必要ではないかと思うのです。いまの日本社会では多くの年配者のなかで若者が少数者となっているのだから、その「少数の他者」を多数派である年配者がおもんぱかり、歓待していく姿勢でしょう。ナショナリズムというと、さっきの本居宣長とカントではありませんが、本居宣長をもっときちんと勉強して、自分自身を永続する日本人そのものに同一視できるようなナショナリズムがいま必要だということになるのでしょうか。つまり永続する日本人とは自分の子どもや孫、曾孫の世代をおもんぱかるということで。

大澤――ある意味ではそうですが、文化遺産を整備したり図書館に文献を揃えることもそれなりに意味があるとはいえ、ナショナリズムを涵養するためには、それだけではやはりむずかしい。むしろ自分たちが生きるうえで緊急の重要な問題を、ネーションの伝統とのかねあいで乗りこえることができるかどうかが重要だと思うのです。

　僕は『日本史のなぞ』（朝日新書）という本を書きました。もし「北条泰時[56]についてお勉強しましょう」というだけの話であれば、ただの知識の問題であって別に重要ではない。しかし北条泰時のときにある意味で日本ではじめての革命があったとすれば、「いま僕たちは革命に近いほどの重要な変化を求めているじゃないか」というときに、「日本人に革命ができないわけではなくて、独特の戦略があるんだ」と考えることができる。歴史を勉強することで、現在のわれわれを回復することができる。そういった現在とのつながりを示すことが必要ではないかと思うわけです。

稲垣――北条泰時は貞永式目という日本独特のリアリティを反映した法を制定し、

【56】**北条泰時**　一一八三―一二四二。鎌倉幕府第三代執権。承久の乱では反幕府軍を撃破、首謀者の後鳥羽上皇らを流罪に処し、朝廷を幕府に従属させ、また初の武家法典である御成敗式目（貞永式目）を定めるなどして鎌倉幕府の体制を固めた。

それによって、その後長くつづく武家政権の礎をつくった。そういう意味で、非常に現実的な革命を遂行したわけですね。天皇制の強い時代に、天皇のお墨つきをもらわないでやれる人物がいたという点でもおもしろい。こういう人物の存在を知ることで、現代の日本からアメリカがいなくなっても、日本が自律的に行動して生き残れる戦略を考えるひとつのヒントになるかもしれません。

徴兵制の不可避性について

大澤——とはいえ、日本人はなんだかんだいって天皇のことを考えたがる傾向があります。いまでも天皇が大好きなんです。生前退位問題【57】にしても女帝や女性宮家【58】の話題にしても、非常に盛りあがる。一方で、アメリカ関係の案件はだめなんですね。盛りあがりません。

アメリカ案件がだめなのは、日本はアメリカが決めたことに従うしかないからです。もちろんアメリカの圧力というだけではありません。日本はアメリカに好かれたいので、アメリカの望むことをみずからやりたがるという側面がある。

たとえば、日本が原子力発電所を維持しつづけるか廃絶するかは、アメリカ関係の案件です。これはアメリカが望むか望まないかで決まります。詳しい理由は

【57】**生前退位問題**　二〇一六年八月に天皇がビデオ・メッセージにおいて年齢や健康の問題で譲位したいむねの希望を伝えたのを受け、しかし皇室典範は生前譲位を想定していないことから、二〇一七年六月「天皇の退位等に関する皇室典範特例法」が成立、現天皇は二〇一九年四月末日をもって退位し、同五月一日に皇太子が即位するむねが決定された。

【58】**女帝や女性宮家**　女帝は女性の天皇のことで、歴史上八人存

説明しませんが、アメリカは日本が原発をもつこと、日本が原発を作る世界最高水準の技術をもつことを望んでいると思います。だから、日本の政府が原発をやめますというのはむずかしい。一方、アメリカは天皇にはあまり興味がない。だから日本で自由に決められるのです。

稲垣――原発のことはあまりに情けない。あれだけの被害を経験し、いまだに事故処理も終息せず、住民も戻れず故郷が破壊されたままだというのに、もう再稼働です。戦後処理と同じまったくの無責任体質です。生態系への影響や環境の持続可能性の問題からいっても、早く原発を廃炉にして再生（可能）エネルギー[59]の研究、開発にシフトすべきです。日本人の潜在的な技術開発能力からいえば必ずできるはずです。もしナショナリズムを発揮するなら、こちらの方向に官民挙げてナショナリズムを発揮してほしい。日本人は偉大なのだ、この戦いに必ず勝利するのだ、と自信をもって。隣国と戦争するより、こちらと戦争するほうがずっと戦いがいがある。確かにナショナリズムが弱すぎる。

また、日本の憲法九条からいえば、日本は戦争をしないことになっていますが、もしアメリカ軍が引き揚げて、国際紛争に自分で向きあわなくてはならなくなったらどうなるのでしょうか。軍隊を持たなくてはならないと決まった場合、きちんとした議論ができるのでしょうか。

在する。ただしいずれも父方の祖先に天皇がいる男系天皇であり、母方の祖先のみにしか天皇がいない女系天皇は男性・女性ともにひとりも存在しない。現在の皇室典範は女性の天皇を認めておらず、また、宮家も男性当主を前提としているが、現皇族には男性が少なく、将来、皇位継承に困難が生じるおそれがあることや、宮家が減少して公務に支障が出ていることなどから、女帝や女系天皇、あるいは、女性が当主となる女性宮家の創設を主張する意見がある。

【59】再生（可能）エネルギー　大ざっぱには、使用する以上の速度で自然界から補充されるため枯渇しないエネルギーのこと。太陽光、地熱、風力、潮汐力、寒暖差、バイオマスなど。

私は大学院生のころスイスに行って、同世代の大学院生の家に招待されたことがあります。彼はすでに結婚していて、よちよち歩きの子どもさんもいたのだけれど、その家の屋根裏に銃が置いてあったので、たいへんびっくりした。「子どもが少し大きくなったとき万が一にも銃で遊んだりしたら危ないじゃないか」。そう言ったら彼は平気な顔で言う。「大丈夫だ。ちゃんと訓練しているから」。

つまりスイスには徴兵制があって、大学生くらいの歳で一年間の兵役に就かなくてはいけない。期間は分割もできて、当時は四か月の兵役を三回行くのでもよかったらしいのですが、おかげで銃の扱いには慣れている。日本では考えられません。

でも逆に、もし日本で徴兵制を導入するかどうかという議論になったら、若者たちもさすがに本格的に政治を考えるのではないかと思うのです。

大澤――そのとおりです。これは井上達夫【60】さんの説で、私も賛成しているのですが、自衛隊だろうが何だろうが、軍隊を持つならば徴兵制がなければならない。もし徴兵がいやならば、軍隊を持たないという憲法九条の理念に従うしかない。

というのも、軍隊を持つ理由は国を守るためです。自分は軍隊に行きたくないが、軍隊を持つというのは、誰か他の人に「国を守ってくれ、でも自分で守るのはいやだ」と言っているのと同じです。要するに「ただ乗りしたい」と大声で叫

【60】**井上達夫**　一九五四年生まれ。ジョン・ロールズやジョン・グレイらの思想を批判的に継承しつつ、公正としての正義を掲げるリベラリズムの法哲学者。公正の判断基準として「反転可能性テスト」（他者の立場に立ったとき正当化できるかどうか）をあげる。憲法を公正な政争のルールとし、安倍政権も護憲派も解釈改憲を容認しているとして厳しく批判。ま

んでいるわけで、とんでもないと思うんです。
ときには軍事力を使ってでも国を守らなくてはいけないという信念があるのであれば軍隊を持てばいい。しかし国民ひとりひとりも銃をとる覚悟が必要なので、当然、徴兵であるべきなのです。

稲垣――そうでないと、格差社会の底辺にいる経済弱者がお金のために軍隊に行くようになって、軍隊が公共事業のようになってしまうわけですね。

大澤――現に徴兵制を持たないいくつかの国では、ある程度そうなっています。でもそれは、国で一番恵まれていない人に国を守ってもらって、自分は絶対安全なところで気楽にすごしていたいということだから、卑しい発想としかいいようがない。

稲垣――そのとおりですね。

大澤――日本の集団的自衛権の行使を認めた新しい安保法制も、好意的に解釈すれば、現状では日本は他国の軍隊にただ乗りしていることになるから、その国が日本を守るというのであれば、日本もその国の防衛に軍事力で貢献しなくてはならないということです。

であれば、その論理は当然国内にも適用しなくてはならない。軍隊で日本を守る必要があるならば、国民は誰しも軍隊に入る義務があるとしなければおかしい。

た自衛隊が法の埒外にある状態を解消するため、憲法九条の削除と同七六条の改正も主張。著書に『リベラルは嫌いでも、リベラリズムは嫌いにならないでください』（毎日新聞出版）、『自由の秩序』（岩波現代文庫）など多数。

政権側は「徴兵制なんていまどきありえない」と言うのですが、そんなことはありません。現実に徴兵制がある国【61】はいまでもたくさんある。隣国の韓国だってそうです。ヨーロッパでも徴兵制を採用している国はあります。ドイツも、つい最近まで徴兵制をとっていました。

したがって、筋を通すなら徴兵制でなくてはならない。徴兵制つきの軍隊を持つか、軍隊を持たないかの選択肢であって、徴兵制のない軍隊を持つのは筋が通らない。

しかし徴兵制はいやだという人も多くいるでしょう。それならば、どうやって軍隊なしで国際紛争を解決し、平和を維持できるのかを考えなければなりません。アメリカの核の傘に入っていたら意味がない。それはアメリカの軍事力にただ乗りすることになるし、現在そうであるように、アメリカにものを言えない状態になるだけです。

稲垣――そうです。(二〇一七年)八月にスウェーデンに行ったのですが、ちょうど徴兵制復活のことが話題になっていました。第一次大戦、第二次大戦ともに中立を貫いた国であるにもかかわらずです。ただ、確かに大澤さんのおっしゃることは正論だと思いますが、いまの日本ではひとつ問題があると思います。徴兵制というのは一定の年齢の若者を集めるわけで、年寄りは徴兵されませんよね？

【61】**徴兵制がある国** 現在徴兵制のある国は、アフリカ、中東、中央アジアといった紛争地域が多く、東南アジアでもベトナムやラオス、カンボジア、タイ。東アジアでも韓国、北朝鮮などは徴兵制がある。中国は志願制がメインだが、徴兵もする。ヨーロッパでは北欧諸国が徴兵制を敷いており、デンマーク、ノルウェー、フィンランドのほか、スウェーデンも最近、女性も対象とする徴兵制の復活を決定した。ドイツは戦後、戦争への忌避感から入隊者が少なかったため徴兵制をとっていたが、二〇一一年に徴兵制の中止を決定した。フランスは二〇〇一年に徴兵制を廃止したが、現在のマクロン大統領は、一八〜二一歳の男女を対象とした短期間の徴兵制の復活を主張している。

日本も戦前は徴兵制があったが、若者が全員兵役に就くわけではなく、健康・体格を基準とした徴兵検査で、甲、乙、丙、丁、戊の五種に選別されたうち上の三種が合格とされ、しかも当初は、甲種合格者のなかで抽選で選ばれたものだけが兵役についたため、不公平感から不満が多かった。そのため、

大澤――そうですね。

稲垣――であれば、年寄りは当然、徴兵制つきの軍隊を持ちましょうと言うのではないですか。いま人口も年寄りのほうが多いわけですし、若者の意見は反映されませんよ。

大澤――私も学生にそう言われたことがあります。「先生はもう五〇歳を超えているから徴兵されないじゃないですか」と。そう言いたくなる気持ちはわかる。だから「もし徴兵制になるなら僕も兵隊に行きます」というしかなかった。

稲垣――そこまで言いますか。

大澤――言わざるをえないでしょう。ただ僕は、「だからこそ軍隊に反対だ」という考えなんです。あなたがたも徴兵制はいやだろう。僕もいやだ。それはつまり、僕たちは軍隊を持てないということだ。であれば、軍隊を持たずに平和を守るにはどうしたらいいかを考えなければならない。それは軍隊で守るよりもはるかにむずかしい。むずかしいけれど、この問いに答えないと徴兵制にも反対できない。

のちに甲種合格者は全員入隊するよう制度が変更になった。

軍隊なしに平和をめざす

稲垣――徴兵制を持っていた戦前の日本は一〇年ごとに戦争をくりかえして、最後は学徒動員、そしてついには一億総玉砕まで行ってしまったわけですからね。それだけではない、核兵器ができた今日、戦争になったときの悲惨さは戦前の比ではない。だからこそ、戦争をしないように、近隣諸国との外交、民間の交流をすべきです。市民レベルの交流もいろんなチャネルを通じてやってきたし、これからもつづけるべきです。同時に国際的レベルでの貧困も戦争のひとつの原因になっているので、その是正にも努力すべきでしょう。それらの努力を学んだうえで、軍隊を持つ、持たないの議論に行くのなら大いに意味があります。

大澤――もちろんここまでの話だけだと、「大澤はそんなことを言っているが、日本が軍事的に攻撃されたら、あるいは、侵略されたらどうする気なんだ?」と言われると思います。だから、もう少し僕の考えを述べておきたいのですが、まず軍隊を持たないというのは、非常に厳しい選択肢だということを頭に置かなくてはいけません。

平和主義者と呼ばれる人で「軍隊持たずに侵略されたらどうするんですか」と

訊かれて、「逃げればいいじゃないですか」とか「降伏すればいいじゃないですか」という人がいますが、それはとんでもないことです。

軍隊を持たない以上、軍事的には対抗できません。万が一どこかが侵略してきたとすれば、われわれがやるべきことは非暴力の抵抗なんです。侵略者は日本人を皆殺しにするためにやってくるのではなく、日本を統治して何らかの利益を得たいと思っている。侵略したときに日本人の協力が得られなければ、統治もできないし、コストがものすごく高くなって割に合わない。

ですから、もし軍隊を持たないと決意するのであれば、非暴力での抵抗を断固として行うという強い覚悟が必要です。それは軍隊を持つより厳しい覚悟かもしれませんが、どうしても必要なものです。

ちょっと情勢に関わることをいえば、現在の国際関係を考えると、どこかの国——たとえば中国——が日本列島を侵略した場合、それも九州、四国、さらに本州まで侵略したとすれば、中国にとってかなり高くつくはずです。国際社会は「まあ、いいか」とはならない。イラクがクウェートに侵攻したことが湾岸戦争を引き起こし、結局フセイン政権が倒れる遠因になったように、中国にとって非常にリスクの高い賭けになるはずです（尖閣諸島くらいですと、このかぎりではありませんが）。ただしその場合、日本が中国の侵略に対して、非暴力であっても徹底的に抵抗することが必要です。日本人が抵抗するかぎりは、侵略者は非常に高い「道義的コスト」を払わされることになるのです。実は、僕がもっとも恐れるのは、日本が侵略されたときに日本国民が「ま、いいか」と、侵略者を受け入れてしまうことなんです。そうなると、侵略は侵略ではなくなり、正当化されてしまう。

稲垣——いや、歴史を見るかぎり、日本は侵略され植民地化されて、隷属的状況になったことはないですから、さすがの日本人もそのときは諦めず抵抗するのではないでしょうか。

大澤——たしかに中国相手の場合は抵抗をつづける可能性もあるでしょうけれど、戦後のアメリカによる占領時代には別に抵抗はなかったし、現在もかなり植民地化に近い状況になっていますが、抵抗らしい抵抗はまったく見えませんからね。

稲垣——アメリカ占領時代は民衆が大いに益を得る政策がたくさんあった。むしろ政権担当者のほうが国体護持のような古い体質で、GHQによる「上からの民主化」みたいなことがかなりあった。福祉政策なんかもそうです。そうでもしなければ日本は民主化できなかった。戦時中、国民は自分たちが犠牲者なのに、滅私奉公のイデオロギーに絡めとられて耐えてしまった。

しかし半世紀以上経って事情はまったく変化しました。一応の民主主義の洗礼を受けたが中途半端であった。国民主権の意味も十分につめられていない。民主主義の質を深めようとしない。ひとりひとりの人間、人格を尊重することがなぜ重要か、そのための哲学や世界観を真剣に求めようとしない。生活が一応成り立てばいい、という以上の価値観がない。これだけの富をかかえた国が、それを使いこなすための自立した国民になるための哲学を求めようとしない。
　今日では現状が米国の植民地に近い状況にあっても、それがみんな見えないから、そう思っていないということでしょう。

大澤――そうでしょうか。それにしても、みんな平気ではないですか。日米合同委員会【62】の申しあわせが、日本政府の閣議決定や国会決議よりも優先されるような状態にあるんですよ。しかも日本側はアメリカの利害を考慮し忖度している。日本とはそういう国なので、僕はちょっと恐れています。
　ともあれ、軍隊を持たないとはそういうことであって、不当な侵略に対しては、ちょうどナチスがフランスを侵略したときに――もちろん一部の人は傀儡政権であるヴィシー政権に協力しましたが――多くの人がずっとレジスタンスをつづけたわけです。侵略に対しては徹底したレジスタンスが必要だということは、わきまえておかなければならない。

【62】**日米合同委員会**　日米地位協定の運用について日本の官僚と米軍トップが協議する会議。

北朝鮮を民主化する方法

大澤――そのうえで、日本のまわりには中国があって、北朝鮮もあって、いまもまさに緊急の危機感がある。

稲垣――北朝鮮からミサイルがいつ飛んでくるかわかりませんしね。短期的には国際社会との連携で危機を回避していくしか方法はない。しかし長期的には北朝鮮を含む東アジア全体の安全保障をどうするかは大きな課題として残っています。

大澤――核シェルターや防護服を買う人もいるという話を最近聞いたくらい、危機感が高まっています。みんなアメリカの空母が日本海に来れば少しは抑止力になるんじゃないかと思ったりしている。それでは、どうすればいいか。

もちろん短期的な戦略と、少なくとも一〇年先を見越した長期的な戦略は違います。今日明日起こるかもしれない問題、つまり北朝鮮が近々に何らかの軍事行動を起こした場合、これはもう自衛隊とアメリカ軍に対処してもらうしかない。

一方、目先の破局はとりあえず回避され、もっと長期的に考えることが許されるならば、この脅威は北朝鮮があるかぎりつづくわけです。もし北朝鮮が普通の合理性に執着する政権であれば、あまり恐れることはない。だから北朝鮮に比べれば中国は脅威ではない。中国は、非常識な行動をとっても得るものより失うもののほうが大きいですから。

しかし北朝鮮はすでに国際社会の通常の合理性から逸脱することをたくさんやっている。指導者がそうしたければ、いくらでもそうしたことができる体制になっています。本当に戦争になれは、北朝鮮の政権は戦争そのものによって崩壊するでしょうが、周辺の国、とりわけ韓国には深刻な犠牲が出るでしょうし、日本にもかなりの被害が出るかもしれない。

結局、核の問題ももちろん、拉致問題も含む北朝鮮の問題が根本から解決されるのは、北朝鮮が民主化したときだけです。そこで、どうすれば北朝鮮が民主化してくれるかを考えたいわけです。もちろん北朝鮮の民主化なのですから、本来は北朝鮮の人民に任せるしかないのですが、僕が『現実の向こう』（春秋社、二〇〇五年）を書いたときにも述べたように、手段がないわけでもないと思う。

北朝鮮はいまや世界で数少ないとんでもない政権のひとつですけれど、考えてみれば一九八九年[63]までは似たような政権が東ヨーロッパにたくさんありました。ルーマニアのチャウシェスク政権や東ドイツのホーネッカー政権が典型的ですが、それがかなりの短期間でなくなった。もちろんその後もいろんな苦労があったし、いまだに苦労がつづいているともいえますけれど、冷戦のときよりはましで、少

【63】 **一九八九年** ヨーロッパ大変革の年。ソ連軍のアフガニスタンからの撤退。ポーランドで自由な選挙が行われ、労組「連帯」が大勝利。ハンガリーとオーストリア国境の鉄条網が撤去され、鉄のカーテンが崩壊。ハンガリーの社会主義体制が崩壊し、ハンガリー共和国になる。東ドイツのホーネッカー書記長が失脚。ベルリンの壁が崩壊。東ドイツの一党独裁が終焉。ルーマニアのチャウシェスク政権崩壊と大事件が相次いだ。

なくとも核戦争の脅威はヨーロッパから消えたのです。

　では、東ヨーロッパには民主化が起きたのに、東アジアで起きない理由は何か。考えてみれば、東ヨーロッパは徒党を組んでそういう政権をつくっていたのに、北朝鮮は孤立しているのですから、本当は北朝鮮のほうが東ヨーロッパ諸国よりずっと苦しいはずです。北朝鮮から見れば、中国なんてそんなに頼りになりません。それなのに北朝鮮はどうして持ちこたえることができるのか。

　それは別に、北朝鮮の人が従順だからではないと思うのです。むしろ周辺諸国に関係がある。一九八九年に東ヨーロッパで突然民主化が進んだのにはいろんな理由がありますが、ひとつ僕が注目するのは、ヨーロッパ・ピクニック計画です。別に政権打倒をめざした計画ではなく、東ドイツの人々が西ドイツに行きたいというだけの話だったのですが、東西ドイツのあいだには厳しい壁があった。一方ハンガリーとオーストリアの国境は意外に緩くて、しかも当時、国境の鉄条網の撤去がはじまっていた。東ドイツから同じ東側のハンガリーに行くのはたいしてむずかしくなかったので、ハンガリーからオーストリアを経由して西ドイツに行けるのではないか、と東ドイツの人々は思って、避暑を名目にどんどんハンガリーに集まってきたわけです。といいますか、もう少していねいに解説しますと、一九八九年八月一九日、ハンガリーの、オーストリアとの国境の街ショプロンでピクニックをしようというビラや口コミの宣伝を、東側の反体制運動家が西側の支援者の協力を得て、東ドイツの人々にひそかにばらまいたのです。もちろん、本来の目的は、オーストリア経由で西ドイツへと亡命することですが、そんなことをおおっぴらに言えませんから、表向きはピクニック。西ドイツへの亡命や脱出を強く望んでいた東ドイツの人々は、半信半疑で、ショプロンに集まってきた。そして、その日、つまり一九八九年八月一九日に、一挙に、一〇〇〇人から二〇〇〇人の人が、ハンガリーとオーストリアのあいだの国境を駆け抜けるようにして横断したわけです。実は、ハンガリー政府は事前にこの動きを察知していのだすが、当時のハンガリー政府はそうとう民主的で、「ヨーロッパ（つまり西側）」への復帰を決断しており、国境警備兵にも、亡命を見て見ぬふりをするように、と指令が与えられていたようです。

これは、体制の破壊をめざした行動ではなく、西ドイツへ行きたい人に行かせてあげよう、というだけのものでした。しかし、一挙にこれだけの人が亡命できたことがきっかけになって、「どうやらハンガリーを経由して西ドイツに行けるらしい」という噂が東ドイツの人々のなかで流れて、東ドイツの人々がつぎつぎとハンガリーに集まり、そしてオーストリアへと脱出しはじめたのです。途中で、東ドイツの政府はこの動きを察知し、ハンガリー政府に厳しく抗議し、非合法の亡命を許すな、というのですが、さきほど述べたように、ネーメト首相（当時）が率いるハンガリー政権は、かたちの上ではまだ東側陣営ですが、西側への復帰を決めている民主的政権ですから、東ドイツ政府の抗議をはねのけた。「亡命を望む人がこんなにたくさんいるということ自体をあなたがたは恥ずべきだ」と。また、西ドイツのコール首相は、ハンガリー政府のやりかたを涙を流して感謝し、東ドイツからの亡命者をいくらでも受け入れる用意がある、と言った。

そして、ヨーロッパ・ピクニック計画から三か月もしない、一一月九日、ついにベルリンの壁が崩壊したわけです。くりかえしますが、この当初のヨーロッパ・ピクニック計画は、別に体制打倒などという大それたことをめざしていたわけではない。しかし、ここで大量の亡命が可能になったということがきっかけになって、半世紀近くつづいていた社会主義体制があっというまに崩壊してしまったわけです。

この出来事はとても教訓的です。東ドイツの人たちは牢獄みたいな国家に閉じこめられてひどい状態にあったわけですが、「その牢獄はひどいから改革しろよ」と言われても、失敗したら死ぬしかない場合、実行するのはむずかしい。いざとなったら逃げるところがあるときにこそ、勇気を持って行動できるわけです。

ということは、いま北朝鮮がどうしても民主化できない大きな理由に、北朝鮮からの亡命があまりにもむずかしいという事実があると思うのです。ヨーロッパ・ピクニック計画のことから考えてみると、東ヨーロッパの社会主義体制、とりわけ東ドイツで民主化の革命が起きたのは、周辺諸国が東ドイツの民衆に対して示した友愛のようなものです。ハンガリーの、オーストリアの、そして何より西ドイツの友愛。逆にいうと、北朝鮮がいつまでたっても民主化できないのは、東アジアには、ヨーロッパの諸国間にあったような連帯や友愛がないからです。であれば、僕らとしては、いまこそそうした友愛を発揮すべく、たとえばヨーロッパ・ピクニック計画に対応する東アジア・ピクニック計画を考えることができる。

脱北者が中国との国境線を越えてきます。現在の中国は、脱北者はつかまえて北朝鮮に返還する方針ですが、中国との外交的な交渉によって、それを返還しないようにしてもらって、そして中国側の門戸をできるだけひらいて、中国がいやならば、日本と韓国が積極的にいくらでも亡命者を受け入れる方針を打ちだす。韓国が消極的なら、まず日本が率先して、いったんは中国まで出てきた脱北者を受け入れればよい。日本がそうすれば、韓国も必ずついてくるはずです。そうすると、簡単に国境線が破られるようになる。

もちろん北朝鮮は、簡単に脱出できないように国境線の封鎖を徹底するでしょう。しかし少なくとも、いったん中国に来れば完全に亡命できる状態をつくるだけでも、北朝鮮は民主化しやすくなるはずです。

これはひとつのアイデアにすぎませんが、僕が言いたいのは、こうやってわれわれの問題をアメリカの力を借りずにひとつひとつ解決することが大事だということです。

現在の北朝鮮は、外交の交渉相手を、韓国や日本ではなく、アメリカとみなしている。北朝鮮も、韓国や日本なんか相手にしても埒があかないと見ているのです。しかしアメリカは太平洋の向こう側ですよ。だから韓国、日本、中国、場合によってはロシアも含めて、太平洋のこちら側の力で北朝鮮問題を何とか解決したいのです。アメリカがいなくても、この地域に平和をつくることができるという自信を得られるのが大きい。

日本の贖罪と韓国の責任

大澤――ついでにいうと、北朝鮮問題は韓国にかなり責任があると僕は思っています。

稲垣――それをいえば、実は日本にもかなりの責任がありますね。戦前に日本が朝鮮半島を植民地化していたがゆえに、北と南に分断されることになったのですから。日本が過去の戦争責任の一端として現在の危機に積極的に貢献できる方法を考えたいものですね。

大澤——そのとおりです。だからこそ、ここで日本が朝鮮半島の再統一に協力することが、日本の韓国に対する最高の贖罪になると思うのです。

韓国から見れば、日本の敗戦で朝鮮半島は植民地から解放されたわけで、戦勝国に近い立場だったはずなのに、半島を半分にわけられてしまったのは、法的には日本の領土（つまり敗戦国の一部）だったからだというので、その理不尽さに怒りを感じている。

だから日本は、朝鮮半島の分断をどうやって克服するかについて責任を持つべきだし、この問題の解決に成功すれば、もう韓国に「謝罪しろ」と言われずにすむ。日本もはじめて「罪の償いはした」と堂々と言えると思うんです。

「幸い」と言うのは気が引けますが、いま北朝鮮は東アジア共通の脅威です。世界全体にとっても脅威。比較的友好国であるはずの中国にとってさえ迷惑な友だちです。だから北朝鮮問題の解決は東アジア諸国の共通の利害にかなっている。これをクリエイティブに解決できれば、大きな経験になります。

稲垣——日本が北朝鮮からの亡命者なり難民を受け入れる覚悟をすることによっ

て、東アジアの国としても大きな責任が果たせ、ひとつの戦後処理として、かつての戦争責任も代償できるかたちになるということですね。

大澤――そうです。

稲垣――しかし現在、そんな構想を打ちだせる与党の議員も野党の議員もいないのではないですか。

大澤――残念ながらそのようですが、だからこそ、微力ながらこうやって対談させていただいて本として出版しようというわけです（笑）。

しかし、このくらい大きな構想であれば、日本の国防とか安全保障を考えることに、たしかな意味があると実感できるはずです。アメリカにどこまで追従しようかなんていう、ちまちました問題しか考えないのはつまらないじゃないですか。

そして本当に重要なのは韓国です。日本がもし北朝鮮からの亡命者を受け入れると決意すれば、韓国はもっと受け入れたいと言うに違いない。亡命者だって韓国のほうに行きたいに決まっています。韓国自身に主体的に関わらせるためにも、日本がまず率先して行動することが大切なのです。

稲垣――しかし、たとえ日本の政治家がそういうことを考えても、そもそも韓国と中国が合意できますか。韓国についていえば、戦前まではもちろんひとつで同じ民族ですし、口では南北統一ができれば日本を圧倒する大国になるというけれども、本当は北朝鮮に圧倒されて、もし統一できたとしても、かつて東ドイツを吸収した西ドイツみたいな状態になるのはいやなのではないかと思う。

大澤――それもおっしゃるとおりです。あまり大きな声では言えませんが、韓国にものすごい責任がある。つまり統一を本気で考えていない。だって、統一して一番損するのは韓国です。周辺の他の国もたいへんですが、何といっても世界の最貧国が自国の一部になってしまう韓国の負担は膨大で、ドイツ統一の比ではない重荷になるでしょう。

しかし建前上、韓国は朝鮮半島の統一を望んでいることになっています。日本でさえ統一を積極的に考えているとなったら、韓国はいやとは言えない。いまのところは、他の国があまり積極的に考えていないおかげでたすかっているだけです。

でも北朝鮮の民主化は、北朝鮮が韓国に吸収され統一する可能性も含めて、日本や中国だけでなく、北朝鮮の一般国民にとっても利益にかなうのです。北朝鮮の現政権以外のすべての人にとっていいことなのです。

政治とは、それくらいのことをやらなくてはいけないと僕は思う。現実的には凄く厳しい。厳しいけれども、それくらいのことをやってはじめて意味があるし、それくらいのことができねば、米軍の基地問題すら解決できるはずはない。

だから北朝鮮の民主化で韓国の負担があまりにも大きいというのであれば、日本が経済援助すればいい。朝鮮半島に対する戦後責任を本当の意味で果たすことになる。さきほど僕は、朝鮮半島の統一に日本が貢献すれば、罪の償いは完全に終わるだろうと言いましたが、そのとき、日本の「貢献」として主に考えているのは、主として、この半島の統一にともなうコスト、韓国にのしかかるコストの一部を日本が大胆に負担するということです。

セカイ系の政治学

稲垣――私はときどき、EUのような超国家的共同体の構想がどうして東アジアで生まれないのか情けない気持ちになります。さきほど大澤さんが「東アジアにはヨーロッパ諸国間にあったような連帯や友愛がない」と言われました。重要な指摘です。東アジア共通の遺産のなかで、それを市民がボトムアップにつくる努力をしたいですね。現実には日本国内ですらイデオロギー的に分断されてしまっていて、「友愛」と「連帯」ができにくい状況です。ましてや東アジアにそれをつくっていくには相当の努力が必要でしょう。

そうであったとしても、大澤さんがおっしゃった線で進めていけば、二〇年、三〇年、あるいは五〇年かかるかもしれませんが、東アジア共同体が平和的につくられるきっかけになるかもしれないと希望が持てます。

大澤――結局、抽象的に考えていてもだめなのです。ＥＵはいまいろいろ苦戦していますけれど、もとをただせば、一九五一年の欧州石炭鉄鋼共同体（ＥＣＳＣ）で、石炭や鉄鉱石を共同管理しようといった話からスタートした。具体的な問題を解決していくなかで国家間の障壁をだんだん小さくしていった。東アジアでも同じようなことができるかもしれません。

稲垣――戦前に石原莞爾が唱えた「五族協和」ではありませんが、そういう大きなヴィジョンも、違うフェイズで実現する可能性があるかもしれない。

大澤――それに、そんなふうに広い視野で世界を見ることができれば、みんな政治について考えてみようと思える。いま生きている意味みたいなものも見いだせるのではないか。

僕は、若い人だって本当はそういうことを考えたいのだと思います。稲垣さんはあまり関心のない分野かもしれませんが、サブカルチャー用語に「セカイ系」という言葉があるのをご存じですか。

稲垣――世界系？

大澤――片仮名で「セカイ」と書き、「系列」の「系」で「セカイ系」。マンガやアニメやライトノベルには、「セカイ系」と呼ばれる一群の作品があるんですよ。それらの作品の基本線は、ちまちました同級生のあいだの恋愛のような物語です。しかし、その日常の小さな物語が、何か特別な理由によって、地球や世界や宇宙の運命にダイレクトに関わってくる。

『最終兵器彼女』[64]という作品が典型的ですが、北海道の小さな街の高校生が、同級生の女の子を好きになる。ところが彼女は、兵器と融合できる特別な能力を持っていたために改造され、彼女自身が核兵器なみの大量破壊兵器になり、しかもしばしば自分の圧倒的な力を制御できずに暴走するので、彼女を平和的に管理するのが地球上で一番重要な課題だったりする。そういう「セカイ系」の作品が山のようにつくられているのです。

ここで僕が言いたいのは、若い人にとっても、自分たちのちまちました世界で閉じているのは、やはりつまらないんです。自分も世界に関わりたいと思っている。しかし、そこにルートがない。だから、ちまちました同級生の恋愛がいきなり地球規模の問題に直結し、そのあいだに自民党も選挙も何もなしといった展開になる。本当は、何かもっと大きな問題に対峙して、自分たちが生きている意味を確証したいという欲求があるのです。

稲垣――その気持ちはよくわかりますね。そういう若者が増えてほしいし、微力

【64】**『最終兵器彼女』** 高橋しん作。『ビッグコミックスピリッツ』に一九九九年から二〇〇一年にかけて連載。単行本は本編七巻、外伝一巻(小学館)。

であっても支援をしたい。

大澤――現実に目を転じても、日本の若者にはそういうルートがない感じがします。せいぜい起業して金儲けをするくらい。でも、それは自己利益の問題だから世界の運命に関わるという話ではない。だから僕は、若者たちが大きな問題に関わることのできるルート、あるいはそのヒントを提示してみたい。

移民を受け入れる覚悟

稲垣――もちろん東アジア共同体といっても、現代の日本人の感覚は、戦前に大東亜共栄圏を唱えたころとはずいぶん違っていますから……。

大澤――超国家的な共同体はヨーロッパでさえうまくいかないのですから、東アジアははるかにむずかしい。言葉の問題ひとつとっても中国語を共通語とするかどうか揉めるに決まっているし、政治体制も違えば、価値観も違います。東アジア共同体を考えるくらいだったら、一挙に、国連経由のグローバル共同体をめざしたほうが話が早いかもしれません。

しかし現在のアジアに戦争が起こりかねないほどの緊張があるのもたしかです。少なくとも共存共栄できる枠組みをつくる必要はあります。

稲垣――東アジア共同体となると、どうしても中国中心になってしまいますね。中国は先年も「一帯一路」[65]といって陸のシルクロードと海のシルクロードに沿った国々を巨大経済圏としてひとつにする壮大な構想をぶちあげてきました。こういう構想が日本から出てくることは想像しがたい。

大澤――日本には中国のグローバル戦略に乗るか乗らないかぐらいの選択肢しかないのは情けない。だからはじめの一歩として、北朝鮮問題を日本主導で解決するくらいの気概を見せてほしい。

稲垣――大澤さんの北朝鮮問題解決法は右翼が騒ぐでしょうけれど、一石投じる価値は十分にあるかもしれない。

大澤――北朝鮮問題が解決するのは誰にとっても利益であって、右翼だって別に北朝鮮の核兵器に戦々恐々としていたいわけではないでしょう。騒ぐとしたら、難民や移民の問題です。抽象的な議論ではなくて、異質な他者をどう受け入れるのか。いまのEUでも争点になっている。

稲垣――大澤さんの提言は日本が北朝鮮からの亡命者を大量に引き受けることが前提になっていますからね。正直、いまの日本を見ていると、日本が難民をそんなに受け入れるのかどうか疑問になってきます。いまの日本にはあまりにも移民が少ない。移民を排斥するヨーロッパの右翼はけしからんという人が多いのです

【65】**一帯一路** 二〇一四年に習近平総書記（当時。現・主席）が提唱。中国西部から中央アジアを通って欧州へ至る陸のシルクロードと、中国南部から東南アジア、インド、中東、アフリカへ至る海のシルクロードを復活させ、インフラ整備、人的交流、貿易促進、資本移動などを活発化して巨大経済圏をつくりあげる構想。

が、実際には日本のほうがもっとけしからん。移民の受け入れはヨーロッパと一桁違う。

大澤――いまは移民も少ないですが、日本に来たいという難民もあんまりいないんですね。「難民にさえめざされない日本」って何ですか？　と言いたくなる。

しかし東アジア有事となれば、日本にも大量の難民が来ることはまちがいない。そして彼らを最大限の努力で受け入れなきゃいけない。そのときはじめて異質な他者問題も顕在化し、楽観的かもしれませんが、解決の道もひらかれるかもしれない。

八〇年代後半から九〇年代はじめにかけてのバブルのころは、景気がいいので給料もよくて、日本に来たいという外国の労働者が山ほどいました。違法な労働者もたくさん入ってきていた。労働市場を開放するかどうか国論をわけるような議論がありました。しかしバブルが破裂し、失われた二〇年と呼ばれる時代になると、日本人の大学新卒すら簡単には就職できなくなったわけで、外国からの労働者も押し寄せなくなってしまった。

そもそも日本で働くのは、日本語というほぼ日本でしか使われない言葉の問題も含めて、ハードルが高い。ヨーロッパのような移民労働者が来にくい。

稲垣――介護労働者の場合でも、昨年ようやく看護師並みに受け入れるようになりました。ただ、厚労省の資格試験で日本人と同じ問題を日本語で課すので、むずかしい漢字が読めずにフイリピンやインドネシアの介護労働者、看護師が苦労しています。日本語で回答できず泣きながら帰国するのです。英語で試験を課せばほとんどパスです。彼らのほうが日本人より介護のための「人への優しさ」があって適性がある。しかしそんな具体的で単純な異文化交流がうまくできないのが現状です。しかしこの問題は、今後二、三〇年の高齢化社会を乗り切っていくためのきわめて現実的なテーマのはずです。

お金の面でも日本にはもうあまり魅力がないという話もあります。中国の上海や広州、タイのバンコクなんかだと、日本で下手な仕事をするより給料がいいというのですね。介護労働者なんかでもヨーロッパ諸国やカナダだと日本よりもずっと収入がいい。それならわざわざ日本語を勉強して日本で働くより、英語の通じる国で働くほうがずっと楽だ、ということになってしまう。

大澤――外国の労働者の視点からすればそうかもしれませんが、一方で日本は人口減少に悩んでいて、それも老人の人口は多いのに、若者・子どもの人口が減少しているわけですから、移民に来てもらったほうがいいという意見も産業界あたりから強いでしょう。昨今、有効求人倍率もあがって人手不足ですし。

稲垣――年寄りがたくさんで若者が少ないのはまずいですが、年寄りも若者も少ないのであれば、ひとまわり小さな国になって、一種の均衡状態で安定するかもしれません。いまの調子で人口が減りつづければ、五〇年後に三分の二、一〇〇年後に半分になるといわれています。それまでが修羅場になりそうです。

大澤――年寄りはしっかり自分の利益を得てから死のうと思っていますからね。これは本当に解決がむずかしい。昔は若者が自己中心的で、年寄りは倫理的にしっかりしているという話が多かったけれど、現在ははっきりいって逆になっている。

稲垣――駅で駅員に暴力をふるう人間の年齢別の内訳[66]でも年寄りが多い。二〇代、三〇代は案外と少ないんですね。しかし年寄りのほうは自分たちがエゴイスティックだとは考えていないと思います。

大澤――「エイジズム」というのは普通は高齢者差別のことを指すのですが、日本のエイジズムは本当は逆方向の差別もけっこう重要です。先ほども話しましたが、若い世代が冷遇されている。つまり、若年差別がある。それなのに、若者は意外と唯々諾々としている。

だから僕は、若年層の一票の価値を重くしたほうがいいと主張しているのですが、若者たちは謙虚なのか、たとえば集団的自衛権は是か非か投票するとしたら、「おれたちにはわからないから決めてください」と言いだすのです。本当は年寄

【66】**駅員に暴力をふるう人間の年齢別の内訳**　日本民営鉄道協会が発表した駅員や乗務員への暴力事件の加害者の年齢構成では、二〇一四年～二〇一六年まで六〇歳以上が最多である。同協会のＨＰ(http://www.mintetsu.or.jp/association/news/2017/12212.html) の詳細のｐｄｆファイルを参照。

りだってわかっていないのだから、若者が自分のわかった範囲で投票すればいいんです。民主主義というのはそういうものなのです。

農協が示す別の社会のかたち

稲垣――それは野党が反対するかもしれませんね。自民党の票が増えるから。奇妙ですが安倍政権への支持が高いのは、若者世代です。最近安倍政権の支持率【67】が急落しましたが、若者の支持率【68】は比較的高い。

大澤――それは、しかし、あまりにも志の低い話です。安倍政権の支持率も永続的なものではないですし、若者たちの支持を集めてみせる、というくらいの自信や気概がなければ、政権交代なんて、できっこない。野党もそのあたりは覚悟して行動すべきですよ。目先の戦略だけ考えていてもしようがない。

稲垣――安倍政権の次は誰になるのでしょうかね。世評では石破茂【69】氏などがあがっていますけれど。

大澤――石破さん、ですか。どうなのでしょう。いずれにせよ、野党としては、自民党の総裁が変わるとき、つまり自民党が首相を変えようとするときがチャンスかもしれませんけれど。

【67】 **安倍政権の支持率**　安倍政権の支持率は安保法制が問題視された二〇一五年の七～八月を除き、支持が不支持を上まわり、とりわけ二〇一六年の後半はおおむね五〇%以上の高い支持率を誇っていた。ところが、二〇一七年六月、森友・加計問題が注目されると、支持率は急落、同年七月のＮＨＫの調査では支持三五%・不支持四八%と大きく逆転、支持率二六%を記録した調査もあった（毎日新聞社の七月二二・二三日調査）。その後、同年九月の衆議院解散から一〇月の総選挙圧勝によって支持率はふたたび回復し、同年一一月のＮＨＫ調査では支持四六%・不支持三五%（一〇月の読売新聞調査では支持五二%・不支持三七%）、その後の数字もほぼ横ばいであったが、森友問題で財務省が土地売買に関する決裁文書を書き換えていたことが明らかになって、支持率は再び三～四〇%台に急落している。

【68】 **若者の支持率**　ほぼあらゆる世論調査で、安倍政権への支持率は若者が高いという結果が出ている。たとえば毎日新聞（二〇一七年一〇月九日朝刊）によれば、九月に二度実施した調査で、二〇

稲垣――小泉進次郎氏【70】はまだまだ先ですかね。
大澤――小泉進次郎？　意外と早くその時期がくるかもしれません。
稲垣――小泉さんはＴＰＰ【71】に関係して農協問題を扱っていたのです。私はいま、賀川豊彦の社会改良運動のひとつであった協同組合運動を研究しているために農協の人たちともいろいろ話をする機会があります。最初は農協は昔っからの自民党の票田といった先入観がありましたが、現実はもうずいぶん変わってきているのですね。一方で小泉進次郎氏などは農協改革を考えている。つまりいまは低成長部門である農業を成長産業として強化することを考えている。安倍政権の自由化による成長路線です。かつて工業でやっていた予算の傾斜配分みたいな考えかたで、農業への参入を容易にして、大企業でもやる気のある若者でもどんどん入ってきてもらい、成長しそうなところに政府が補助金を出すといったやりかたです。

ひとつの問題は、それは農業を工業化するわけですから、そういう競争原理に農業がなじむのかということがあります。そしてそれが結局、現在の農業共同体のありかたを壊してしまうのではないかという懸念があるのです。今日のホットな話題であるコミュニティ形成という点からも問題を投げかけるのです。
現在の農協につながる農業協同組合運動は、賀川も関わったように戦前からも

代以下の内閣支持率は五割弱、四〇代、七〇代は四割弱、ほかの世代は三割台だったという。また選挙の投票先を見ても、一〇月の総選挙のＮＨＫの出口調査によれば、自民党に投票した人の割合は、一八・一九歳で四七％、二〇代は五〇％、三〇代は四二％、四〇代は三六％、五〇代は三四％、六〇代は三二％、七〇代以上は三八％となっている。

【69】**石破茂**　一九五七年生まれ。自民党の衆議院議員で、防衛大臣・農水大臣・党政調会長をはじめ要職を歴任しているが、細川内閣誕生で自民党が下野したとき党を離脱し、新進党や無所属を経て党に復帰した経緯がある。軍事オタクとして知られるほか、母方の曾祖父が、熊本バンドにも参加した明治期のプロテスタントの草分け・金森通倫（一八五七―一九四五）であり、本人もプロテスタントである。

【70】**小泉進次郎**　一九八一年生まれ。自民党の衆議院議員で、小泉純一郎元総理の次男。小泉元総理の秘書を務め、二〇〇八年の元総理の引退で地盤を引き継ぎ、二〇〇九年に初当選、自民党青年局

ちろんあったのですが、戦後が特に重要です。私のようないわゆる戦後リベラルに影響された世代は、大塚久雄ではありませんが、「ムラ社会」は封建遺制にすぎないから壊してしまうべきで、それによって自立した個人を新しく生みだすことが民主主義の王道だと考えがちです。それはある程度真理だ。しかし農協関係の人たちと話をして考えなおすところがありました。日本におけるムラ共同体のありかたは、すでにいま経験しているように、都会で個人がばらばらになって孤立しているような日本の状況に比べて、まだしもポテンシャリティがあるのではないか、と思いはじめた。人と人の結びつきという倫理的な根本の問題に突きあたるのです。昔と違うのは同質者どうしの結びつきではないかたちでの人と人の結びつきです。

　農業に大資本を導入して、農家の人々はみんな大企業に雇われるというのでは、かつての工業化社会の資本主義をくりかえすだけです。われわれはすでにその弊害を見ている。ではそうでない方向とは何なのか。仲間たちで相互扶助を行っている協同組合運動を生かしたかたちで、小さくても土地を自分たちなりに持って、違うグループの人たちが参入してきても、それらを共有しつつおたがい協力して農業を営んでいける、そういう相互扶助のかたちがITやSNSを併用しつつできれば、日本の都会ではできなかった市民社会が、農村で生まれてくるのではな

長、内閣府大臣政務官兼復興大臣政務官など若くして要職を歴任、現在は自民党農林部会長として農政改革に熱心にとり組む。

【71】**TPP**　環太平洋パートナーシップ（Trans-Pacific Partnership）。オーストラリア・ブルネイ・日本・アメリカなど太平洋を囲む一二の国による、貿易の自由化や関税の撤廃・削減だけでなく、サービスや投資、知的財産権などの共通ルール策定も含む包括的な経済連携協定。大筋合意にいたっていたところで、二〇一七年にアメリカが脱退を表明、その後アメリカを除く一一か国で協定発効をめざしていたが、二〇一八年一月、アメリカのトランプ大統領は、条件がアメリカに有利なら復帰してもよいと発言、今後の展開が注目されている。

いか。農業は環境問題と直結していますから、今後の持続可能な社会のモデルになる。こういう可能性を感じるのです。

だから戦後リベラルのいう個人主義の意味が、いま逆に問われているのではないかと思うのです。個人の人権を尊重するようになったのは戦後民主主義の成果です。ただ、結局、みんなが競争社会に投げこまれるというモデルでは、必ず格差が生じます。一部の人間は勝ち抜いていけますが、脱落する人間も必ずいる。不登校や引きこもりといった現象が次から次へと出てきている。いまの農協のありかたがいいというわけではありません。改めるべきところは改めて、そこから自己改革して生まれてくる新しいかたちの相互扶助の民主主義は、農山漁村と都市の連帯によって可能なのではないでしょうか。日本はヨーロッパ型の民主主義にはならない。ましてやアメリカ的な、個々人が独立するかたちの個人主義は日本ではできない。広井良典氏[72]の〝日本人の持つ稲作のDNA〟なんて批判的につくりなおせばおもしろい。日本には独自の長い歴史があるのですから、そういう伝統の延長線上に新しい段階の民主主義を生みだせれば、と考えます。

大澤――日本の村落共同体的なものには弊害も多いので、どうやって稲垣さんが考えているようなひらかれたものにするかは難題だと思います。日本の共同体は小さな集団のなかで全員一致で意思決定するような行動様式は得意です。しかし、

【72】**広井良典**　一九六一年生まれ。社会科学者・科学哲学者。社会保障や環境問題・経済政策などを綜合的に研究。著書に『コミュニティを問いなおす』(ちくま新書)、『人口減少社会という希望』(朝日選書)、『グローバル定常化社会』(岩波書店)など多数。

そこに異質な他者が入ってきた場合、どうなるか。

稲垣——問題はそこでしょうね。「異質な他者」とでも十分に話しあって妥協点を見つけるようにできる訓練を積むことではないかと思っています。人口減少で外国人労働者も増えてくる。「農家のヨメさん」も、いまでは東南アジアからもかなり来ている。戦前そして戦後の脱亜入欧が逆流している時代に、「新しい公共」が可能になってくるのではないか。

現在の農協は実際、多様な業務を行っています。都会の生協みたいに消費者へ宅配をするというレベルではなく、金融もやっているし、生活全般を協同組合方式でまかなっている。相互扶助が農村に生きているのです。そこに大資本を導入するとか株式会社化するというのは、いまある「よきもの」を破壊してしまうのではないかというのが懸念なんです。

大澤——僕は農協についてあまり知らないので口はばったいのですが、農協のやりかたは一種の計画経済みたいになっていて、農薬を共同購入しても市価よりずっと高かったり、農業機械も共同で使うけれど、旧式のものだから個々の農家がまた新しいのを自分で買わなくてはならなかったり、そういう不合理な点が目立っているという話をよく耳にするのですね。

稲垣——そういう話は私も聞きます。農協の言いぶんとしては、いわゆる価格競争で、たとえば肥料は安いものを仕入れたほうがいいとなりがちだけれど、肥料をとどけると同時に、別のサービスもとどけるような仕組みがあって、それが相互扶助になっているというのです。それも一理あると思います。

大澤――しかし農家のなかには、別のサービスはいらないから肥料が安いほうがいいというところもあるでしょう。市場原理が働かないと、そのあたりの調整はむずかしい。

稲垣――たしかに調整すべきところはあるでしょうが、江戸時代も農村は別に領主によって虐げられっぱなしでいたわけではなく、結構したたかに自治を行っていた。田んぼに水を引くといった水利も農村主導の自治だった、という研究もあります。「字」と書く「あざ」という地名がありますが、「大字《おおあざ》」というのは一種の自治村落で、それが全国にできていた。そこに明治以降、資本主義が入ってきたのに対して、自治村落を守るための動きとして農協が生まれてきたのだというのですね。

大澤――興味深い議論ですが、現状、農業をしている人は人口のごく一部になってしまっているのは事実です。

稲垣――農業従事者というなら五%もないでしょう。ただ、食糧問題は自給率が現在三九%という状況では国の安全保障面の問題も含めて、市場原理だけで考えられるものでもありません。国の安全保障は軍備だけではないのです。

閉鎖社会をひらくには

大澤――稲垣さんがおっしゃるような、農業共同体を自治的にひらかれたアソシエーションの集合にしていくという構想はよくわかるのですが、そこに何かプラスアルファがないとうまくいかないと感じます。

僕は大学に所属していて思ったのですが、大学の教授会ほど「村」的に動くところもない。みんないわゆるインテリで、知識も豊富で、西欧社会のこともよく知っているのに、大学は異質なものを受け入れるのがひどく苦手で、典型的に閉鎖的な「村」です。自分たちがいる大学が開明的でオープンに運営できているならいいけれど、自分たち自身が知識があるだけではオープンな共同体にできないことを証明しているのに、はたして農村に何か言えるのでしょうか。

稲垣――たしかに大学改革も大きな課題ですね（笑）。

大澤――さきほど申しあげたように、大学や農村だけでなく、日本社会には独特な紛争処理の伝統がある。といいますか、非常に紛争や葛藤を嫌うのです。もともと日本流の民主主義があるともいえなくもないのですが、日本流の民主主義は、多数決とは非常に違う。多数決というのは多数派の存在を確認することになるので、少数派の存在を浮き彫りにします。つまり多数派と少数派の潜在的な葛藤が表面に現れる。したがって、できるかぎり多数決をしないのが日本流の特徴なのです。

教授会もそうじゃないですか。ちっとも多数決をせず、ずっと話しあって、意見がほぼ一致するのを待っている。人事のときなどは多数決が必要なこともあるけれど、そういうときでも全員一致に近いかたちで決まる場合が多い。たまに票が大きく割れると、たいへんな騒ぎになったりしますが、それはまさに異質な他者を迎える場合なんですね。異質じゃない他者を迎える場合は九五％以上の賛成多数で、ほとんど全員一致です。

というわけで日本は全員一致主義なんです。しかしはじめから意見が一致しているわけではないので、最終的に全員一致が可能になるためには、いくらでも妥協するつもりのある人同士で話しあいをする必要があります。つまり「あなたが歩み寄るならば、私もいくらでも歩み寄りますよ。ただし……」という感じでバーター取引になり、あいだに入って、そのあたりの利害調整ができる人が派閥のリーダーになる。

こういうやりかたは平和的方法には違いありませんが、グローバル社会では通用しない。現代のような大規模で複雑な社会を前提にしておらず、非常に小さな共同体にのみ適したシステムだと思います。

　中国を考えてみれば、古代にすでに中華帝国ができたので、帝国全体の統治理念を提唱する儒家[73]や法家[74]といった思想家が登場しました。皇帝の支配の正当性をどう考えるかなど、普遍性・一般性のある思索を深めた。しかし日本は中華帝国と比べてはるかに小さいうえに、長いあいだ、日本の「天下」は事実上、近畿地方にほぼ限定されていた。江戸時代になってはじめて日本列島全体が日本と認識されはじめますが、しかし江戸時代は地方分権でした。

　江戸時代の社会はなかなかよくできていたと思うし、ひとつの社会のありかたとして社会学的にも興味深いものを含んでいますが、このシステムをヴァージョンアップして現代社会に生かせるとはそうそう思えない。

　とはいっても自然に受け継いでいる部分もあって、たとえばバブルのはじまる前のころまで、日本経済の調子がよかったとき、日本の会社はヨーロッパの企業とずいぶん違うといわれたものですが、考えてみると、日本の会社は日本の「家」をシミュレートしていた。家や会社の範囲でのコミュニズムみたいものがあった。

稲垣——日本の場合、大塚久雄が『共同体の基礎理論』（岩波書店、一九五五年／岩

【73】**儒家**　中国は春秋時代の諸子百家のひとつ。孔子（紀元前五五一–同四七九）を祖とし、周時代の初期を社会の理想として、力ではなく徳をもって治める社会をめざす。代表的思想家に孟子、朱子、王陽明など。

【74】**法家**　中国の戦国時代の諸子百家のひとつ。統治機構を整備し、法という厳格な基準を設けて政治を行うべしという立場。代表的思想家に管仲、商鞅、韓非子など。

波現代文庫、二〇〇〇年）をもとにいうような、「農村共同体が解体し、独立自営農民のような能力のある人たちが市民階級（ブルジョア）になって、ブルジョア資本主義社会ができていく」というのではなく、農村のDNAを持った家族主義的な人たちが、戦後の高度経済成長を担う資本家になったという逆説があります。ヨーロッパ型の市民社会ではない。たとえば松下幸之助さんのナショナル（松下電器産業。現パナソニック）が典型的ですが、一九九〇年あたりのバブル崩壊までは、そういう大企業の日本型経営をアメリカなんかも研究していましたからね。

大澤――当時はたしかに成功したのですが、それをいま復活させたほうがいいかどうかという問題です。そういうシステムはすでに耐用年数がすぎたのではないか。松下の例でいうと、かつて多くの街にはナショナルの店という個人商店があって松下の製品を売っていましたが、一九九二年の大店法改正後、量販店の進出などで個人商店が一気に淘汰されたのにともなって、松下の優位性もなくなったように思います。

稲垣――そのとおりでしょう。それではどういう資本主義が理想的なのでしょうか。

大澤――たかだかここ一〇〇年くらいのスパンで考えても、資本主義をずっと動かしていくのがたいへんなのは明らかですが、同時に、資本主義が終わるときは人間が終わるときのような感覚もあります。

第三セクターの役割

稲垣——でも大澤さんと水野和夫さんの対談を読ませていただいて思ったのですが、いかにも資本主義の目的合理的なスタイルで、資本を蓄積して産業を発展させていくやりかたは終わりに近づいているのではないでしょうか。そうしたスタイルはゼロにはならないでしょうが、もっと別の経済と経営のかたち、協同組合的な形態がひろがっていくように感じます。つまり資本が分散していて、トップも多人数で、資金を少しずつ出しあって協同資本をつくって産業を起こしていく。こういう協同組合型の産業では、原発や軍艦、戦闘機をつくるのは無理でしょう。資本の膨大な蓄積がないと重工業はできない。しかし産業全体を考えてみれば、そういうスタイルが適した分野がたくさん出てきている。農業や環境分野、福祉などもそれに近い。

大澤——いや、資本主義の内部にはむしろ、資本主義的でない原理を持つ集団がたくさんできるものなのです。早い話が、企業そのものが一種のコミュニズムです。企業のなかで個人主義的な競争をやっていたら企業にとってはかえってまずい。だから資本主義内部に資本主義的ではない関係性はたくさんつくられますが、全体としては資本主義的な競争を担っているんです。

そこで問題になるのは、稲垣さんのおっしゃるような方法でいろんなことを行ったとして、そういうグループがずっと生き残ることができるかどうかです。よく「成長なんかしなくてもいい」と言う人がいます。もちろん資本主義がつづいていけば、客観的にはどんどん成長するのはむずかしくなりますが、だからといって「おれは成長なんかめざさない」「成長とは無関係の人生を送りたいんだ」といって生き残っていけるのか。どこかの出版社が「成長をめざさない」といって、自社の本を特に売ろうともしない。別の出版社は一生懸命売ろうとしている。そうしたら先の出版社はただつぶれるだけですよ。

だから成長をめざさない生きかたは、みんながそのつもりなら問題ないけれど、成長したい人が大勢いる競争のなかでは、つぶされるだけです。

いや、もっと正確にいえば、競争が結果的に成長を生んでいるのです。成長は別に憲法か何かで制度化されているわけではない。だから成長したいという意識をなくせば成長がとまるわけではない。われわれが自由に活動していると、どこかの場面で競争が不可避になるから、自由な競争を許さなければいけない。その自由な競争の結果、あるいは競争が活性化する状態として成長が起こるのです。

したがって稲垣さんのお話が実効性を持つのは、協同組合的なやりかたが、この社会のなかでうまくいくような居場所を確保できるかどうかにかかるのではないでしょうか。

稲垣――そうです。あえて居場所をつくる、という言いかたをしてもいいです。いわゆる普遍宗教ができてきたプロセスもそうですが、教団とか教会をあえてつくっていった。そこで育まれた慈悲の心や隣人愛が、コミュニティをつくる大きな力になった。協同組合的な経済は、今日では社会連帯経済、シェアリング・エコノミーと呼ばれています。これに政治的な意味合いを持たせて人と人とがつながっていけるコミュニティと市民社会形成をめざす。

私は四セクター論と言っていますが、第一セクターは行政・権力のセクター。第二セクターは市場で、企業の競争原理。第三セクター[75]――というと誤解を招くかもしれませんが――が協同組合やNPO。第四セクターが家族などの親密圏。仏教のお寺とかキリスト教の教会、イスラム教のモスクなども親密圏に入ります。

こうして四つぐらいにわけたとき、日本では第三セクターが弱すぎます。第二セクターが凄く強い。第一セクターはもっと強いけれど、第二セクターと結託していて、われわれの市民社会を圧迫している。だから第三セクターがもっと強くなって、第一・第二セクターに対抗して声を発信できるくらいにまとまっていけ

【75】**第三セクター**　国際的には本文のようにNPOや慈善団体、公共目的の市民団体などを指すが、日本では国や地方自治体と民間企業が共同で出資する公的性格の強い法人を指すことが多い。とりわけ多摩都市モノレールや三陸鉄道など鉄道を運営したり、東京水道サービスのような都市インフラに関係する第三セクター会社がよく知られている。

ば、もっと住みやすい社会になるのではないかと考えているのです。広い意味での第三セクターがもっと強くなるタイプの民主主義、私はこれを創発民主主義と呼んでいるのですが、日本の相互扶助の伝統を考慮した民主主義になりうる。このプロセスを実践する中に自治と自由と平等と友愛と連帯という世界に通用する普遍的な価値が育まれると考えています。

ヨーロッパについていえば、アングロ・サクソンはわりと市場型、つまり個人主義で競争型ですが、それを除いた西ヨーロッパの小さな国々は、第三セクター的な発想が強いのです。もちろん大企業もありますが、中間集団をたくさんつくって、中央集権ではなく地方分権的な、あるいは連邦制的な組織づくりをする。

大澤――日本も江戸時代は相当地方分権でした。藩の自治がかなり強力だった。ただ、功罪両面があって、飢饉の対応が全国的にできず、お米が余っている藩から飢えている藩に送れないために、いたずらに餓死者を増やしたという話を聞いたことがあります。明治になると政府が鉄道網を整備したり、開国して食料を輸入したりで、全国的な対応が可能になったというのですね。

稲垣――もちろん日本には中央集権的にやっていく時期が必要だったことは認めます。中央集権でないと、西洋に追いつけ追い越せもできなかった。当然、歴史的にある段階があります。それでも限度はあると思うのです。いまその限度に達している。もちろん自由市場を廃するということはありえない。問題はバランスの問題で、いまのように「自己利益の追求は善」という倫理観が支配的なうちは絶対にできない。

大澤——もうひとつ気になるのは、稲垣さんのいう第三セクターのお金の出どころです。昔、ホームレス支援で有名な湯浅誠さんがどうやって活動をしてるのか、インタビューを読んだことがあるのですが、外資系企業から援助を受けたりしていたというのです。お金の出どころは、第二セクターである企業。最近は政府もNPOに支援するわけで、日本の第三セクターの資金は政府や企業なんですよ。

稲垣——寄附文化の強いアメリカでは、豊富な資金をバックにして、いかにもNPO的（利益を考えずに行動する）になれますが、日本には寄付文化はほとんどありませんから協同組合型、つまり自分たちが少しずつ資金を出して、事業をしつつ少しずつ利益をあげていくスタイルが向いているように思うのです。そしてこれに社会参加と自治という政治的な機能も持たせる、これが今後の民主主義のカギになるのではないか、こう思います。

大澤——おっしゃることはよくわかりますし、理想ですけれど、少しであれ、どうやってお金を出すような積極性を生みだすかが、次の課題となりますね。さもないと政府や企業のお金に頼ることになって、第三セクターが、第一か第二のセクターに還元されてしまいます。

稲垣――政府や企業のお金に頼る、これは確かに問題です。いわゆる日本のNPO法はアメリカをモデルにしているために、寄付文化がなければすぐに資金的に行きづまります。資金を自分で生みだすためには事業をしなければならないのですが、結局は自治体から指定されて管理の事業をやるという程度、いわば自治体の下請け機関になってしまうのです。企業は景気のいいときは「企業の社会的責任」などといってNPOに寄付していましたが、景気が悪くなればそれをやめてしまうだけのことです。だから既存の協同組合がNPOのように、組合員の外にひらかれて、公共的役割を果たすことが今後の課題になります。

賀川豊彦が一九二〇年代に貧困の極みだった農村に入って農業協同組合を組織したときは共同出資だったのです。みんな貧乏だったけれど、江戸時代以来の相互扶助のDNAがまだ残っていて、現在の農協の基礎なんかもできた。賀川は当時の資本主義の弊害が出ている時代に、社会を協同組合化して友愛経済を主張した。有機的な社会観をもっていて、協同組合を医療衛生（保険）、生産、販売、信用、共済、利用、消費の七領域で提唱した。戦後はこれらが縦割りの官庁の管轄下に入って、上からの法律で縛られ、逆に自治の力は弱まってしまいました。ただ農協には農家という生活領域をかかえていたためにその伝統が残っていて、共済事業を通して医療や金融まで手がけることができたのです。いまも農協関係の金融機関はかなりの金を持っている。これを相互扶助の精神で組合員以外に吐きだせば政府や企業のお金に頼る必要なんかない。新たな事業を自分たちで起こせる。しかし政府は農協改革でこれを自由化の方向に誘導している。農村にはかつての自治村落の伝統があるんだから、日本の新たな民主主義のために立ちあがり、もっと抵抗権を発揮すべきでしょう。官庁のつくる法律に縛られて抵抗ができないという面が強いのですが、だからこそ民衆の革命的なエネルギーが必要なのです。暴力革命ではなく、友愛と連帯の市民革命ということです。

連帯ということでは、実はこれは農協だけの問題ではないからです。農業協同組合は生産者側だけど、都市型の生活協同組合は消費者の側です。この生産者と消費者の双方に協同の橋をかけて自治の力を強めることが、今後の協同組合運動と民主主義に重要な課題になっています（「日本に参加型民主主義を創る」協同組合研究誌・にじ（二〇一八年春号）ＪＣ総研）。

大澤――魅力的な話です。ただ高度経済成長期に、日本の農村の共同性は大幅に崩れましたし、企業として再編された共同性も、高度成長が終わってからは、とりわけバブル以降は、崩壊した。とすれば、どこに共同性の手がかりを求めればよいのか、むずかしいですね。また、そもそも、日本人の伝統的な行動様式には弊害も多いように思います。それを本当に生かそうと思えば、何かひとくふうが必要かもしれません。

さらにいえば、僕は日本が中央集権かどうかに疑問があるのです。日本はむしろ中央集権を徹底できないところに弱みがあるのではないでしょうか。いつの時代も日本の中央政府の権力は強くありません。中国なんかと比べればまったく弱い。日本は結局、現場が強いんです。「現場がダメと言っているから無理」という理屈が通る。現代日本の官僚制の統制力も大したことはなくて、現場に一番近い下級官僚が大きな裁量権を持っていたりする。

稲垣――おっしゃるとおり、日本の相互扶助の伝統を生かすにはひとくふうもふたくふうも必要だと思います。ただこの「くふう」というのはやはり倫理的な課題も含んでいて「心の習慣」にもなってくる。特に「異質な他者」に心を開いていくところに「くふう」が必要です。

また現場主義ということでいえば、戦前・戦中の軍部の独走も現場が強かった証拠といえますね、満州事変のときも政府は不拡大の方針だったのに関東軍はとまらないし、南京攻略のときも政府は蒋介石との講和を考えて消極的だったのに、軍部がどんどん進撃するから、「まあ、仕方がないか」といった状態だったとも聞きます。

大澤――末端が行動してしまえば、そちらのほうが強い。しかも、みんなそれがわかっていて、現場が行動すれば中央も容認するだろうと見抜いている。いかにも日本らしいけれど、先の大戦ではそれがとんでもないことになってしまった。

世界の片隅と世界をつなぐ

大澤――この問題は大きくとらえれば、「ローカルであることとグローバルであることをどうつなげるか」という問題なのです。現代社会はものすごくグローバル化しています。一方で、自分たちが実感できる世界は狭い。インターネットがあって世界中とつながっていても、自分の居場所はそのなかのローカルな一部分にすぎない。それはまたいらいらさせられることでもあって、さきほど言及した「セカイ系」の感覚に近いけれど、狭い親密圏のなかにしか自分が実感できる居場所はない。しかし、自分たちの行動がそんな親密圏をはるかに超えたグローバル世界で動いている何かによって規定されていることも確かだと感じる。そのとき、自分はたかだか世界の片隅に、忘れられて生きているだけだと感じざるをえなくなる。これは、人間にとってつらいのです。

ナショナリズムや国民国家が順調に動いているときは、そのようなつらさはありません。それぞれ自分の固有の場所にいることを通じて、ネーションの一員であることを実感でき、そしてネーションの一員であることにおいて、世界の一員でもあるからです。

そういう実感を与える一番大きな装置は学校教育です。ある小学校へ行って、中学校、高校、それから首都圏の有名大学などへ行くと、自分の位置づけが一応定まるし、全国に自分の仲間がいるという感覚が持てる。

しかし現代社会はそうなっていない。客観的にはものすごくグローバルなのに、自分が実感を持てる関係性はひどく局所的なのです。

僕はこのギャップを何とか埋めなければいけないとずっと思ってきました。昔『不可能性の時代』（岩波新書、二〇〇八年）という本を書いたとき、ネットワーク理論に出てくるスモール・ワールド・セオリーに触れました。わざわざ稲垣さんに解説する必要もないことですが、一応、簡単に説明しておきますと、「六次の隔たり」というものですが、たとえばアメリカの約三億の人口のなかから見ず知らずのふたりを任意に選び、そのうちのひとりを起点として、友人のネットワークを何ステップ行ったらもうひとりにつながるかを考えます。その人の友人が一ステップ、その友人の友人が二ステップ……、すると、人口が何億人もいても六ステップくらい行くと大体つながる。「世界は意外に狭い」ということから「スモール・ワールド・セオリー」というわけです。

電車にたまたま乗りあわせた見知らぬ人と少し話をしたら、共通の知りあいがいてびっくりするようなもので、世界は狭い。ということは、いま地球上の六〇億の人が直線上に並んでいて、みんな隣りあっている人とだけつきあっているとすれば、任意の人と人の平均距離はすごく長くなってしまいます。逆に、すべての人がすべての人とつながっていれば、六〇億人いても任意の人まで一ステップですけれど、それは不可能です。つまり、「六次の隔たり」がなりたつような「スモール・ワールド」はこのどちらの極端でもない、ということです。

では、どうすれば少ないステップでつながれるかというと、基本的にはみんなローカルな身近な人とつきあっていていい。その身近な人のなかにほんの数人、思わぬ遠くの人とつながっている人がいればいいのです。つまり、ほとんどの人、ほとんどの点は、自分の周囲と主につながっているだけですが、いくつか、ランダムに遠くの点同士がつながる線が入っている。そうすると、任意の点の間の距離の平均次数が劇的に小さくなります。

稲垣さんの共同体論と関連づけるならば、基本は近くの人たちとのアソシエーション的な結合でいいのですが、そのなかにいくつかランダムに、異質な他者とつながっている人がいる世界をつくることができれば、全体としては小さなアソシエーションの集合なのに、みんなが世界全体と近くつながる社会になる。そういう社会にできればいいと思っているわけです。

ランダムな線

大澤——僕がいろいろものを考えるときに、「この人はすばらしい」と思って念頭に置くのは、アフガニスタンで医療活動をしながら、同時に井戸を掘ったり、用水路を造ったりといったことをやっている、中村哲[76]さんです。彼もクリスチャンです。ペシャワール会というNPOの代表として、今のような活動をして、アフガニスタンの人たちを助けています。

稲垣——中村さんのお仕事はすばらしい。たしかご出身は福岡でしたね。

大澤——ええ。僕は中村さんと対談をさせていただいたことがありますが（『Think-ing「O」』創刊号、二〇一〇年）、彼はランダムな線そのものなのです。九州からアフガニスタンに線が引かれている。

彼のNPOには若者がそれなりにいるので、

「よほど問題意識の強い人たちが集まっているのですね」

と訊ねたら、

【76】**中村哲**　一九四六年生まれ。医師・NPOペシャワール会代表。病院勤務を経て、一九八四年、パキスタンのペシャワールへ赴き、ハンセン病棟に勤務するなど医療活動に従事。アフガン難民の治療にも携わり、一九八九年からアフガニスタンに拠点を移して、山岳部でハンセン病や結核、あるいは貧困者の治療にあたる。また二〇〇〇年からは飲用・農業用水確保のための井戸掘りをはじめ、現在ではより大規模な水利工事にも関わっている。二〇〇三年マグサイサイ賞を受賞。

「必ずしもそんなことはない」

とおっしゃる。

「出会ったときは引きこもりのようだった人もいるけれど、アフガニスタンに連れていくと、意外に仕事ができて、いきいきしちゃうんだよ」

日本で鬱々としている若者がいる。人間関係は苦手だし、外にもあまり出ないけれど、本当は世界と関わりたい。コンビニに就職してもうまくいかない人が、一か八かでアフガニスタンに行って、これまでの人生では掘ったこともない井戸を掘ったりすると、うまくいって感謝されたり、そうでなくても作業を一緒にやるのが楽しかったりする。「自分も意外とできるんだ」という自信にもなるのでしょう。

中村さんとしては、とにかく猫の手も借りたい状況だから、「こいつはちょっと問題がありそうだが、やりたいって言うなら来い」というだけの話です。こういう人は日本に戻ったらまた引きこもってしまうこともあるようですが、アフガニスタンではちゃんと仕事ができるのです。

稲垣――とてもいい話です。たしかに若者が世界に出ていくひとつの大きなきっかけになっていますね。農業や福祉関係でも、精神的に落ちこんだ学生が農村に行って農作業に勤しむと凄く元気になるようなことがあります。

大澤——そこに何か若者に希望を与える可能性があるのではないかと思います。

時を超えた責任

大澤——また若者の話に戻ってきたわけですが、僕たちの行動や選択は僕たちが生きているあいだだけの問題ではないので、実は僕たちは、若者のさらに先の未来の世代のことを考えなければならないと思うのです。ところが応用倫理学でも将来世代の問題は出てきますけれど、これが解きがたい難問なんです。たとえば民主主義がどれだけ異質な他者をたくさんとりこんだとしても、一緒にいて同じ「現在」を共有していることが前提です。それから靖国問題にしても無名戦士の墓にしても、過去の人には配慮するところなきにしもあらずですが、未来の人に配慮するのはむずかしい。

しかし重要なのは、死んだ人やいま生きている人以上に、未来の他者だと思うのです。というのも、僕たちが行う重要な決定の影響を受けるのは未来の他者です。たとえば原子力発電所を建設したことによる利益と不利益を受ける者、とりわけ不利益を被るのは、ずっと先の未来の他者です。いま生きている人の大半が、場合によっては全員が死んでからの問題です。そのとき未来世代とのつながりをどう担保するか。いわば、現在のわれわれはどのようにしたら、未来の他者に応答できるのか。応答したことになるのか。

稲垣――たしかに世代間倫理の基本はそこにあります。同時に、過去世代があり現在世代があり将来世代があるわけですから、過去を見つめなおすことは絶対に必要でしょう。大澤さんも『近代日本のナショナリズム』（講談社選書メチエ、二〇一一年）の最初では、「過去の戦争は原罪だ」というかなり強い言葉を使っていらっしゃった。

私が『靖国神社「解放」論』（光文社、二〇〇六年）で書きたかったこともそうですが、さきほども出てきたように、なぜ日本は靖国神社に固執して、無名戦士の墓が問題にならないのかふしぎです。これは過去世代の問題ですが、過去の祖先たちの行為に現在の私たちが責任を負って、それを忘れずにいるための記憶の装置としての追悼が必要なのではないかと思うのです。過去をリスペクトするという意味もありますが、原罪をたえず現在化して、記憶として思いだささせる装置としての追悼の場所[77]です。そして、この追悼の場所については将来世代を含む必要はないと思う。

大澤――それはそうだと思います。

稲垣――過去の記憶をしっかり持続していくことが重要なのです。私が靖国神社

【77】**追悼の場所**　イギリスに戦没軍人や警察官・救急隊員など公務員の戦没者を慰霊・追悼するセノタフと、ウェストミンスター大聖堂の無名戦士の墓があるように、戦没者追悼施設も一様ではない。アメリカのアーリントン国立墓地は、もともと南北戦争の戦没者のために一八六四年に設立され、第一次・第二次大戦、朝鮮戦争、ベ

とは別の国立の追悼施設をつくるべきだと提言したとき、国立の追悼施設なんかをつくると、これから自衛隊がどんどん増強されて、未来に戦争が起きたとき戦意高揚などに利用されるから、ないほうがいいと批判されたりもしました。しかし靖国神社問題を卒業しようとするならば、そういう手しかないと思ったのです。ただし将来世代はそこに含めない。たとえ戦死者が出たとしても。

大澤――多くの倫理学者が将来世代の問題に手を焼いていますが、そのとき僕たちがモデルにしがちなのは、過去の世代と現在の世代の関係です。僕たちは過去の世代のおかげで生きているわけですから、過去の世代と自分たちの関係性を、自分たちと将来世代の関係に投影して、われわれの責任を導きだすといった論理が多い。

それでうまくいくかどうかには疑問もあるのですが、とりあえずそのモデルでわが日本のことを考えると、日本にはそこでひとつの大きなつまずきがあると思う。

さきほども述べたとおり、七〇年前のところでわれわれは過去との関係をうまくつけられず、過去と現在が断絶している。だから、われわれは過去の世代に対して適切な態度がとれない。その折りあいをつけるためには、過去の戦争の事実を知るだけではなくて、過去の世代に対してわれわれがどういう態度をとるか、

トナム戦争、さらにその後の戦争の戦没者を埋葬するための墓地と、無名戦士の墓、海兵隊の戦没者を慰霊する海兵隊記念碑などが存在する広大な複合施設である。ドイツのノイエ・ヴァッヘ（ベルリン）は、もともとは衛兵の詰所だったが、一九三〇年代に第一次大戦の戦没者慰霊施設として改造された。東西ドイツが統一した一九九三年以降は第一次・第二次大戦の戦没兵士だけでなく、空襲の被災者、ナチスの強制収容所での犠牲者など軍人・民間を問わない追悼施設となっている。フランスは一九二〇年、シャルル・ド・ゴール広場の凱旋門の下に、第一次大戦の戦没兵士を追悼するための無名戦士の墓が設置された。カナダは第一次大戦以降、海外に派遣された戦没兵士（警察官など一般公務員や民間人、戦争犯罪人は含まない）を追悼するために、一九三九年にオタワに設置された国立戦争記念碑と、同記念碑前に二〇〇〇年に設置された無名戦士の墓がある（こちらは第一次大戦の身元不明の兵士の遺体の一部が埋葬され、追悼対象に軍属や商船の乗員も含む）。（「諸外国の主要な戦没者追悼施設について」官邸HPなどを参照）

はっきりさせなくてはならないのですが、そこがうまくいっていない。

過去世代に対する態度は、大きくわければふたつあって、ひとつは英霊として感謝するということ、もうひとつは、まちがったことをした罪人《つみびと》として告発するということですが、そのどちらもうまくいっていない。過去の戦争を遂行した世代を英霊として英雄化するのがとんでもないのはたしかです。しかし、まちがった戦争をした悪人として糾弾するだけでは、われわれとのつながりがつけられない。われわれが、たとえばナチスの悪を批判するのと、われわれ自身の父や祖父やらの世代のやったことが過ちであったと認めることとは違いがなくてはならない。

過去への謝罪

大澤――結局、われわれがやらなくてはいけなかったことは、あるいは、いまやるべきことは、過去の世代に対する謝罪だと思うのです。たしかに過去の世代は、いまからふりかえってみれば、まちがった戦争を遂行しました。現在の僕たちは、それがまちがいだったことがわかっているわけですから、死んでいった人たちの期待に応えることはできません。僕たちは死者たちを裏切らざるをえない。しかし、そのことを過去の世代に謝罪したほうがいいと思うのです。それによって過去の世代と私たちのある種の関係ができるのではないでしょうか。

過去の戦争の遂行者は現在のわれわれと同じ日本人です。ドイツのように、ナチスのような一部の組織がいけなかったとして切り離すのとはわけが違う。われわれは過去の日本人とのあいだに、たしかなつながりがある。そのつながりを引き受けようとすると、過去の世代を英雄化したくなりますが、それはできない。しかし他人のように遇するのもだめです。とすれば、過去の世代に対してしなければいけないことは、とりあえず謝罪ではないか。靖国に行って謝罪する――いや、靖国ではやらないほうがいいと思いますけれど、何らかのかたちで過去の世代との関係をはっきりさせておかないと、未来の世代との関係もつくれなくなるように感じます。

稲垣――基本的には賛成です。ただ過去の世代に謝罪したいのか、いろいろな話をしたいのか、それは人によっていろいろでしょうが、過去の人たちを眼前におぼえつつ、過去の記憶と向きあうための施設は必要だと思うのです。外国人が二〇〇〇万、日本人が三〇〇万、これだけの人々の命が犠牲になった日本史上の最大の出来事、これをいとも簡単に忘れ去るとしたら、日本は本当の未来を築けない。しかし現在の靖国神社はひとつのイデオロギーを持つ特定のグループのシンボルにすぎないと思うので、万人が納得できる追悼施設が望ましい。

大澤——それはもちろんそうです。敗戦とは、靖国神社を基礎として行ってきたことがまちがっていたということですから、本当は戦争が終わったとき靖国神社をとり壊せばよかった。しかし温情なのか信仰の自由の観点なのか、靖国を一宗教法人として存続させてしまったがゆえに、現在にまで問題を残してしまった。

考えてみれば、現在の靖国はただの一神社なのですから、個人の趣味で行きたいという人はもはやほうっておくしかないのかもしれません。しかし国家としては、靖国神社と特別な関係にあるようなことをすべきではないし、靖国神社もそんなことを要求すべきではない。一宗教法人というのはそういうことでしょう。

稲垣——おっしゃるとおりだと思うのですが、国家と靖国をくっつけたがる人はいまも大勢います。一部の政治家は、靖国と国家に何か特別の関係があるかのように演出したいと思っているといわれても仕方がないのではないでしょうか。

あと宗教観の問題もあって、私が靖国とは別の追悼施設をつくるべきだと主張しても、靖国がある以上むずかしいという人は多かった。靖国では戦没者を英霊として祀っているから、他の場所へ移すことはできないとも言われました。

しかし考えてみれば、八月一五日に日本武道館で全国戦没者追悼式[78]が実施されます。天皇・皇后も来て、追悼の儀式を行い、戦没者の遺族も首相も参加します。

【78】**全国戦没者追悼式** 第二次世界大戦で戦死した軍人・軍属と、空襲や空爆で死亡した一般人を追

武道館は靖国と違って英霊は祀っていませんが、そこに厳然と戦没者の霊がいる、というか、戦没者の記憶を追体験する場としてちゃんとできている。だから靖国とは別の場所で追悼ができないはずはないと思うのです。私は千鳥ケ淵墓苑でいいと思うのですが、三六五日のいつでもいいから、行ける人は行って、それぞれ各人の、そして各グループのやりかたで記憶を新たにする場所にすればいい。それがまさに無名戦士の墓であり、ひとつの大きなナショナルのありかたなのです。

大澤――結局、戦後政策の失敗が大きいのでしょうね。靖国神社はいまは宗教法人なので国が解体するわけにはいきません。しかし戦前までは国の施設だったのですから、戦争直後だったら解体できたはずなんです。それで別に信教の自由が侵害されるわけでもなかった。

稲垣――私は戦没者を追悼し、過去の記憶を新たにすることで、新しい健全なナショナリズムを養うことそのものには賛成なんですよ。それでこそ日本の将来の世代を思いやる気持ちも出てくるでしょう。

大澤――おっしゃるとおりです。だから僕は、八月一五日を終戦記念日ではなくて敗戦記念日とすべきだと思う。だって第二次大戦で敗北した日って、正式にはどこにもないように見えるのです。もちろん八月六日や八月九日という原爆を落とされた日もあるし、八月一四日のポツダム宣言受諾、九月二日の降伏文書調印

悼対象に、毎年八月一五日に日本武道館でひらかれる式典。天皇・皇后、内閣総理大臣・衆参両院議長・最高裁判所長官、地方自治体の代表、戦没者遺族代表らが参列し、壇上に「全国戦没者之霊」と墨書された白木の柱を据え、その両脇とうしろ一面に白と黄色の菊を配して、宗教色を廃したかたちで行われる。

　なお、当初は期日と場所が一定せず、第一回（一九五二年）は五月二日・新宿御苑、第二回（一九五九年）は三月二八日・千鳥ケ淵戦没者墓苑、第三回（一九六三年）は八月一五日・日比谷公会堂、第四回（一九六四年）は八月一五日・靖国神社で実施され、翌年（一九六五年）の第五回から八月一五日・日本武道館での開催が通例となった。

と、いろいろな日があるわけですけれど、一番定着しているのは八月一五日なので、八月一五日という日にもいろいろと思うところがありますが、そこは妥協して、八月一五日を敗戦の日として記憶にとどめるほうがいいと思う。

稲垣——靖国や戦没者追悼を政治的に利用して、愛国心も高めながら、国全体をひとつの方向に持っていこうと考えている人も結構多いように見受けられますから、そこには注意が必要です。それでも、北朝鮮の問題ともきちんと向きあって、アメリカへの従属から手を切って、独立気概の思いを持って日本固有のナショナリズムをきっちりつくろうとする、そういう世代が育ってくれれば、日本にもまだまだ希望があると思います。

あとがき

稲垣久和

今年（二〇一八年）は明治維新一五〇年。明治維新を英語では the Meiji Restoration という。いったい何を回復（restoration）したのであろうか？

開国して西洋近代の仲間入りした日本は、いまどういう位置にいるのか。二〇一八年二月二日、米国トランプ政権は「核戦略見直し」によって小型核兵器開発を発表した。ただちに日本政府はこれを評価する外相談話を発表した。米国の「核の傘」のもとに存在している日本をまざまざと見せつけられた感じであった。

二〇一七年一〇月、安倍政権は野党共闘の裂け目に乗じていきなり衆議院を解散した。結果は自民党の圧勝となった。決して内閣支持率の高くないこの政権が、なぜ長期政権の座にあるのだろうか。

革新ないしはリベラル勢力と称せられたグループの退潮は、この二〇年ほどで急速に進行した。リベラルと呼ばれることをよく思わず保守と名乗る論者やグループが多い。ただ、名称はともかく、正義感が人一倍強い人々の集まりであっても、政治や経済、社会のありかたを描く哲学については一部を除いてほとんど議論されてこなかったのではないか。

　だから、この対談がその哲学について考えたいと思う人々、特に若い世代に少しでも参考になれば大そう嬉しい。幸い、大澤真幸氏という独創的な社会学者を得て、その哲学がわかりやすく語られたのではないかと思う。また筆者自身の批判的実在論（四世界論と四セクター論）と称した認識論の詳細については『実践の公共哲学』（春秋社、二〇一三年）を参照されたい。

　大澤氏は歴史の意味についてうまく説明できる人だ。後世に重大な影響を及ぼした歴史的出来事について、その論理構造を抽出することに長けている。キリスト教の神概念からヒントを得た「第三者の審級」など実に興味深い。また西欧近代化論の、特に、産業資本主義勃興の説明であるマックス・ウエーバーにおける「予定説」などの一般化もそのうちに入る。本書の中にもそれについての議論が出てきている。筆者も西欧近代が生み出した〝普遍性〟が、宗教改革という出来事と密接に関係しているという認識について一致する。一六〜一七世紀のヨーロッパは近代科学、基本的人権、資本主義といったグローバルに通用する人類史的な〝普遍的〟出来事を生みだした。

　しかし資本主義の起源のエートスはウェーバーの説く「予定説」ではない、これが筆者の考えだ。予定説というのは、もともとカルヴァン派のみならず一般のキリスト教神学の「救済の教理」のひとつであり、社会学者が関心を持っているものとはその内容が異なる。ウェーバー自身も言っているように、資本主義のエートスとピューリタニズムのあいだに「親和性」があるということであれば、ある面をとればそのとおりだろう。ただそれを、カルヴァン派神学教理としての「予定説」と表現するのは無理だと思う。

社会学者や歴史学者が神学からヒントを得て、それなりの定義をこめて「予定説」という用語を使用することはまったく問題ないし、それを新たに論理化して資本主義のエートスを説明することも問題ない。大澤氏もそのひとりであろう。

では筆者はどう考えるのか。「唯一神の被造物に対する超越性」は、言うまでもなく西欧キリスト教圏に共有された宗教観である。それが近代の宗教改革で鮮明化され、いわゆる脱呪術化の大きな要素となったことも正しい。脱呪術化は自然世界の合理的秩序への関心を呼び起こすから、これが近代科学の発展を促したことも十分に考えられる。また宗教改革が唱えた万人祭司説も問題ない。つまり神からの召命観においてこれが修道院のみならず一般信徒にまで拡げられ、より平等な人間観が現れ、在家の活動すなわち市民の働きに意味が与えられた。これらの内容については多くの人が認めると思う。

ただしここに注意すべきことがいくつかある。それは、近代科学の発展には宗教改革とは直接の関係がない「デカルト的合理性」の思考が影響したということだ。またその時代の科学者、コペルニクスもガリレオも、デカルトと同じカトリックである。その後の近代科学を担った人物がすべてプロテスタントとも言いがたい。近代科学の誕生は「長い一六世紀」（一六六頁など）の一連の出来事と深く関係している。近代科学の知識が技術に応用され産業革命がもたらされた。産業革命もヨーロッパで起こったが、原材料調達など周辺諸国との力関係で可能になったことだ。資本主義は産業革命後に著しい発展を遂げるのだが、このエートスが「予定説」や「世俗内禁欲」であるという〝個人主義〟は考えにくい。「救われるか救われないか」といった「救済の教理」は一連の出来事のなかで関心事ではない。逆に、もし〝個人主義〟に固執するなら「私悪すなわち公益なり」ということだろう。市場の上に乗っかった資本主義に不可欠な〝欲望の解放〟はここで許容される。

資本家についてはどうか。商業資本主義の場合の富豪の利益追求の欲望、それ以上の新たな動機とは何なのか。産業革命後の惜しみなく投資する資本家の動機には、国民国家の産業振興政策つまり国家の力が大きかったと考える。一般信徒の市民が勤勉な賃金労働者として生みだされる背景には、やはりこの国民国家による一律な教育制度も手伝っていたと思われる。

総じて西欧における近代化が生み出した〝普遍性〟は宗教改革が引き金になった、これは確かであろう。政治的抵抗権の発生についてはカルヴァン派が強く関係し、これが人権や人間の平等性や民主主義、国民主権の発想につながったことは納得できる。カルヴァン派、ルター派、カトリックなど入り乱れた宗教戦争を経て、一七世紀後半にようやくウェストファリア体制による主権的な国民国家がはっきりと形を整えた。資本主義の発展も特に後期においてはこの国民国家の庇護が大きい、と考える。

近代科学についても、ケンブリッジ大学で教えていたニュートンが王立協会会員であったことなど象徴的だが、科学知識の普及に西欧各国の国家的な奨励が大きい。科学技術の普及が産業革命には不可欠だった。ライデンびんの発見で有名なライデン大学は、オランダの王となるオレンジ公ヴィレムが、一六世紀スペインからのオランダ独立を記念して建てたものである。デカルトもこの大学で仕事をした。

さて、日本はこのような「ヨーロッパ近代世界システム」の周辺にあった。そして二一世紀の時代はアメリカの覇権が終焉し、中国が大きく力を誇示していく時代に入った。明治維新一五〇年とはいうものの、今後にいったいどのような方向で舵をとっていけばよいのか。国民のなかにそのような時代への備えが希薄ではないだろうか。日本のよさも生かすために、わずかなりとも、本書が考える材料を提供できれば幸いである。

大澤真幸氏との対談は、数年前から春秋社の編集者の小林公二氏を通して話があった。そのときはおたがいのスケジュールがなかなか合わずにそのまま数年すぎた。一昨年の秋に、二〇一七年がルター宗教改革五〇〇周年ということで実現したいとの小林氏の熱心な思いが再燃した。この有能な編集者の情熱がこういう形で実ったことになる。案の定、実に知的刺激に満ちた楽しい対談であった。筆者としては大澤氏、小林氏のご両人に深い感謝の思いをささげたい。

［二〇一八年二月］

大澤真幸 *Masachi Ohsawa*

一九五八年、長野県生まれ。東京大学大学院社会学研究科博士課程単位取得退学。社会学博士。千葉大学助教授、京都大学人間・環境学研究科教授などを歴任。現在、個人思想誌『Thinking「O」』（左右社）を主宰。著書に『身体の比較社会学』1・2（勁草書房）、『虚構の時代の果て』（ちくま新書）、『恋愛の不可能性について』『現実の向こう』（春秋社）、『ナショナリズムの由来』（講談社）、『〈世界史〉の哲学』古代篇・中世篇・東洋篇（講談社）、『自由という牢獄』（岩波書店）、『日本史のなぞ』（朝日新書）、『憎悪と愛の哲学』（角川書店）ほか多数。

稲垣久和 *Hisakazu Inagaki*

一九四七年、東京都生まれ。東京都立大学大学院物理学研究科博士課程修了。理学博士。トリエステの国際理論物理学研究所、ジュネーブの欧州共同原子核研究所研究員、国際基督教大学講師を経て、哲学に転向、アムステルダム自由大学哲学部・神学部の客員研究員として宗教哲学を学ぶ。現在、東京基督教大学大学院教授。賀川豊彦シンポジウム実行委員。専門は、公共哲学・キリスト教哲学。著書に『哲学的神学と現代』（ヨルダン社）、『宗教と公共哲学』（東京大学出版会）、『公共の哲学の構築をめざして』（教文館）、『国家・個人・宗教』（講談社現代新書）、『実践の公共哲学』（春秋社）ほか多数。

キリスト教と近代の迷宮

二〇一八年四月二五日　第一刷発行

著者――大澤真幸
著者――稲垣久和
発行者――澤畑吉和
発行所――株式会社　春秋社
〒一〇一―〇〇二一　東京都千代田区外神田二―一八―六
電話〇三―三二五五―九六一一　振替〇〇一八〇―六―二四八六一
http://www.shunjusha.co.jp/
印刷・製本――萩原印刷　株式会社
装丁――芦澤泰偉

ISBN978-4-393-32374-8
Printed in Japan, Shunjusha
定価はカバー等に表示してあります